Éste libro es para aquella. Dios, sin darse cuenta de que ese simple toque tenía el propósito de despertar en su interior una profunda y desesperada hambre por conocerle más. Rocky y Sherry Grams han marcado mi vida y la de mi esposa Alejandra, convirtiéndose en verdaderos pastores para nosotros en la etapa de nuestra formación como futuros líderes. Les estaremos eternamente agradecidos.

Ellos han tenido la oportunidad de vivir intensamente las décadas en las que Dios ha visitado la Argentina, dedicados por completo a la preparación de los líderes que el avivamiento necesitaría.

Si anhela más de Dios, usted quedará atrapado por las páginas de este sensacional libro.

—Osvaldo Carnival
Pastor principal de la Iglesia Catedral de la fe, Argentina
Anfitrión del programa de televisión Club 700 Hoy

Era una gélida mañana de un crudo invierno, cuando me crucé con Rocky por primera vez. El frío parecía colarse entre los huesos y filtrarse hasta el alma. Invitado a desayunar por uno de los profesores del Instituto Bíblico, me senté junto a la mesa, frente a una humeante jarra de café. De pronto, él apareció, con su característica sonrisa franca. Ofreció un saludo generalizado para luego detenerse en la escuálida figura que yo lucía por aquel entonces.

«Dante Gebel —dijo, para mi asombro—, ¡bienvenido, hombre de Dios, escogido del Padre!».

Apenas pude responder. El hombre me había atragantado de halagos, que por cierto, eran grandilocuentes e inmerecidos.

Luego, tomando su taza de desayuno, volvió a mirarme a los ojos y pronunció: «Valoramos que estés aquí, ¡gracias por servir! ¡Se percibe tu entrega!».

Estaba allí de manera circunstancial, ni siquiera trabajaba para él, y acabábamos de conocernos. Pero ya sabía mi nombre, alguien lo había puesto al tanto de quién era este intruso y, lo que es mejor, había hurgado en mi corazón, logró bucear en mi alma, en los escasos segundos que había tardado en sentarse a la mesa. Esa es la mejor semblanza de Rocky Grams. Anécdotas como ésta lo definen de cuerpo entero.

Con el correr de los años, he aprendido que estas pequeñas e invaluables actitudes son las que marcaron a los miles de siervos de Dios que pasaron por la vida del prestigioso Instituto Bíblico, que tiene la bendición de tener a Grams como director. Todos los ex alumnos con los que hablé coinciden en un común denominador: la vida y las palabras oportunas de Rocky han sobrevivido a cualquier materia teológica, a cualquier experiencia espiritual que hayan podido vivir. Mi propia esposa, que fue parte de la escudería del Instituto, recuerda esos pequeños detalles, por encima de alguna brillante exposición hecha en sus aulas.

Por eso, cuando me enteré de que estaba escribiendo este libro, de alguna manera, supe que se estaba haciendo justicia divina. Sólo un agudo observador, que vive pendiente de los pequeños detalles que marcan a una persona, es capaz de relatar la historia de una Nación tocada por el Señor, con un criterio que lo transforma en un libro único. Acaso porque los avivamientos, si bien son generados por Dios, se materializan a través de las personas que Él ha escogido. Y Rocky no es un simple narrador de crónicas que pasa por la historia sin detenerse en las personas. Alguien que puede hacerse tiempo en el ajetreo cotidiano para aprender el nombre propio de cada estudiante y conocer sus sueños, es alguien que valora al hombre por encima del don, y eso lo transforma en un autor más que autorizado para hablar del mover de Dios en nuestro país.

Rocky no saca fotografías de la playa y luego copila las postales en un libro; él posee el don de detenerse en cada grano de arena, por insignificante que pudiera parecer a la mirada trivial de cualquier mortal.

Asombrados en Argentina tiene un hilo conductor, casi invisible para los ojos toscos, pero no para los que, además del libro, perciben la esencia. Concretamente, ésta es una obra que se detiene en los instrumentos del Señor. En vez de construir una enramada en derredor de una experiencia espiritual y tratar de esgrimir una tesis teológica de lo sobrenatural, Rocky puntualiza un marcado énfasis en los hombres y mujeres que estuvieron en el ojo del huracán divino, en el momento oportuno. Y habla de ellos y de cada uno, con la certeza de quien los ha visto gestarse, crecer y madurar.

Rocky fue parte de la mayoría de aquellos sueños que, más tarde, se convertirían en focos de avivamiento. Él estuvo con ellos, convivió con sus dudas y con sus aciertos. Lidió con sus errores de juventud y los ayudó a caminar sobre aguas turbulentas; pero también, buceó en sus almas.

Como autor, Rocky conoce las cascadas y las aristas del terreno en que se mueve, y lo hace con total naturalidad. Trata de no ser ampuloso y se remite a los hechos, tal cual ocurrieron. Es la crónica de un viajero que camina a través del avivamiento, el diario del éxodo de quien ha visto crecer a decenas de siervos de Dios que hoy sorprenden al mundo entero. Estoy seguro de que este trabajo exhaustivo formará parte del archivo de la historia grande del mover de Dios en el mundo y, con el correr de las décadas, será material de consulta para miles de visionarios que ansían vivir lo mismo.

«Dios quiere que su río fluya por todo el mundo —dijo su autor—. Que Él nos encuentre fieles para que podamos participar según los parámetros de su voluntad. Él está dando sueños y visiones ahora mismo, y quiere que cada uno de nosotros estemos involucrados».

En resumen, *Asombrados en Argentina* es una obra auténtica, brillante, aguda, en esos pequeños detalles que pueden pasar desapercibidos para cualquier observador, pero no para Grams. No se confunda, éste no es un libro de catálogo o una simple cronología de los hechos que conmovieron a una nación. Es un auténtico *dossier* a corazón abierto. Un manual que todos los cristianos deberían leer alguna vez. Y, además, escrito por uno de los pocos hombres que tienen la enorme capacidad de detenerse en lo pequeño, lo invisible, aquello que otros pasarían por alto.

Siempre mantuve la idea de que sólo alguien que maneja un enorme poder de síntesis, un fluido sentido de la oportunidad y, por sobre todo, una gran sensibilidad espiritual, es capaz de marcar a un hombre con apenas cuatro palabras: «Se percibe tu entrega».

—Dante Gebel
Evangelista

Una de las cosas que mi esposa y yo anticipábamos durante mi período como embajador de Malasia en la Argentina (1996-1999) era pasar tiempo con Rocky y Sherry Grams. Su fe y pasión nos inspiró hacia adelante y hacia arriba. ¡Estoy tan contento y entusiasmado porque el Señor, por fin, le haya puesto carga a Rocky para escribir este libro! Ahora, todos pueden sentarse con Rocky y ser ministrados por él.

¡Conocerlo y escuchar sus asombrosas historias de la obra del Espíritu Santo en la Argentina es entrar al libro de los Hechos de los Apóstoles! Hay pocas personas tan capacitadas como él para hablar sobre el avivamiento en nuestro país, ofrecer lecciones y enseñar. Bajo la unción del Espíritu Santo, Rocky ha escrito una crónica de sucesos, los ha propagado y mantenido vivos en cientos de pastores, evangelistas y líderes de iglesias que se han graduado del Instituto Bíblico Río de la Plata.

Asombrados en Argentina realmente es un patrón de lo que debe ser la iglesia moderna. Abrirá tus ojos a la realidad del Dios viviente. Te inspirará y animará. Engendrará en ti una nueva fe para creer a Dios por grandes cosas, estés donde estés. Es medicina para aquellos que están cansados y fatigados, y pan fresco para los hambrientos. ¡Será difícil contentarte con menos luego de esto!

—Dennis Ignatius
Embajador en Canadá
Ex Embajador de Malasia en la Argentina
Autor de Fire Begets Fire (www.firebegetsfire.org)

Cuando se trata de la lectura de un libro, ¡lo mejor es conocer al autor! He estado en la Argentina, en varias ocasiones, y observé de primera mano el ministerio, la autoridad y la aceptación que Rocky y Sherry Grams experimentan, en relación con la gente y con sus líderes espirituales. Estuvieron en la Argentina cuando «la marea bajó» y siguieron creyendo que Dios había prometido un mover de su Espíritu en ese país. *Asombrados en Argentina* documenta la respuesta a aquella fe. Ellos participaron en la preparación de mucha gente joven que ahora encabeza este increíble mover de Dios. Una cosa es observar de lejos y reportar «objetivamente» lo que se vio. Otra, hacerlo con entusiasmo jadeante y documentar, habiendo participado personalmente en lo que Dios está haciendo. Esa es la manera bíblica. ¡Lee para ser alentado, lee para creer que cuando la marea baja, es tiempo de enseñar y de prepararse para el torrente como respuesta de Dios, a través de sus olas de avivamiento!

—RICK HOWARD
PROFESOR DE BIBLIA Y PREDICADOR. AUTOR DE THE JUDGMENT SEAT OF CHRIST, THE KING DESCRIBES HIS KINGDOM, RESTORING RESTORERS Y STRATEGY FOR TRIUMPH

El rol único de Rocky Grams como observador, participante, facilitador y, ahora, registrador de uno de los más fascinantes y continuos renuevos de la historia reciente permite que el lector tenga vistazos, como a través de una ventana, del poder de Dios en acción, demostrado en las vidas de miles de estudiantes jóvenes, muchos de los cuales han llevado la llama del avivamiento a las naciones del mundo.

Grams es más que un investigador, es testigo de las asombrosas obras de Dios. Desde el núcleo ardiente de un avivamiento que ha abarcado un cuarto de siglo, el recuento de primera mano hecho por Grams nos demuestra el alcance, la vitalidad y el poder transformador de aquél. *¡Asombrados en Argentina* nos muestra que Dios está en acción!

¡Este libro, sin duda, le dará a cada lector más hambre de Dios!

—RICARDO NICHOLSON
DIRECTOR DE LATINOAMÉRICA Y EL CARIBE,
MISIONES MUNDIALES DE LAS ASAMBLEAS DE DIOS
DE LOS ESTADOS UNIDOS

ASOMBRADOS EN ARGENTINA

ROCKY GRAMS

PUBLICACIONES
CASA
A Strang Company

Asombrados en Argentina por Rocky Grams
Publicado por Publicaciones Casa
Una compañía de Strang Communications
600 Rinehart Road
Lake Mary, Florida 32746
www.casacreacion.com

No se autoriza la reproducción de este libro ni de partes del mismo en forma alguna, ni tampoco que sea archivado en un sistema o transmitido de manera alguna ni por ningún medio –electrónico, mecánico, fotocopia, grabación u otro– sin permiso previo escrito de la casa editora, con excepción de lo previsto por las leyes de derechos de autor en los Estados Unidos de América.

A menos que se indique lo contrario, todos los textos bíblicos han sido tomados de la versión Reina-Valera, de la *Santa Biblia*, revisión 1960. Usado con permiso.

Copyright © 2007 por Publicaciones Casa
Todos los derechos reservados
Traducción en español contiene información actualizada que no está en el libro original en inglés.
Traducido por: Larisa Grams de Benitez

Originally published in English under the title:
In Awe in Argentina
Copyright © 2006 by Rocky Grams
Published by Creation House, A Strang Company,
Lake Mary, FL 32746

Editado por Gisela Sawin
Diseño interior por: Gisela Sawin

Library of Congress Control Number: 2007928485
ISBN: 978-1-59979-113-5

Impreso en los Estados Unidos de América
07 08 09 10 * 5 4 3 2 1

A los estudiosos de los avivamientos:
Que Dios incremente su profunda hambre y búsqueda de Él
y que les sorprenda más allá de lo imaginable.

Reconocimientos

Este libro ha sido un proyecto en equipo desde el comienzo —me llevó quince años procesarlo. Pasé cinco, escribiéndolo, y luego Dios usó a la doctora Carolyn Tennant como catalizadora y motivadora, para que se materialice. Su ayuda invalorable en correcciones y edición, para que fluyeran las transiciones del texto y que el material fuera claro, será un recuerdo atesorado.

Mi esposa, Sherry, ha ayudado a mantener mi agenda libre muchas veces y me ha dado consejos e inspiración a lo largo del proceso.

Nuestros hijos, Nathan, Larisa y Ben, colaboraron también. El primero proyectó la visión y me alentó a comenzar a escribir, hace cinco años. Los otros creyeron siempre en esta obra de fe y lo manifestaron a menudo.

Estoy muy agradecido a mi amigo, Edgardo Muñoz, por su inspiración.

A mi asistente, Carolina López Greco, por su contribución con sus excelentes correcciones y con el tono espiritual. A Cynthia Herrera y a Beatriz Zenone, por su tenacidad al contactar a tanta gente que figura en los testimonios de este libro. A María Ester Alfieri, por su fe y por todas las horas que pasó transcribiendo los testimonios grabados.

Cómo podría expresar mi gratitud a los muchos pastores, evangelistas y misioneros, protagonistas del avivamiento, que han dado desinteresadamente su tiempo para entrevistas en varias clases (dictadas por *North Central University*), sobre el avivamiento, y para conversaciones personales: Dante Gebel, Claudio Freidzon, Carlos Annacondia, Pedro Ibarra, Edgardo Muñoz, Alberto Scataglini, José Manuel Carlos, Alberto Aranda, Hugo Weiss, Guillermo Prein, Osvaldo y Alejandra Carnival, Alberto Rey, Rafael Hiatt, Alberto Romay, Damián González, Rocco Di Trolio, y Eliana Nervegna.

También, estoy agradecido a la doctora Grace Barnes, de *Azusa Pacific University*, por aceptar este libro como proyecto final de mi maestría.

Contenido

	Prólogo por la Dra. Carolyn Tennant	xv
	Prefacio	xvii
	Prefacio para el libro en español	xix
	Introducción	xx
1	El capítulo veintinueve del libro de los Hechos	1
2	Olas de avivamiento	24
3	Una cosecha de sorpresas	47
4	Pastores líderes	73
5	Pastores del avivamiento	94
6	Jóvenes evangelistas	114
7	Claves para el avivamiento	132
8	Maravillas, dones y milagros	149
9	Un avivamiento continuo	171
10	¿Qué nos está diciendo Dios?	191
	Epílogo	208
	Bibliografía	210

Prólogo

En un momento de mi vida, supe muy poco de la nación Argentina. No conocía su herencia de inmigrantes europeos ni su amor apasionado. Como profesora y estudiante de la historia del avivamiento en la Argentina, me preguntaba qué hacía Dios en este país donde aquél parecía prolongarse durante muchas décadas. Leer los relatos es una cosa, pero experimentarlos es otra. Así fue que decidí llevar a un grupo de estudiantes de mi clase de *North Central University* para descubrirlo.

Pronto tomé conciencia de que nunca sería la misma. Es extraño cómo un viaje puede cambiar una vida. Las iglesias estaban vivas, no dormidas. Crecían y prosperaban, sin luchar por encontrar nuevos convertidos para bautizar cada año. Había testimonios —reales y recientes— del poder sanador de Dios, de sus milagros, de su provisión, de su protección y de la operación activa de los dones del Espíritu Santo.

Nuestros misioneros eran parte de este impacto. Rocky y Sherry Grams han servido en la Argentina por veinticinco años. Ahora Rocky es director del Instituto Bíblico Río de la Plata (IBRP).

¿Cómo conocen a tantas personas? Pronto me di cuenta de que la mayoría había asistido al Instituto Bíblico. Los Grams programaron entrevistas, para nuestro grupo, con personas que nunca hubiésemos conocido de otra manera, y todas fueron filmadas.

En ese momento, supe que Rocky tenía que escribir este libro. Tiene una amplia perspectiva de todo el avivamiento, herramienta que muy pocos poseen. Conoce a mucha gente y ha escuchado multitudes de historias y de testimonios. Experimentó lo que Dios estaba haciendo. Su sabiduría y conocimiento de lo que sucedía eran profundos.

Este libro es el resultado del registro y la de documentación meticulosa de Rocky, a través de los años. Ha entrevistado a mucha gente para obtener información de primera mano. Tengo la certeza de que, a través de las páginas de este libro, será bendecido por la combinación de historias milagrosas, comentarios que animan a pensar y citas interesantes de los líderes del avivamiento. Todos estos se entrelazan para proveer una lectura emocionante y sencilla.

Sherry Grams es la instigadora de las famosas «noches de pasteles». Ella prepara pasteles —todos diferentes, aunque no lo crea— para alrededor de veinticinco estudiantes que vienen a su hogar. Realizan juegos y, generalmente, hacen preguntas reveladoras. A principios de los años ochenta, durante una de estas reuniones, le preguntaron al grupo: «¿Cuándo fue la última vez que lloraron?». Uno de los estudiantes, Héctor Ferreyra, dijo: «El jueves, por los perdidos de mi ciudad». Él muchas veces soñaba con viajar a otros países para predicar el Evangelio. Después de graduarse, comenzó a pastorear una iglesia que había plantado con el misionero Ricardo Nicholson y, rápidamente, la vio crecer a trescientos miembros. Luego, junto con su familia y veinticinco obreros, se mudaron de la ciudad de Rosario a la de Neuquén, para trabajar con los misioneros Esteban y Jeri Hill en la fundación de una nueva iglesia. Al año de haber comenzado esa obra, ya tenía más de mil personas. Esa congregación ha plantado cincuenta congregaciones más, con el correr de los años. Hoy el pastor Ferreyra viaja constantemente a otros países, predicando bajo la unción del Espíritu, y las señales lo siguen.

Tales son las historias. Sueños, lágrimas y oraciones que comenzaron en el IBRP han llevado su fruto y cambiado la Argentina. A través de la lectura de estas páginas, este humilde hombre, Rocky Grams, sin duda impresionará tu vida, tanto como él y su esposa, Sherry, afectaron la mía, durante mis visitas a ese país. Las historias de los estudiantes, pastores, evangelistas y laicos, están entrelazadas en un mosaico que presenta un cuadro hermoso de la obra de Dios.

—CAROLYN TENNANT, PHD.
PROFESORA, NORTH CENTRAL UNIVERSITY
MINNEAPOLIS, MINNESOTA
12 DE AGOSTO DE 2004

Prefacio

Este libro no hubiera sido escrito si no hubiera visto a gente correr hacia la plataforma, en campo abierto, para aceptar al Señor, alumnos imposibilitados de hablar en su propio idioma durante días, largas filas de hasta cuatro cuadras para entrar a la iglesia, muelas emplomadas milagrosamente por el poder de Dios, piernas que crecieron, cientos de endemoniados liberados a la vez, cárceles enteras de prisioneros cristianos con corazones limpios, y hasta cien mil jóvenes reuniéndose para declarar su fuerte compromiso de santidad con Cristo. Este libro no hubiese sido escrito sin haber visto a decenas de pastores bien vestidos y pulcros cayéndose sobre otras personas, bajo el poder de Dios, y a estudiantes lanzados al aire (hasta cuatro metros y medio) —descubriendo de esa forma el lado alegre y hasta juguetón de Dios—, y sin haber escuchado los gemidos de los endemoniados transformados en alabanzas a Cristo y risas de gozo.

Un avivamiento es, definitivamente, una obra soberana de Dios; pero Él no obra de manera aislada. Este no es un recetario para un avivamiento o un manual de «Cómo cocinar su propio avivamiento» ni una crítica entre conocedores del tema; tampoco queremos felicitarnos por ser residentes de la Argentina durante estos años asombrosos. Es un intento de obedecer a Dios y escribir lo que hemos visto y vivido. Estas palabras han nacido luego de un largo proceso de asimilación y planeamiento.

Una porción del Salmo 105:2-5 ha estado resonando en mi corazón durante mucho tiempo: «Cantadle, cantadle salmos; hablad de todas sus maravillas... Alégrese el corazón de los que buscan a Jehová... Acordaos de las maravillas que él ha hecho». Me alegraré si la lectura de estas páginas produce en ti una mayor medida de fe, hambre espiritual y alabanzas espontáneas a Dios. Mi oración es que el Espíritu Santo tome su corazón y estilo de vida con la misma ternura y poder con que ha usado a los protagonistas de este avivamiento.

¿Qué hemos hecho para merecer esta gracia derramada? Nada. El amor de Cristo lo hizo todo. Sin embargo, usó vasijas dispuestas: especialmente, aquellos hombres y mujeres que le dieron el control completo de sus recursos y de su agenda personal, no solamente durante una etapa de emociones intensas, sino durante años de su vida. Sin estos individuos clave, quizá, la gracia de Dios no se hubiese dado a conocer de maneras tan evidentes y memorables.

Usualmente, podemos enumerar muchas de las razones por las cuales Dios no puede obrar en nuestro pueblo, ciudad, iglesia, cultura o familia. ¿Por qué se le ha permitido al Espíritu de Dios obrar aquí de tantas maneras? Parte de la respuesta está en que la tierra estaba preparada para la semilla, y sólo se necesitaba humedad para que germine.

Que este libro prepare tu propio corazón y aliente tu fe. Al ver lo que Dios ha hecho, podemos estar seguros de que Él quiere obrar en todas partes y en los corazones de todos; en todas las iglesias y en todos los países.

Prefacio para el libro en español

La fuerte carga para escribir este libro poseía como enfoque principal la necesidad de la iglesia de Estados Unidos y otros lugares donde no es tan común ver despliegues del poder de Dios. Por esa razón este libro se escribió inicialmente en inglés, y agradecemos a Dios que ahora será publicado en español, idioma que llega a muchos lugares no solamente de Estados Unidos y Canadá sino también a Francia, Alemania, el Reino Unido, Japón y varios países más. Muchísimos hermanos hispanoparlantes han pedido que el libro se publique en castellano.

¡Cuánto celebro la conclusión de este sueño en el Señor!

Es grande mi deuda de gratitud hacia mi hija, Larisa Grams de Benítez, por su esmero en la traducción y la profundidad de comprensión que demuestra. También estoy muy agradecido a nuestro yerno, Ignacio Benítez, por las correcciones e indicaciones sabias respecto al manuscrito traducido.

Agradezco mucho a Publicaciones Casa (Casa Creación) por su respaldo en este proyecto de fe. Mucha gratitud siento también hacia Brenda Teixeira, la encargada del proyecto y hacia Gisela Sawin, la editora, por su sensibilidad y su constante aliento.

—Rocky Grams
Buenos Aires, Argentina
6 de mayo de 2007

Introducción

Hace poco más de un cuarto de siglo, traspasaba las puertas del Instituto Bíblico Río de la Plata un estudiante, en su primer día de clases. Se dirigió a la capilla que reunía a los recién ingresados y, en su afán de entablar las primeras amistades, avistó a uno del montón, de cara muy joven.
—¿Es tu primer año aquí?
—No, ya hace un año que estoy.
La conversación duró unos pocos minutos agradables, hasta que llegó el momento de dar inicio formal al año lectivo.

El hombre de cara joven era nada menos que Rocky Grams, que estaba a cargo de la Dirección del Instituto desde hacía un año. Muchos, incluyendo al que había conversado hacía unos instantes, se sorprendieron de la humildad y el poco alarde que hacía de su posición la *alma máter* del Instituto. Desde ese entonces, Rocky no ha cambiado (ni aun su cara joven). Pero en su corazón se acumularon toneladas de experiencias inspiradoras. Junto a su esposa Sherry, marcó la tendencia del Instituto Bíblico, haciéndolo un lugar de erudición y de unción, al mismo tiempo. En los más de veintisiete años de su servicio, el IBRP vivió variadas circunstancias, como superpoblación estudiantil en épocas de cosecha, períodos de crisis económicas nacionales, modas antiinstitutos teológicos y mucho más. Pero su director nunca perdió la visión que Dios le había dado.

Los resultados de su integridad, su búsqueda de Dios, su sensibilidad y constancia hicieron que del IBRP saliesen decenas de ministros de renombre y centenares de obreros de primera línea.

En nuestros días, encontramos que muchos libros responden a la demanda de situaciones emergentes. Pero éste es atípico porque reúne el sentir de años de su escritor. Leer *Asombrados en Argentina* es leer el corazón de Rocky Grams, pero no sólo eso, es anhelar un ministerio de unción, humildad y milagros.

Estaba en vísperas de un viaje largo, cuando el manuscrito llegó a mis manos. Como suelo dormirme con facilidad mientras llego al destino, tenía pocas esperanzas de culminar la lectura, pero luego del primer vistazo me sentí atrapado y emocionado. No pude detenerme hasta el último capítulo.

Misioneros, profesores, estudiantes de institutos bíblicos, doctores en teología, pastores y otros vivieron lo mismo: sólo pudieron interrumpir la lectura para secar sus lágrimas y sumergirse en la oración. No dudaría ni un instante en recomendar este libro como texto para la materia «Avivamientos» de cualquier seminario que desee mantener elevada su línea. Sencillamente, esto es *Asombrados en Argentina*.

—Egardo Muñoz
Vice Director del Instituto Bíblico
Río de la Plata

1
El capítulo veintinueve del libro de los Hechos

El avivamiento en la Argentina, ha durado décadas, con nuevas olas que fluyeron a lo largo del país. Grandes pastores y evangelistas han sido parte de este mover de Dios, pero la historia del avivamiento argentino incluye a gente laica y a jóvenes. Es allí donde comenzaremos, con testimonios de personas como usted y como yo. Son asombrosos. Surgen en todos lados. Son parte de la vida cotidiana aquí, en la Argentina. No hay un capítulo veintinueve en la Biblia, pero quizá, por así decirlo, está siendo escrito ahora por un Dios que todavía hace grandes cosas a través de su Iglesia. Por supuesto, tales testimonios nunca serán parte de las Sagradas Escrituras, pero a Dios le encanta seguir contando sus historias.

Cada lunes por la mañana, en la capilla del Instituto Bíblico Río de la Plata (IBRP), los estudiantes comparten sus últimas vivencias, cosas que generalmente sucedieron el pasado fin de semana, mientras predicaban enérgicamente el Evangelio. Siempre es emocionante ver sus rostros cuando describen lo que Dios hace.

Aparte de esto, cuando salgo a ministrar con Sherry o con los alumnos, siempre pasamos tiempo con los pastores y escuchamos aún más historias. En las reuniones de las iglesias, se aparta un tiempo para que la gente narre los muchos testimonios de la gracia y provisión de Dios. Al oírlos la congregación es alentada, y su comprensión del poder y del amor de Dios se incrementa. Meditan y hablan de estas historias con sus amigos, que, de esta manera, se acercan a un Dios Padre poderoso y amoroso.

Se nos dice que Satanás será vencido por la sangre del Cordero y por la palabra de nuestro testimonio (véase Apocalipsis 12:11). El testimonio levanta el ánimo e incrementa la fe. Parece generar confianza.

Las iglesias han tenido que limitar su cantidad en cada reunión. Algunos pastores dicen: «Cuatro, nada más». Pero se termina escuchando dos o tres más, de entre los diecinueve que están corriendo hacia la plataforma con la esperanza de compartir el suyo. Antes del avivamiento, hubiese sido necesario utilizar la pregunta trillada: «¿Quién es la primera persona valiente que quiera compartir su testimonio?». Durante este mover de Dios, se necesitaba que alguien controlara a la gente cuando se solicitaban testimonios. Ahora, muchos de los pastores hacen que sus líderes escuchen los testimonios para seleccionar algunos. Luego se eligen varios de ellos para dar una versión sintetizada de lo ocurrido en sus vidas. Estos sucesos son cotidianos y nos permiten contemplar a un Dios sumamente activo. Él, definitivamente, está avanzando, cambiando vidas, tocando a la gente. ¡Tantas historias que podríamos traer a la memoria! Sin embargo, nos limitaremos a relatar algunas, que ocurren en un mundo donde Dios, sin duda, está obrando.

Algunos testimonios típicos del lunes por la mañana, en el IBRP

Dice Luis, alumno de primer año: «Vine al Instituto sin dinero. Me llamaron de la oficina de finanzas para comunicarme que tenía hasta el lunes para reunir el monto mínimo o me tendría que ir. Sin embargo, Dios me dijo que viniera hoy». Y añadió: «El que invita paga. Estaba por despedirme de todos ustedes, pero aquí está la provisión del Señor». Dicho esto, levantó un fajo de dinero y, con lágrimas en sus ojos, dijo varias veces: «¡Jehová Jireh está aquí!».

Un joven dijo: «Le pedí a Dios cien almas para esta semana. En nuestra primera reunión al aire libre aparecieron setenta. Tuvimos otra, y aparecieron más de treinta. Cien personas respondieron al llamado para aceptar a Cristo en sus vidas».

«Con aceite en mi dedo, se lo puse en el oído a una jovencita», dijo otro estudiante. «¡Luego observé, mientras Jesús sanaba inmediatamente su cuello hinchado y su tímpano atrofiado!».

↯

«Buscamos por todos lados un geriátrico —dijo una joven— y finalmente, encontramos uno, con dieciocho abuelitas. Pensaban que éramos ángeles. "Nunca nadie nos abraza —dijeron—, pero ustedes, ¡sí!". El sábado, dieciséis de ellas entregaron sus corazones a Cristo».

↯

Uno de los alumnos de primer año contó: «En nuestro viaje misionero prediqué cinco veces. Fuimos a un pueblo en las montañas, a unos cuarenta y cinco kilómetros de cualquier otro lugar habitado, al que sólo se podía llegar a caballo o a pie. Comenzamos a las cinco de la mañana y cargamos mochilas de treinta y un kilos por catorce horas. Hacía tanto calor que sentíamos que nos íbamos a insolar, pero cinco personas fueron salvas en ese pueblo. Ahora tenemos que arreglar para que vaya alguien a pastorearlas».

↯

«Anoche mostramos la película de Jesús, y veintisiete personas aceptaron a Cristo.»

↯

«Dios me dijo que pateara ligeramente a un hombre paralizado. ¡Fue sanado de manera completa e instantánea! Sé que eso es inusual, pero es lo que sucedió.»

↯

Otro joven dijo: «Sentí que debía detener la camioneta y decirle a un travesti que Jesús lo amaba. Le hablé acerca de la cruz, y abrió su corazón a Cristo. Nunca antes había conocido esa clase de amor».

↓

Walter dio testimonio de que once personas fueron sanadas en la campaña donde estaba predicando, incluyendo una niña sordomuda de diez años.

↓

Karina dijo que el receso entre los períodos de clase había sido difícil, y ella casi ni regresaba al Instituto; pero decidió unirse al equipo de evangelismo en el lugar donde estaba. Ese fin de semana, habían salido a ministrar. Había una joven de dieciséis años en la vía, que estaba por suicidarse cuando los payasos del equipo ministerial se acercaron a la estación. «Lo último que haré será ver a los payasos», pensó. Pero aquel día, ellos compartieron el mensaje del Evangelio, y la joven aceptó a Cristo. Ese fin de semana, su madre y sus hermanos también se convirtieron al cristianismo, junto con ochenta adultos y niños en ese pueblo.

Orar por los más desesperados

El pastor Alberto compartió estos dos testimonios de la obra asombrosa y oportuna de Dios:

«El viernes, un hombre afligido entró a la iglesia con su esposa. Nos contaba que hacía unos días, su hijastro, al regresar de la Facultad de Derecho, lo había echado de la casa. En el caos y la violencia del momento, le confesó a su esposa la razón del rechazo y del enojo de su hijo hacia él. Veinte años atrás, con tres años de matrimonio, había violado al niño. Ahora, ese acto detestable había vuelto para atormentarlo. En su desesperación, el hombre tomó una daga y se apuñaló dos veces, justo debajo del corazón. Debió ser hospitalizado. Cuando le dieron el alta, él y su esposa comenzaron a caminar, muy apenados. El hombre repetía: "No hay salida para mí". Entonces, ambos escucharon una voz que susurraba en sus mentes el nombre de la iglesia del pastor Alberto Aranda. Nunca la habían oído nombrar, pero la buscaron y fueron el viernes por la noche. El pastor les habló, los guió a aceptar al Señor y se pidieron perdón mutuamente. La mujer confesó que, después de esos tres primeros años de casados, había vivido, durante veinte, un matrimonio sin gozo. Nunca había entendido el cambio abrupto de su esposo. Finalmente, luego de tanto tiempo, supo la razón.

Ahora él tenía miedo de regresar a su casa, pero ella insistió. Cuando su hijastro violento —que lo había echado y había jurado que nunca se iría de la casa— los vio a la entrada, abrazados, tomó sus pertenencias y se mudó. Un matrimonio fue salvado».

Lo fascinante de este testimonio es que la iglesia del pastor Alberto orado específicamente por la gente más desesperada y desesperanzada de su comunidad, que creía no tener salida alguna. Esa misma semana, Dios les trajo otro caso igual de difícil.

El pastor Alberto siempre trata de tomarse los lunes para descansar, pero ese día sentía que tenían que ir a la iglesia. Su esposa le preguntó el porqué, pero él no tenía la respuesta. Cuando llegó, un hombre estaba en la puerta del templo, erguido junto a su motocicleta. Al verlo, éste le pidió entrar a la iglesia para orar. El pastor procedió con cautela, por los cinco robos que había sufrido el templo. Sin embargo, comenzó a hablar con él y el hombre le comentó que venía de un puente, en el que había tratado de suicidarse, pero que algo lo había detenido: escuchó una voz, en su mente, que le decía el nombre de esa iglesia. Nunca antes lo había escuchado, pero ahí estaba, a sus puertas, queriendo orar.

¿Por qué estaba tan desesperado? Luego de una discusión con su esposa, por despecho, intentó violar a una de sus hijas. Gracias a Dios, la esposa lo vio. Él sentía que ninguna de ellas lo perdonaría. Con remordimiento y aversión hacia sí mismo, había decidido suicidarse. Se había mudado a otra vivienda y había perdido la esperanza de volver con su familia. El hombre estaba convencido de que no había salida. Dios obró un milagro. Después de orar con el pastor Alberto, aceptó a Cristo. Su esposa lo llamó por teléfono ese mismo día y permitió que hablara con sus hijas. Le dijeron que querían verlo. Dios lo estaba transformando. ¡El pastor Alberto lo vio tres veces esa misma semana!

El proceso de sanidad había comenzado en la vida de ambos hombres y en la de sus familias. El perdón es posible en Cristo.

Un pequeño viaje misionero a un barrio peligroso

Había mucho silencio en el auto. Cuando doblamos a la derecha, había finalizado la calle pavimentada, y nos encontramos manejando en una de barro, llena de pozos. Allí había un grupo de muchachos de apariencia siniestra, parados a ambos lados de la calle, mirándonos con interés y algo sorprendidos. Era nuestra primera salida del trimestre con el grupo ministerial del Instituto, constituido, principalmente, por jóvenes de primer año, incluyendo algunas muchachas atractivas (¡con razón, estaban todos en silencio!). Íbamos en dos vehículos.

Cuando logramos salir de ese lugar, volvimos dos cuadras y doblamos a la izquierda. Encontramos la iglesia: un edificio grande, tipo galpón. Alrededor de trescientas personas estaban cantando con todas sus fuerzas, y parecía una isla pacífica, en medio de un barrio muy peligroso.

La reunión estuvo linda. A la medianoche, la gente seguía pidiéndonos que orásemos por sus grandes necesidades y por la angustia en su corazón. ¡Qué buena oportunidad para los estudiantes! Los pastores Abraham y Mónica nos habían preparado pizza y «choripanes» para compartir luego del servicio, mientras contaban sus testimonios. Mónica fue quien tuvo la fuerte carga para plantar la iglesia. Comenzó a orar por las mujeres, en sus reuniones de *Mary Kay*. Cuando vio que más de sesenta mujeres se reunían, su esposo comenzó a sospechar algo. Ella había plantado una iglesia, usando la venta de cosméticos como excusa.

Los padres de Abraham habían sido evangelistas, y su familia había sufrido tanto por la falta de recursos económicos que él había jurado no entrar nunca al ministerio. ¿Pero cómo puede uno cerrar una iglesia que recién ha nacido? Mucha gente con preguntas los visitaba y quedaba libre de demonios. También abrieron una librería cristiana.

El pastor Abraham nos comentó que tenían más de doscientos drogadictos recuperados en su iglesia. Veinte de ellos tenían trabajos en la ciudad, en un programa antidroga, donde pueden marcar la diferencia y hablar de Jesús. Otros obtuvieron ingresos económicos al trabajar en una panadería que abrieron unos hermanos de la iglesia. Estas son alternativas viables para los ex delincuentes. La iglesia tiene un programa de radio y otro de TV, en cable, y está impactando toda la zona.

En cierta ocasión, un traficante de drogas que sintió condenación por los testimonios de ex drogadictos, fue a la iglesia expresamente a matar al pastor. Cuando se bajaba del auto, escuchó una voz que le dijo: «A éste no lo mates». El hombre se montó de nuevo en su auto y partió. Ahora es miembro de la iglesia.

↓

Durante una de las reuniones, mientras se levantaba la ofrenda, un joven delincuente entró para robar. Cuando el pastor vio que ponía su mano en el bolsillo, pensó: «¡Qué bueno! Este hombre que viene por primera vez a la iglesia está por dar una moneda como ofrenda». En ese momento, la pastora Mónica extendió su brazo y tocó al joven en la cabeza y, al hacerlo, éste salió despedido, y el revólver que estaba por agarrar se deslizó por el suelo. La gente de la congregación tomó el arma rápidamente, mientras oraban por él para que la reunión no se interrumpiera.

↓

Un joven daba hasta ochocientos dólares como diezmo, cuando se tomaba la ofrenda. Si uno de los diáconos le preguntaba de dónde obtenía esa suma de dinero, él decía: «trabajo mucho» o «me está yendo bien». Durante una de las reuniones del domingo, el joven no tenía dinero para depositar en la ofrenda, así que le dijo al diácono que volvería en seguida. A los veinte minutos, regresó con una ofrenda muy importante.

—¿Dónde conseguiste ese dinero?, —le preguntó el líder.
—Salí e hice un trabajo— fue la respuesta.

—¿Qué trabajo?
—Un asalto.
—¿Qué estás diciendo?
—Sí, Dios me protege.
Había estado asociado con un individuo con muchos contactos, y entre ambos dividían lo robado.
Atónito, el líder de la iglesia le dijo que oraría para que esta conducta termine. Un domingo, su compañero de robo le informó a este joven que había una camioneta celeste casi nueva para robar, en cierta dirección. Él y su socio acosaron al conductor con un arma. La víctima, un hombre bien vestido de corbata, preguntó si podía sacar sus documentos de la guantera. «No hay problema», respondió el joven ladrón. Cuando el hombre sacó sus documentos, también agarró una Biblia.
—¿Así que usted es cristiano?
—Sí, soy pastor.
—¡Qué bueno! ¿Dónde?
—De esta iglesia. El pastor señaló hacia atrás, donde la congregación, consternada, observaba por la ventana el asalto de su pastor.
El joven se olvidó de lo que estaba haciendo y dijo con alegría:
—¡Yo también soy cristiano!
Mirando a la congregación con una sonrisa, la saludó, ¡olvidando que tenía un arma en la mano!
—Escuche, pastor, mi socio está nervioso. Tengo que llevarme la camioneta, pero la voy a estacionar a la vuelta con todo intacto y las llaves sobre el asiento, ¿sí?
Ese mismo día volvió a la iglesia y, verdaderamente, rindió su vida a Cristo. Hoy es uno de los que, junto con otros cristianos, sale una vez por semana en busca de drogadictos en situaciones extremas para llevarlos a reuniones especiales (diseñadas para rescatar estos casos), los lunes por la noche. La semana que estuvimos junto con los estudiantes, trajeron a un drogadicto que se había inyectado directamente en la pierna, exactamente en los tendones. Allí, su piel estaba en carne viva.
Aquella noche, nuestros estudiantes aprendieron mucho acerca del ministerio. ¡Qué iglesia! Es realmente un oasis, en medio del caos y la violencia. Un hospital para gente quebrada. ¡Qué Evangelio del poder de Cristo y de amor práctico!

« *EL CAPÍTULO VEINTINUEVE DEL LIBRO DE LOS HECHOS*

LO QUE SE NECESITA PARA SER PASTOR

Un estilo de vida desordenado y un alto consumo de alcohol llevó a Bartolomé al lugar donde los doctores le diagnosticaron: «Cirrosis del hígado y seis meses de vida». Él le dijo a su esposa, que había orado por su salvación fielmente durante doce años, que quería despedirse de esta vida con estilo, que su plan era morir con un vaso de vino o de whisky en la mano.

Como contratista, con decenas de personas a su cargo, estaba bien económicamente y no tenía intención de pedir ayuda o de buscar a Dios. Vendió sus diez camiones, maquinaria, tractores, y le dio la mitad del dinero a su esposa. La otra mitad la despilfarró rápidamente. Pero una noche, estando muy borracho, sintió que debía ir a la campaña de Carlos Annacondia. Sus hijos estaban allí. Mientras escuchaba la predicación del evangelista, lo insultaba, hasta que su hijo de doce años comenzó a llorar.

De repente, al final de la prédica, este hombre vio cómo más de mil personas corrían hacia el altar, en respuesta al llamado. Annacondia oraba y la gente lloraba y se caía al suelo, pero el borracho Bartolomé seguía de pie. El evangelista hizo una pausa y dijo: «Si tiene una enfermedad incurable, Dios quiere sanarlo hoy». Su hija le rogó que levantara la mano. «¡Dios no te cobrará nada!», le dijo. Ella y su hermano estaban llorando, hasta que, finalmente, Bartolomé levantó sus manos para complacerlos. Cuando lo hizo, sintió un poderoso torbellino enviado por Dios que lo tiró a un pozo lleno de barro. Mientras se lo sacaba de los ojos, se dio cuenta de que había sido sanado. Bartolomé, un hombre que nunca lloraba, comenzó a llorar de alegría.

Tres días después, estaba ayudando a echar fuera demonios en la carpa de «terapia intensiva» de Annacondia. Él simplemente escuchaba lo que estaba diciendo un creyente con autoridad y hacía lo mismo. Ahora es pastor. Han pasado dieciocho años desde su sanidad, y continúa con un estado físico perfecto.

La iglesia que preside el pastor Bartolomé es conocida como un poderoso hospital para almas. En cierta ocasión, un auto de policía se detuvo frente ella y un hombre, que estaba retorciéndose, fue arrastrado a su interior. Estaba atado y encadenado de pies y

manos. Uno de los policías, que era cristiano, comentó: «El juez nos dijo que lo lleváramos al Melchor Romero (un centro psiquiátrico). Pero yo sé que este no es un problema de demencia. Él está atado por demonios, así que lo trajimos aquí».
«Suéltenlo», pidió el pastor. Al principio, los policías se negaban. Ante tanta insistencia, con manos temblorosas, desataron al hombre y le quitaron las cadenas. «En el nombre de Jesús, ¡sé libre!», proclamó el pastor. De repente, el hombre abrió los ojos y preguntó: «¿Dónde estoy? ¿Por qué estoy en una iglesia?». Hoy este hombre está sirviendo a Cristo.

LAS VIDAS DE LOS ESTUDIANTES DEL INSTITUTO BÍBLICO

Generalmente, las personas que visitan el Instituto observan los rostros de nuestros estudiantes mientras adoran. Contemplan asombrados sus oraciones, ven su compromiso, y sacan una conclusión acerca de estos «santos». Sin embargo, no siempre lo fueron; sus historias evidencian una transformación completa, a través de la gracia de Dios.

Miguel, un policía, vivía simultáneamente con tres mujeres, sin contar a su esposa. Fumaba de tres a cuatro paquetes de cigarrillos por día. Una vez, mientras dejaba a su esposa en una reunión evangelística, fue empujado al suelo por el poder de Dios. Inmediatamente, se rompió su hábito de fumar y su hogar fue restaurado. Ingresó al IBRP y, mientras cursaba el segundo año, ya predicaba en una radio secular. Dios lo ha usado para sanar a un tetrapléjico de veinte años. Oró con una mujer en el teléfono, y sus várices fueron sanadas. Víctimas de suicidio han llegado a Cristo. Cantantes famosos y artistas están aceptando al Señor bajo su ministerio. ¡Qué cambio!

↓

Carina era una drogadicta que había sido criada en un leprosario, puesto que su mamá padecía esta enfermedad. Ya de joven, fue a vivir con su tía, quien estaba muy involucrada en el espiritismo.

Un día, miró las imágenes de brujería que había en su habitación y dijo: «¡Dios, consúmelo todo!». Al siguiente, todo se había quemado. Las imágenes de yeso habían sido destruidas, y la madera a su alrededor quemada casi por completo. Sólo sus cuadernos quedaron intactos. Como alumna del IBRP, ella pidió a Dios que la enviara a predicar a las cárceles o a lugares donde otros no quieren ir. Hoy está casada con el pastor de una iglesia carcelaria de más de mil doscientas personas.

↓

¡Hay tantos testimonios de alumnos que podría contarles! Por ejemplo, Adrián era un ladrón de autopistas. Robaba camiones, compraba y vendía drogas y vivía a toda máquina, hasta que Cristo transformó su vida.

↓

Myriam Psocik, una linda joven de ascendencia ucraniana de ojos celestes, fue diagnosticada con cáncer terminal. Una mañana escupió casi un litro de sangre y un fluido infeccioso. Estaba tan débil que no podía ni sostener una escoba. Pero allí estaba, en el IBRP, completamente sana por el poder de Jesús.

↓

Alejandro Hernández fue parte de una secta por diez años, pero luego su novia le habló de Jesús. Su madre enferma fue sanada. Era una enfermera que se automedicaba durante años, a causa de problemas estomacales, y los armarios de su casa desbordaban de píldoras. En una semana, el Señor la sanó por completo, y en el siguiente año ganó a más de cincuenta personas para Cristo a través de su testimonio personal. Alejandro tenía una gran carga por evangelizar a su propio país, Uruguay, y ahora está plantando allí una iglesia.

Juan, hijo de un pastor, estaba por tirarse debajo de un tren. Recordando que su padre había pedido una solicitud del IBRP para él, pospuso su decisión y la llenó. Anteriormente, se había resistido por completo a la idea de asistir a aquél y se había burlado de su hermano mayor por asistir «a ese lugar de afeminados, donde todos lloran». Durante la primera semana de clases, vimos a Juan quebrado y llorando durante horas, sin parar, pero desconocíamos el trasfondo de su situación. Ahora Juan predica con ternura y autoridad, y cada vez que lo hace, la gente se decide por Cristo.

↓

Mariano Rosato dijo que estaba muy perturbado antes de conocer al Señor. Cada mañana, a las tres o cuatro, iba al cementerio para «hablar con su madre». Un día, cuando él y su novia estaban drogados, alguien les entregó un folleto de invitación para una campaña evangelística. De algún modo, logró llegar a la reunión. Como ex reportero de una revista de rock, con cabello largo hasta la cintura y con un peso inferior a cuarenta y cinco kilos, era poco más que un esqueleto. Pero ese día el poder de Dios se le hizo muy real. Cuando rindió su vida a Cristo, vio cómo se disipaba la drogadicción, la angustia mental, la enfermedad y la debilidad.

Ahora Dios lo está usando junto a su esposa, otra graduada del IBRP.

¿DÓNDE SE REUNIRÁ LA IGLESIA?

Ha sido emocionante observar la originalidad, inspirada por Dios, de tantos pastores y líderes, con respecto a los lugares de reunión para sus iglesias. Ellas se han congregado al aire libre, en casas, en carpas destrozadas, en vagones de tren abandonados, hoteles, fábricas, clubes, discotecas, y restaurantes. Hay plantación de iglesias todo el tiempo, así que es necesario ser creativo.

He predicado en lugares sin ventanas ni calefacción, en pleno invierno, con temperaturas de casi bajo cero, cuando la iglesia estaba en construcción. ¡Podíamos ver el vapor de nuestro aliento mientras adorábamos a Dios!

« EL CAPÍTULO VEINTINUEVE DEL LIBRO DE LOS HECHOS

Durante una semana estuve enseñando y predicando en un retiro de hombres, en la iglesia de Hurlingham, donde pastorea Héctor Manzolido. Por seis años, alquilaron una sala para reunirse; pero después, el lugar quedó pequeño, ya que el grupo creció mucho. Un día, los jóvenes de la iglesia cruzaron la plaza para ver un teatro vacío que estaba precintado, del otro lado de la calle. Extendieron sus manos hacia él y oraron proclamando, por fe, que el lugar sería de la iglesia. En menos de un año, el dueño les prestó el teatro por «una noche», ¡que se extendió a cinco años! La iglesia ha utilizado el teatro sin cargo económico alguno durante todo ese tiempo, exceptuando el pago de los impuestos de la propiedad. Siete u ocho personas aceptan a Cristo cada domingo. El dueño no entiende por qué ha sido generoso con ellos, pero su estudio de arquitectura ha sido bendecido por Dios en gran manera durante estos últimos cinco años.

↓

La iglesia Rey de Reyes hoy se reúne en lo que era una pista de patinaje sobre hielo. Han comprado la mayor parte de la manzana, a costo de mucho sacrificio. Ahora están construyendo un nuevo templo, puesto que la masa de gente que espera a la entrada cada día de reunión se extiende alrededor de la manzana. Mientras tanto, tuvieron fe para comprar una casa en la misma cuadra, que ahora les permite crecer y avanzar en su nuevo espacio. Además, Dios tenía preparado un tiempo oportuno para ellos. Luego que la economía argentina se desbarató, el dueño estuvo dispuesto a vender por la mitad de precio de lo que antes pedía. Los ahorros de la iglesia eran en dólares, lo cual permitió que rindieran más: Dios tiene sus formas de proveer.

↓

Luego de meses de poner y sacar ciento cincuenta sillas de madera a la vereda, junto a la entrada de subte, una iglesia de la Capital Federal comenzó a reunirse en un garaje de estacionamiento que el Señor había provisto. Desde entonces, la iglesia ha comprado una fábrica textil y una tintorería industrial contiguos, y ahora, en este espacio recientemente remodelado, asisten más de quince mil personas.

↓

La iglesia *Avance Cristiano* comenzó en el garaje de una casa y luego alquiló un cine, donde se solían proyectar películas pornográficas. Cada vez que se reunían, tenían que cubrir todas las pancartas con papel oscuro. Ahora se congregan en un galpón y compraron, en la misma localidad, una propiedad que contiene un edificio industrial a medio construir.

↓

Una nueva iglesia plantada por el decano del Instituto, Ernesto Nanni, ahora se encuentra en un taller de carpintería. Las paredes y el suelo estaban cubiertos por una capa grasosa, y equipos misioneros de los Estados Unidos ayudaron a refregarlo todo y a darle una mano de pintura fresca. Recientemente, hubo una palabra profética que declaró: «Donde hubo grasa, fluirá el aceite del Espíritu, y se convertirá en un río que sale hacia la comunidad».

↓

La iglesia de Mar del Plata se reúne en un cine céntrico muy grande. Otras, en pequeños locales o en cualquier lugar disponible. Crecen con tanta rapidez que siempre es un desafío encontrar un lugar para ellas.

↓

Una nueva iglesia, que están plantando estudiantes del IBRP, se desarrolla en una plaza de la Capital Federal y todavía no tiene edificio. Se reúnen en el parque, al frente de la estación de tren, y constantemente tienen que sufrir robos y asaltos. Pero el evangelio está avanzando en el microcentro de Buenos Aires, ciudad de tres millones de habitantes. Su primera campaña de dos días resultó en cuarenta y cinco decisiones por Cristo. La iglesia se sigue moviendo: dos prostitutas un día, cinco travestis al otro, y luego cinco prostitutas más, y muchos más que han consagrado su vida a Aquel que ama a los pecadores. Sus múltiples grupos celulares ahora se reúnen en garajes y en hogares de vecinos.

Tienen el «edificio eclesiástico» más grande del mundo. No tiene paredes, y el cielo es su techo. El púlpito es una mesa de cemento de la plaza. Me pregunto dónde terminarán.

UNA NUEVA IGLESIA LLENA DE EX DROGADICTOS

Hace poco, visité la iglesia de uno de nuestros graduados, Juan Ramón. Este joven salió de la cultura de la droga, y recuerdo bien su actitud apasionada como estudiante. Una vez por trimestre tenemos un picnic en un parque estatal, con todo el cuerpo estudiantil. En vez de jugar al fútbol —un pasatiempo nacional en la Argentina— o de tomar mate con sus amigos, Juan se sentaba en el parque con los espectadores que observaban nuestro juego y compartía su fe con ellos.

Mi visita fue durante el primer aniversario de la iglesia que él había plantado. Tenía un techo y paredes de chapa, con espacios grandes cubiertos por cortinas, y un baño con un inodoro sin agua corriente. Su edificio no está en muy buen estado, pero su congregación, sí.

La celebración duró desde las 11 de la mañana hasta casi la medianoche. Cuando llegué, un joven estaba dando su testimonio. Él decía: «Nunca recibí un "te quiero" o un abrazo de mi papá. Me golpearon y me echaron de la casa. Pero ahora mi vida es completamente diferente».

↓

Un segundo joven comenzó a decir: «Fui repudiado por mis padres antes de nacer». Continuó explicando que lo habían golpeado con palos, y que su padre maltrataba a su madre, también. Desafortunadamente, un día la policía lo mató. Indignadísimo, con frustración y enojo, comenzó a participar en robos a mano armada. «Era como si una voz dentro de mí me controlara —dijo él— ; destruí a mucha gente, y a menudo, entraba en tiroteos con la policía».

Un día, el joven se enojó con su hermano mayor y éste no le habló por cinco años. Hasta su tío lo maltrataba y lo perseguía con un cuchillo.

Cuando se casó, él también golpeaba a su esposa. Al preguntar ella si la amaba, él respondía: «¿Qué significa amar?».

«El pastor oró por mí —dijo en su testimonio— y algo se me desprendió. Eran demonios. Le entregué mi vida a Dios, y Él me ayudó a perdonar al hombre que había matado a mi padre. Ahora puedo decirle a mi madre: "te amo". Dios me guardó de las balas y de las sobredosis. Dios me ama».

Dios le estaba enseñando a amar a su familia, incluyendo a su esposa. En ese momento, el pastor se le acercó y lo abrazó. Lloraron juntos por un largo rato.

Juan Ramón comenzó su obra con dos personas. Un año después, tiene más de doscientas en la iglesia. Los drogadictos pasan la noche allí, expresándole sus frustraciones, y él los lleva a los pies de Cristo. Eso es amor. ¡Ése es el fruto verdadero!

Algunos métodos inusuales de evangelismo

En un retiro de hombres, durante un fin de semana, hablé con un muchacho que creó un nuevo método de evangelismo. Él es chef y compartió conmigo la idea que Dios le dio. Frustrado con la cantidad de veces que sus amigos y vecinos rechazaron sus invitaciones para asistir a las reuniones, le preguntó al pastor si podía dictar clases de cocina en la iglesia. Diecinueve personas se anotaron. Antes de comenzar cada clase, él habla acerca de la dulzura de Jesús y luego les muestra cómo hacer postres, pasteles y otras delicias. Hasta ahora, siete de los alumnos han aceptado al Señor. Uno de ellos regresó con dos personas apartadas. ¡No está nada mal, para una clase de cocina!

El pastor Alberto Aranda me comentó que dos mujeres de su congregación se acercaron a un hombre, en la calle, y le dijeron: «¡Usted necesita a Dios!». Él sacó un cuchillo y les dijo que estaba camino a suicidarse porque tenía SIDA. Ellas tomaron el cuchillo y acompañaron al hombre a la iglesia. Ahora, él está asistiendo fielmente a las reuniones.

↓

Mientras la situación económica empeoraba en la Argentina, la crisis trajo más hurtos, robos a mano armada y secuestros. Las historias abundan. Hasta se secuestran mascotas.

Una pareja cristiana continuó viviendo en un barrio bajo, a pesar de la abundante bendición de Dios sobre sus vidas. Tenían vecinos que habían entrenado a sus hijos para robar, y hasta les habían puesto a dos de sus hijos el mismo nombre, para causar confusión en el proceso judicial. Esta familia entró a la casa del matrimonio cristiano tantas veces para robar que, finalmente, decidieron mudarse a un departamento. Sin embargo, conservaron su antigua casa en ese barrio peligroso y la transformaron en un comedor gratuito para la gente del lugar. Hoy algunos de esos niños del barrio comen y sobreviven por la bondad de sus antiguas víctimas. ¡Eso es lo que se llama dar la otra mejilla!

↓

Un joven ladrón, mientras intentaba robar una bicicleta, fue baleado tantas veces en las piernas por el padre de la víctima, que tuvieron que amputárselas. Algunos cristianos lo visitaron en el hospital para demostrarle amor, a pesar de su situación y de ser culpable. Él respondió positivamente a esa sincera expresión.

La protección de Dios

Uno de los miembros de nuestra iglesia, Néstor Pavia, contó que un sábado por la noche, después de la reunión, al descender del colectivo en una zona oscura, vio una imagen religiosa y tuvo ganas de cantar una alabanza. Mientras entonaba la canción, en la sombra del lugar había dos hombres de pie, uno a cada lado de la imagen. En tanto que caminaba, Néstor escuchó a uno decir: «Agárralo. ¿Qué estás esperando?». Y su socio respondió: «¡No! ¿No ves que es evangélico?».

Mientras nos alegrábamos al escuchar su testimonio, el pastor Edgardo Muñoz mencionó otra situación que le había ocurrido a esta misma persona, hacía un tiempo. Una noche, Néstor regresaba a su casa con bonos en su mochila para comprar mercadería. (Durante el tiempo de crisis económica, muchas compañías pagaban a sus trabajadores con bonos o tiques).

Al cruzar un puente, vio a una mujer embarazada. De repente, un hombre salió de detrás de ella y lo apuntó con un revólver en el cuello, mientras intentaba quitarle la mochila. Al instante, Néstor sintió un empujón desde atrás, y literalmente «voló», pasando por al lado del ladrón. En ese instante, Néstor se dio cuenta de que habían apretado el gatillo, pero el revólver no disparó. Continuó por su camino, contento por la protección de Dios sobre su vida.

Una mujer de la iglesia de Alberto Aranda fue asaltada por un ladrón solitario. «¿Qué le pasa? —le preguntó—, ¿tiene familia y no puede conseguir trabajo? ¿Es por eso que roba a la gente?» Mientras el ladrón asintió, ella declaró con autoridad: «Guarda ese revólver. Hablemos». El ladrón quedó sorprendido, la miró fijamente, bajó el revólver, y ella dijo: «¿No puedes conseguir un trabajo? Ven a mi iglesia y trae a tu familia. Te vamos a conseguir uno». El joven hizo exactamente eso, y él y su familia aceptaron a Cristo.

↡

En cierta ocasión, nuestro líder de alabanza, Diego Ávalos, fue asaltado. «Les hablé de Jesús —dijo—, y uno de los ladrones comenzó a decir con una voz temblorosa, "Jesús... Jesús... Jesús". De repente, el ladrón comenzó a temblar y el revólver cayó al suelo».

Cuando otro miembro de la iglesia fue asaltado, miró el cañón del revólver y ordenó: «¡En el nombre de Jesús, detente!». ¡Y el ladrón obedeció!

↓

Pablo, un estudiante del IBRP, estaba en camino a la iglesia, cuando repentinamente sintió que debía levantar sus manos y alabar a Dios cantando. Y así lo hizo. Fue en ese momento que algunos ladrones se le acercaron por atrás para robarle a mano armada la campera de cuero. «¿Qué estás cantando?», le preguntaron. Él les dio su testimonio, contándoles que hace unos años él también «trabajaba en las calles». «Discúlpanos, hombre —le dijeron—, no nos dimos cuenta». Él les habló de Cristo y los invitó a visitarlo en el Instituto.

↓

Un joven, buscando pasar un buen rato, intentó invitar a salir a una de las jóvenes de la iglesia de Mar del Plata, mientras esperaba el colectivo. Cuando ella le dijo que era una cristiana evangélica, él aceleró el coche, diciendo exasperadamente: «¡No lo puedo creer! ¡Eres la tercer mujer evangélica con la que me he cruzado esta noche!».

Consternación en la estación de tren de Constitución

Un sábado, durante mi clase de evangelismo con los alumnos de primer año, un estudiante contó cómo un grupo de jóvenes había ido a la estación central de tren para compartir su fe en Cristo. Dada la situación económica desesperante del país, mucha gente necesitada hizo de esa estación su casa. Estos jóvenes le hablaron del amor de Dios; pero uno del grupo vio a un hombre con una camisa muy sucia, gastada e impregnada de olor a orina. Poco tiempo antes, un familiar le había regalado a este estudiante una camisa nueva de seda, y él la llevaba puesta ese mismo día. «Dale tu camisa», sintió que Dios le decía. Inmediatamente, se quitó su camisa nueva y se la dio al vagabundo. Mirándose las manos, el hombre comenzó a llorar, se sacó su propia camisa, y se la entregó al joven que estaba ahí parado con el pecho al aire. Nuestro alumno se puso la camisa hedionda y abrazó al hombre. La gente que pasaba por al lado estaba tan conmovida, al ver esa escena, que lloraba ante tal demostración de amor. El vagabundo, con lágrimas en sus ojos, se arrodilló y en ese mismo instante aceptó a Cristo como su Salvador.

UN PUENTE EVANGELÍSTICO

Hace poco tiempo, le di a Gastón, un alumno de segundo año del IBRP, cien dólares del fondo de *Light for the Lost* (Luz para los perdidos), como una semilla para su sueño de vender Biblias. Él quería utilizar esta oportunidad para alcanzar a aquéllos que todavía no conocen a Cristo. Esa cantidad será donada, en Biblias, a los necesitados, durante el transcurso de este programa. En menos de un mes, Gastón y otro joven cristiano ya han visto mucho fruto. Más de doscientos han aceptado a Cristo. ¡Qué hambre de la Palabra se evidencia durante un tiempo de estrés económico en la Argentina! Dios está obrando.

Los estudiantes del IBRP escucharon que, entre los doscientos recién convertidos de la cárcel de máxima seguridad, en Olavarría, solamente sesenta tenían Biblias. Aunque los alumnos también estaban pasando por necesidad económica, dieron, con sacrificio, y reunieron el dinero para casi todas las que faltaban.

DIOS NOS ESTÁ DANDO RISA EN ESTE TIEMPO

Otra estudiante contó que ella siempre sospechaba de las historias de las demostraciones del poder de Dios en las personas. Pero ese mismo fin de semana se rió con mucha fuerza en la iglesia, hasta las tres y media. «Nunca me había reído tan fuerte en toda mi vida, por una hora entera». Cuando se lo mencionó a uno de los líderes de la iglesia, él le respondió que no le costaba creerlo, ya que una de las hijas del pastor se había reído por tres horas, durante esa misma semana. Cuando tantas personas están llenas de veneno y enojo, la risa sobresale como una señal de Dios.

« EL CAPÍTULO VEINTINUEVE DEL LIBRO DE LOS HECHOS

SALIENDO PARA PARAGUAY

Hace un tiempo, acompañé a diecisiete graduados a Pilar Ñeembucú, Paraguay, un pueblo de cuarenta mil personas que está a unas veinte horas de viaje hacia el norte. En el trasbordador, cuando cruzábamos el río desde la Argentina hacia el Paraguay, los alumnos ya habían guiado a dos personas a los pies de Jesús. Luego de diez días, habían compartido sus testimonios en tres estaciones de radio y en varias escuelas, predicando, simultáneamente, en campañas de dos noches en la plaza. Hubo sanidades, conversiones, bautismos en el Espíritu Santo, llamados al ministerio, y hasta liberaciones del poder satánico. Uno de los estudiantes, que se había criado allí, hizo los arreglos para el grupo, que tuvo que compartir un mismo baño y dormir en el suelo de la iglesia.

AHORA, A HONDURAS

La mayoría de los veinticinco estudiantes que se habían graduado recientemente fue de viaje misionero a Honduras y nunca había viajado en avión. Les llevó mucha fe y dieciocho meses para levantar los fondos. Con toda la oración y el trabajo previo, sus expectativas eran altas. Comenzaron cantando coros en el aeropuerto, y cinco personas aceptaron a Cristo.

En su primer día en Honduras, los estudiantes estuvieron una hora en la radio. Luego oraron con el alcalde de la ciudad de Cortés. También tuvieron la oportunidad de estar en la televisión durante una hora y subieron a treinta y seis autobuses públicos para compartir sus testimonios con gente que luego aceptó a Cristo.

Un estudiante le dio sus zapatos y medias a un mendigo, y otros oraron con los enfermos en el hospital.

Algunos hicieron consejería a víctimas de violaciones, quienes les decían, mientras las lágrimas corrían por sus mejillas, que nunca antes le habían contado a nadie lo que habían vivido.

También, predicaron a las víctimas del huracán, y ciento diez personas aceptaron al Señor esa tarde.

Arroz y frijoles era su desayuno. Sopa de iguana era el plato del almuerzo. Dios estaba obrando.

Clase de Evangelismo

En una de ellas, invité a un evangelista a compartir testimonios del poder de Dios. Empezó a ministrar a la clase, y una joven fue sanada de dos quistes. Leonel Campbell, de Honduras, recibió sanidad en dos caries y dos de sus dientes fueron reconstruidos. Cuando le dijo a su madre por teléfono lo que había ocurrido, ella lo acusó de querer evitar el dentista, pero él le aseguró que había sido tratado por el mejor de todos. Esas dos clases, de cincuenta minutos cada una, se extendieron desde las cuatro y media de la tarde hasta después de las nueve de la noche. Ese día, los alumnos de la clase de evangelismo recibieron una experiencia práctica del poder de Dios, y los resultados fueron tremendos.

Martín comentó que a partir de esa experiencia les había predicado a su hermana y a su madre, y ellas habían aceptado a Cristo.

Los estudiantes del Instituto tienen un pasatiempo preferido: no es jugar a los videojuegos ni mirar películas. Es el evangelismo. Salen a las calles para compartir su fe en cualquier horario, en todo momento. Quizás esta es la razón de que haya tantos testimonios. Van donde está la gente. Cinco personas son salvas en un lugar, dos en otro, ochenta o cien en una campaña. Ayudan a las iglesias a llenar sus barrios de Palabra, oración, y testimonios. Como sucedía en el libro de los Hechos, donde la iglesia era edificada y establecida, también es evidente hoy que el poderoso Dios del universo continúa extendiendo su reino. Él usa todo tipo de personas, hasta los más inesperados, gente como tú y yo.

Conclusión

No cabe duda de que Dios sigue haciendo grandes cosas hoy. Él usa todo tipo de personas para revelar su gloria. Dios no solamente se mueve a través de aquellos que tienen un nombre reconocido. Él lo hace por medio de los alumnos de primer año del Instituto Bíblico y de los laicos de la iglesia, al igual que con el pastor y el evangelista. Dios muestra su fuerza a través de la vida práctica cotidiana. En la Argentina, todos aquellos que sirven a Dios parecen tener testimonios frescos de manera continua. ¡Dios mismo está obrando!

« EL CAPÍTULO VEINTINUEVE DEL LIBRO DE LOS HECHOS

¿Cómo surgieron estas cosas? ¿Qué ha estado ocurriendo en la Argentina para que broten tantos testimonios de la gracia de Dios? Es una historia larga y muy emocionante.

2
Olas de avivamiento

Al traer a la memoria los veinte años de avivamiento continuo en la Argentina y muchas manifestaciones del Señor anteriores, nos asombramos de lo que Dios ha hecho. Él decidió derramar su poder de una manera singular sobre nuestra tierra adoptiva. ¿Por qué eligió a la Argentina para sacudirla y bendecirla tan grandemente? ¿Por qué favoreció a este país con tantas olas de avivamiento? Realmente, este mover no se ha detenido por décadas.

¿Por qué será que una nación, vista por muchos como arrogante, haya sido elegida por Dios para participar en uno de los avivamientos más largos de la historia de la iglesia? Esta nación posee una cultura de sensualidad extrema. Tiene uno de los porcentajes más elevados del mundo en venta de camisolines, ropa interior y perfumes. Se puede discutir que esta nación tiene las minifaldas más cortas del planeta, y propaganda sexual por doquier. El culto a la estética corporal ha derivado en un porcentaje extremadamente alto de anorexia y bulimia. ¿Cómo puede ser este el entorno del poderoso mover del Espíritu de Dios que nos ha hecho sensibles aun a los pecados más pequeños, como pensamientos y motivaciones? «Dios es soberano, y Él ha decidido bendecir una nación inverosímil», esa es sólo la mitad de la respuesta. La realidad es que su poder está disponible para cualquier nación que desee buscarlo. A menudo, su mover, que busca derramar avivamiento, es ignorado o malentendido. Por lo tanto, sería útil considerar el contexto y las características de esta nación para ver qué podemos aprender, antes de examinar la historia del avivamiento mismo.

APERTURA A LAS COSAS ESPIRITUALES

Mucho se podría escribir sobre la superstición en la Argentina, junto con la brujería, el cristianismo nominal, el culto al placer y al cuerpo físico. Las circunstancias del desarrollo de la nación han resultado en un país que está abierto a todo tipo de perspectivas espirituales. La Argentina es un país con estilo muy europeo. El 97 por ciento de la población tiene este trasfondo cultural. Por supuesto, la mayoría es de estirpe italiana o española, y el resto principalmente alemana, británica, ucraniana y eslava. Los edificios y las plazas del centro de la ciudad de Buenos Aires son hermosos, muy similares a los de las grandes ciudades europeas de renombre.

Por décadas, la nación fue considerada los Estados Unidos de Latinoamérica, a causa de la riqueza y del crecimiento económico que parecía proveer potencial ilimitado. A principios del siglo veinte, el país era uno de los más ricos del mundo en reservas de oro y tenía la clase media más numerosa de Latinoamérica. Los hijos de la elite estudiaban en Europa, y gastaban tanto dinero que surgió un dicho popular: «Rico como un argentino».

Pero el poder y prestigio mundial aparente se perdieron, y el país ahora está lleno de historias de sueños que se desvanecieron, un «paraíso perdido». La caída económica había afectado a todos. Muchos se refugiaron en psiquiatras o en parapsicólogos. El país tiene el índice más alto de psicólogos o consejeros de salud mental del mundo. Hay cien profesionales por cada 100.000 habitantes, mientras en países más desarrollados la proporción es de 25 a 45 por cada 100.000.[1] En la ciudad de Buenos Aires, la proporción es uno por cada doscientos habitantes. La gente ha entrado en depresiones muy profundas; algunas duran años. Su esperanza no sólo se demora, sino también se pierde. Defraudados por las promesas de líderes políticos corruptos, algunos han tratado de encontrar consuelo en los santuarios de muchas vírgenes católicas. Otros, en religiones del estilo vudú o en el espiritismo. La Confederación del Espiritismo de América fue fundada en Buenos Aires.[2] También surgieron técnicas escapistas modernas como la nueva era, el yoga

---

1. Página web de Sergio Strejilevich. Véase http://www.pagina12.com.ar/2001/suple/Futuro/01-01/01-01-20/nota_a.htm (página accedida el 25 de agosto, 2006).

2. Confederación Espiritista Panamericana C.E.P.A., "History," http://cepanet.org/espanhol/cepa.php (página accedida el 4 de septiembre de 2006).

y otras. La Argentina es una nación que cambia continuamente, busca respuestas más allá del insoportable aquí y ahora.

Umbanda es el nombre de una secta que proviene de Brasil, cuyas raíces son africanas. Sus ritos incluyen el sacrificio de gallinas y el derramamiento de botellas de aceite delante de la casa del enemigo. El enfoque de muchas de estas ceremonias es declarar un hechizo sobre otra persona a la que odian por haberles hecho daño. Mucha gente adinerada está involucrada en esta secta. Algunos viajan mensualmente más de 3.200 kilómetros para ver a su *pae* o padre espiritual, en Brasil. Muchos de los *paes* coordinan la prostitución de hombres y mujeres, y tratan de usar sus poderes espirituales para afectar la voluntad de los viajantes desprevenidos, durante la noche. Hemos tenido hijos y nietos de *paes* como alumnos del Instituto Bíblico. Algunos de ellos fueron perseguidos por sus familias, quienes pronunciaron maldiciones sobre sus vidas cuando se entregaron a Jesús.

Es difícil entender cómo la superstición sigue viva, en una nación que alguna vez tuvo seis versiones diarias del periódico, numerosas universidades de clase alta, físicos nucleares y economistas, educadores reconocidos mundialmente, y la feria del libro más grande de Latinoamérica. De hecho, la Argentina es tercera del mundo en cantidad de universidades; sólo la superan la India y los Estados Unidos. A pesar de todo lo que tienen a su disposición, los argentinos buscan una realidad más allá de su vida diaria y, muchas veces, ídolos como San Cayetano, que, supuestamente, trae buena suerte para encontrar trabajo. En muchas de las autopistas del interior del país, se observan altares a la Difunta Correa, a pesar de los esfuerzos de la iglesia católica de terminar con la veneración a esta mujer que fue encontrada muerta, amamantando a su bebé. Gilda —una joven cantante que murió a temprana edad como resultado de un accidente automovilístico— tiene muchos altares y seguidores, al igual que Rodrigo, *El Potro*, otro cantante que falleció de la misma forma y al que se idolatra hasta el día de hoy.

Mientras uno viaja por los caminos, especialmente en las provincias de Misiones y de Entre Ríos, puede observar altares llenos de cintas rojas colocadas allí, para venerar al *Gauchito Gil*. El movimiento supersticioso honra a un defensor de los pobres a costa de los ricos, un *Robin Hood* hispano. Otros hacen peregrinajes a la ciudad de San Nicolás o a Luján, para pagar tributo a los patrones espirituales de estas comunidades.

En un testimonio, un periodista deportivo famoso habló de su vida antes de aceptar a Cristo y preguntó: «¿Quién no ha ido alguna vez a una brujita?». De hecho, el libro titulado *La Argentina embrujada* documenta el uso de la brujería entre los altos oficiales del gobierno de la nación, hasta el año 1995.[3]

El coraje

Una de las características de los argentinos es el coraje, vista por algunos como una especie de descaro. Esta cualidad personal se debe, en parte, a los efectos del estilo de vida de la gran ciudad. Un tercio de la nación vive en Buenos Aires, ciudad de trece millones, y hay otras, a su alrededor, con un millón o más de habitantes. El 90 por ciento del país está urbanizado. Además, en líneas generales, su población es nueva, ya que está compuesta por hijos o nietos de inmigrantes. La disposición fatalista de «que será será» no fue adoptada por aquéllos que estuvieron dispuestos a dejarlo todo para comenzar una nueva vida en una tierra desconocida.

Cuando llegó la devaluación del 100 por ciento y hasta el 1000 por ciento anual, la actitud de las personas no era la de arrastrarse a una cueva y dejarse morir, sino que salieron y encontraron la forma de sobrevivir. Muchos de los hogares tenían tres o cuatro personas con ingreso, y todos cooperaban con los gastos. Algunas parejas tenían hasta cinco trabajos de tiempo parcial y completo, entre ambos.

Esta actitud de «encontraremos la manera» ha influenciado también a la iglesia: «Encontraremos la manera de recibir de Dios lo que otros reciben del otro lado de la ciudad. ¡Señor, yo también quiero ese poder!».

Un movimiento osado se evidenciaba durante las primeras campañas de Carlos Annacondia, cuando cientos de pastores suspendieron las reuniones de sus propias iglesias y llevaron a la congregación a participar de ellas, cada noche, hasta cincuenta días seguidos.

---

3. Viviana Gorbato, *La Argentina embrujada*, Buenos Aires, Editorial Atlántida, 1996.

Adaptabilidad

Otra cualidad del carácter argentino es la adaptabilidad de la gente. Han aprendido a sobrevivir a las sorpresas difíciles de la vida, durante varios años. Por el 1900, la Argentina tenía uno de los ingresos *per cápita* más alto del mundo. Después de la Segunda Guerra Mundial, estaba ubicada tercera del mundo, en reservas de oro. Al final de la Primera, la Argentina era el país número once en comercio mundial. Hoy, la nación ha sido afectada por una serie de crisis y años de devaluación mensual de doble dígito. Éstas han debilitado su fuerza y cambiaron las altas expectativas en un desánimo profundo. ¡A veces la devaluación ha llegado al 140 por ciento, en sólo un mes! En cierto momento de la crisis económica de 1989, se hacían anuncios en algunos supermercados que decían: «Todo lo que tiene en su carrito de compras ahora vale el 40 por ciento más». La gente los abandonaba y se iba, frustrada. Cuando queríamos recordar el precio del pan del año anterior, sólo hacíamos el cálculo con un cero menos del precio actual. Había parejas que sacaban un préstamo para hacer un mínimo mantenimiento en sus hogares, como colocar ventanas o puertas y, debido a la devaluación, terminaban vendiendo su casa para cubrir su deuda. La gente aprendió a ajustarse a las situaciones desfavorables, a adaptarse a las adversidades.

Durante esos años de hiperinflación, muchas veces, las familias de los creyentes eran las que tenían suficientes recursos como para sobrevivir: un testimonio muy fuerte para todos sus familiares y conocidos. Por otro lado, hubo momentos en los que, de siete u ocho integrantes de una familia, sólo dos podían ir a la iglesia, por falta de dinero para el transporte público. Sin embargo, se adaptaron a esa realidad.

Por muchos años, era extremadamente difícil que familias de clase baja o media soñaran con tener un auto nuevo. Los vehículos debían pagarse de antemano (cuarenta y ocho pagos mensuales, antes de poder retirarlos de la concesionaria). Con noventa y seis personas pagando un contrato cooperativo, dos autos se entregaban por mes, uno por sorteo y el otro al que tenía la oferta más alta entre aquellos en el «círculo de pagos». Un plan de pagos como este demuestra la adaptabilidad creativa en esta cultura. Durante una época, éramos todos financieros. Entendíamos bien la economía o perdíamos todo.

Esta característica de adaptabilidad ha sido crucial para la apertura de la nación al mover de Dios. Los pastores argentinos han sido muy enseñables: adaptaron métodos, estructuras y énfasis ministeriales, a lo que funcionaría en sus propias comunidades. Aquí, en la Argentina, las discotecas abren para los jóvenes a las once de la noche. Desde esa hora, se forman largas líneas de muchachos y de chicas que aguardan, durante mucho tiempo, para entrar. La fiesta continúa hasta el amanecer. He visto iglesias en las que los jóvenes comienzan su tiempo de ministración los viernes a la medianoche. Ellos pasan noches enteras en la iglesia. En lugar de ir a las discotecas, ahora se reúnen a orar, alabar a Dios, realizar juegos de mesa o actividades deportivas. Hace algunos años, ocurrió un trágico incendio en una discoteca de Buenos Aires. Hubo muchas víctimas fatales y heridos. En cuestión de minutos, una de las iglesias de la ciudad había desplegado más de cuatrocientos miembros hacia el lugar del hecho, para ministrar a las víctimas y familiares. Los argentinos aprovechan las oportunidades que se les presentan.

Otras congregaciones tienen a cientos de personas que se distribuyen en diferentes grupos celulares los viernes a la una de la mañana. Pasan tiempo juntos compartiendo, enseñando y orando. La disposición de adaptarse ha sido una parte muy importante de este mover de Dios.

Esta apertura al cambio también fue demostrada en la aceptación de nuevos estilos musicales. Los tradicionales, típicos, utilizados en las campañas durante años, eran el folklore y la cumbia. Ahora hay un movimiento fuerte para tener una variedad de estilos musicales, especialmente el rock melódico y algunos *blues*. En contraste con países como Francia e Italia, la Argentina acepta sin problema las palabras extranjeras como parte de su léxico. Esto quiere decir que la música está siendo renovada constantemente, y tiene un efecto importante sobre el mover de Dios, lo mantiene fresco.

La deferencia

Manejar, en este país, es una aventura. En realidad, no existen los carriles, y la gente hace cosas muy inusuales mientras maneja agresivamente. No usan tanto las bocinas, pues es ilegal, exceptuando emergencias importantes. Pero los conductores sobreviven por un rasgo argentino interesante: la deferencia. Esa misma deferencia, que permite una fluidez creativa de tráfico en las calles y avenidas de Buenos Aires, es lo que ha permitido el fluir creativo del poder del Espíritu Santo. El avivamiento no estuvo limitado a una pequeña zona geográfica ni fue colocado en una burbuja de tiempo que explotó apenas se acabó la euforia, sino que la gente le ha dado lugar al Espíritu, vez tras vez, en toda la nación.

Nuevamente, ha sido la deferencia la que hizo que cada personalidad clave del avivamiento no tuviera pretensiones personales y la que llevó a los pastores de las grandes iglesias a orar juntos y a asistir a las reuniones especiales de los demás.

Tal como hemos aprendido a dejar que Dios sea Dios, hemos descubierto cómo permitir que Carlos Annacondia ministre con su don, tal como Dios se lo dio, con su colorido distintivo y su propia personalidad. No esperamos que Sergio Scataglini sea como Claudio Freidzon o viceversa; los aceptamos tal cual son.

El concepto de olas

En una entrevista con el pastor Edgardo Muñoz (presidente del Departamento de Educación Cristiana de la Unión de las Asambleas de Dios aquí, en la Argentina y vicedirector del IBRP), durante la clase de avivamientos de *North Central University*, él presentó varios conceptos innovadores y prácticos, con respecto al mover de Dios en la Argentina.

Al pastor Edgardo le gusta mirar nuestra historia del avivamiento como viniendo en olas, con cada una que deja su restos de bendición. Dice: «Estas olas se van y dejan una cantidad importante de sedimentos. Luego de cada avivamiento, la iglesia no queda igual».

La imagen es excelente para comprender la historia del avivamiento en el país. Hubo tiempos en los cuales Dios se movía de maneras asombrosas. Esto produjo efectos de ondas, que salpicaron. A veces, el efecto se aplacaba un poco, pero luego venía nuevamente una ola fresca. Desde los años cincuenta, Dios ha estado obrando a través de un avivamiento en la Argentina.

LA PRIMERA OLA: LA CAMPAÑA DE TOMMY HICKS, EN LA DÉCADA DEL CINCUENTA

Un pequeño grupo de misioneros se había reunido para orar. Aunque habían servido al Señor fielmente y con mucho sacrificio, estaban desalentados. Fue en ese momento cuando uno de ellos trajo una palabra fuerte: «¡Láncense a las aguas profundas y larguen sus redes para la corriente que viene!». Dios los estaba alentando a que dieran pasos de fe y mirasen más allá de la falta de resultados. El censo de miembros adultos de la Unión de las Asambleas de Dios, en ese momento, era de un total de 174 en toda la nación.

Fue en el año 1951 que Dios trajo una visitación poderosa a un pequeño grupo de alumnos y docentes en el IBRP. Uno de sus profesores, el nombre es R. Edward Miller, llegado hacía poco tiempo al campo misionero, estaba lleno de fervor evangelístico. Durante 1949, tres misioneros habían hecho un censo exhaustivo de cristianos en las tres denominaciones evangélicas que hacían el mejor trabajo en el país. Llegaron a una cifra de 574. Las iglesias grandes tenían siete miembros. Desalentado por la falta de respuesta al evangelio, R. Edward Miller le escribió a su hermana: «Me iría mejor si hiciera evangelismo en los Estados Unidos».

Desesperado por ver un cambio, comenzó a orar. En ese momento, el Señor le dio una carga muy grande en su corazón por ver un despertar o un avivamiento en el país. Los comienzos de la respuesta de Dios se vieron en la provincia de Mendoza, en el límite con Chile. Dios, milagrosamente, transformó las vidas de seis jóvenes que habían ido a perturbar las reuniones de avivamiento. Terminaron en el suelo, tendidos por el poder de Dios. Todos decidieron estudiar en el IBRP, en Buenos Aires. «Los docentes estaban tan aburridos como sus alumnos con aquellos apuntes que estaban dictando en clase», dijo Miller.

El centro de preparación había comenzado con sólo doce alumnos, en 1948. Para el año 1951, se había mudado desde el centro de Buenos Aires a City Bell, unos 60 kilómetros al sur. Una noche, en ese mismo año, un estudiante que todavía tenía menos de veinte años había salido a un campo de la zona para orar. Mientras Alexander clamaba a Dios, pasada la medianoche, percibió un ser celestial. Aterrorizado, corrió hacia el edificio del instituto, sólo para encontrarlo cerrado con llave. Alguien, al fin, escuchó sus gritos y lo dejó entrar, pero el visitante celestial entró con él. Todos los estudiantes se despertaron y sintieron la presencia santa, y también les sobrevino temor. La oración que hicieron en esa noche fue memorable. Alexander, el joven inmigrante polaco, dio un mensaje en lenguas y la interpretación fue dada por Celsio, un joven argentino que estaba tan atemorizado que no podía pronunciar los mensajes, pero que, finalmente, logró escribirlos. Uno oró por los países de alrededor del mundo; aunque conocía poco la geografía, nombró ciudad tras ciudad en el idioma del lugar. Luego dijo que sentía que había sido llevado allí, que miró cada ciudad desde arriba, intercedió por ella, y que Dios visitaría ese lugar antes del fin. Durante los tres meses que siguieron a esta visitación inicial, el ángel regresaba periódicamente. Mientras los alumnos oraban, les venía una carga tremenda por la nación argentina. Comenzaron a llorar y gemir en intercesión ante Dios. Algunos de ellos se apoyaban en la pared de ladrillo y lloraban tanto que las lágrimas corrían por ella y se formaban charcos alrededor de sus pies. Además, se dieron varias profecías, mensajes en lenguas e interpretaciones, durante estos meses. Algunos tenían que ver con el futuro de la nación argentina. Una de las palabras estaba relacionada con Eva Duarte de Perón, conocida también como Evita, quien en ese momento estaba muy bien de salud. La palabra señalaba que el trueno de la presencia de Dios caería sobre su corazón y ella temblaría ante la presencia de Dios. Mientras transcurrió la historia, ella sufrió una muerte temprana. Otra palabra decía que la Argentina escucharía la Palabra, y que muchos se convertirían.

Cuando algunas de las iglesias escucharon que los estudiantes del IBRP decían que habían recibido la visitación de un ángel y que había profecías como éstas, la comunidad comenzó a ridiculizarlos y a burlarse de ellos. Por más de dos años, el Instituto era el hazmerreír de todos. Todo parecía imposible, en un país donde había tan pocos cristianos evangélicos. Pero Dios estaba obrando. En esa misma época, un evangelista de Tallahassee, Florida, recibió una visión de Dios. Vio al continente de Sudamérica como un campo lleno de trigo. Era de grano hermoso, dorado y se movía como en olas con el viento. De repente, los manojos de trigo fueron transformados en personas que estaban paradas, con sus manos levantadas, llorando y diciendo: «¡Ven y ayúdanos! ¡Ven y ayúdanos!». Dios le dio una palabra que dentro de los dos años estaría vinculado con Sudamérica.

La primera campaña unida se estaba planificando en la ciudad de Buenos Aires, en 1954. Un evangelista conocido fue contactado, pero este hombre no sentía que era la persona indicada para la campaña. Fue en ese momento que los organizadores le extendieron la invitación a Tommy Hicks, el evangelista que había recibido el «llamado macedonio» sudamericano. Él aceptó y, ya camino hacia la Argentina, durante el vuelo sintió una palabra fuerte; para él era desconocida: «Perón, Perón». Le preguntó a la azafata qué significaba, y ella lo miró extrañada, diciéndole: «Ése es nuestro presidente». «Debo ir a ver al presidente Perón», pensó.

Cuando llegó a Buenos Aires, los líderes de la iglesia trataron de disuadirlo, creyendo que Hicks nunca podría conseguir un estadio de fútbol para veinticinco mil personas, como había querido ni tampoco llenarlo. Hasta ese momento, pocas personas se habían convertido o habían sido sanadas. Sin embargo, convencido de este mandato de Dios, Hicks fue a la Casa Rosada para ver al presidente.

Cuando pidió una entrevista, fue recibido por un guardia armado.

—¿Qué quiere? —le preguntó, de manera áspera.

Mientras Tommy Hicks le explicaba cuidadosamente que quería realizar una cruzada de sanidad y salvación, la intriga rodeó al guardia.

—¿Quiere decir que Dios puede sanar? ¿Me puede sanar a mí? —preguntó el hombre.

—Déme su mano —dijo Tommy Hicks, y pronunció una simple oración de fe.

Dios sanó al hombre instantáneamente y, en seguida, el secretario exclamó:

—¡Vuelva mañana! Yo lo llevaré para ver al Presidente.
El presidente Perón escuchó todo lo que dijo Hicks y sintió curiosidad al oír que Dios podía sanar, hoy. Tenía una enfermedad de la piel muy severa, un eczema que ningún doctor había podido curar y que lo estaba forzando al aislamiento. Estaba frustrado. Cuando Hicks oró por él, Perón fue sanado. Ese día le dijo a su secretario que le diera a ese extranjero todo lo que necesitara.

Lo primero que Hicks pidió fue un estadio grande, acceso gratuito a la radio y al diario del Estado. Todo esto le fue concedido.

La campaña duró cincuenta y dos días. La cantidad de concurrentes colmó el estadio de Atlanta, al punto de tener que trasladarse a uno más grande, Huracán, con capacidad para sesenta mil personas.

Se calcula que la multitud, dentro y fuera del estadio, llegó a ser de ciento cincuenta mil personas. La gente acampaba fuera del predio para asegurar su asiento el próximo día. Durante la campaña, Dios hizo tantos milagros que gente de países limítrofes enviaba a sus enfermos para que oraran por ellos. A veces, el estadio se llenaba tanto que algunos de los necesitados que no podían entrar, tocaban sus paredes y eran sanados. Las ambulancias llegaban con personas sobre camillas, y esta misma gente salía caminando, sanada por la gracia de Dios.

¡Se estima que dos millones de personas escucharon el evangelio, en menos de dos meses! Dios había cumplido con su promesa. La última noche de la campaña, más de doscientas mil se reunieron para escuchar al evangelista y ver las poderosas obras de Dios.

Llegó un envío de miles de Biblias que fueron vendidas inmediatamente. Hubo tanto fruto, tantas almas reunidas, tantos años de sembrar y sembrar... y, de repente, se presentó más cosecha de la que el liderazgo podía manejar. Los milagros de esos días eran tremendamente variados. Una estudiante del IBRP fue sanada de esterilidad y ahora tiene cinco hijos. Los ciegos declaraban: «¡Puedo ver!». Los paralíticos se levantaban de sus sillas de ruedas, y los lisiados alzaban sus muletas por sobre la multitud, gozándose en el poder de Dios. La gente era traída sobre camillas, en ambulancias, y todos eran sanados en la cruzada. Un niño de tres años de edad había caminado sólo con aparatos ortopédicos; pero su madre se los quitó, por fe, y el niño pudo caminar sin ellos. Su médico estaba tan conmovido, que entregó su vida a Cristo en el mismo instante en el que recibió las noticias de su sanidad.

Un tiempo antes de la campaña, el misionero Louis Stokes anunció en la iglesia que estaba plantando en el barrio de Flores, Capital Federal: «Dios va a enviar un crecimiento tremendo, y necesitamos su ayuda para demoler la pared de atrás y agrandar el espacio para toda la gente que Él enviará». La gente de la congregación se miraba y sonreía. Había tan pocos, que se sentaban cómodamente en dos bancos. Pero accedieron a su petición y fueron el día sábado. Después de la campaña, la iglesia tenía que tener cinco reuniones los domingos para albergar al gran número de creyentes recién convertidos.

El diario personal de Louis Stokes de la campaña de Tommy Hicks incluye un comentario muy revelador: «Un avivamiento no es un tiempo de vida normal, de trabajo y de pensamiento, sino un constante ajuste de las actividades presentes a los problemas y posibilidades apremiantes».[4]

La primera ola de avivamiento rompió con una serie de años de ausencia de fruto y frustración. Aunque no hubo progreso antes de las cruzadas de Tommy Hicks, mucha gente había servido y trabajado arduamente. El sacrificio de aquellos pioneros fue crucial en la puesta en escena de lo que vendría.

Entre aquellos sembradores osados estaban el misionero británico Allen Gardiner, quien vivió alrededor de un siglo antes de las reuniones de Hicks. Siete misioneros habían salido en 1850 del puerto de Liverpool para Tierra del Fuego, al sur de la Argentina. Tenían la carga de compartir el evangelio con la gente de esta tierra fría, donde el fuego tenía que ser llevado de una isla a la otra (de ahí viene el nombre Tierra del Fuego).

No habían levantado suficientes fondos para salir de Inglaterra con todas las provisiones necesarias, pero había promesas de un futuro envío de comida y de suministros. Sintiendo la urgencia de compartir las Buenas Nuevas, Gardiner y su tripulación salieron,

---

4. Louis Stokes, *The Tommy Hicks Revival* (Avivamiento de Tommy Hicks), Buenos Aires, n. p., 1954), 15.

confiando en que más adelante las provisiones llegarían a un lugar específico de la costa argentina. Sin embargo, esto nunca sucedió. Mientras Gardiner y sus hombres se debilitaban cada vez más por falta de comida, y mientras veía a sus colegas morir de hambre, uno a la vez, escribió la siguiente oración profética (última anotación de su diario personal, el 3 de septiembre de 1851):

«Confío en que pobre Fuegia (Tierra del Fuego) y Sudamérica no serán abandonadas. La semilla misionera ha sido sembrada allí, y el mensaje del Evangelio debe seguir».[5]

Su vida se convirtió en una semilla plantada en el sur de la Argentina, y su muerte dramática, a causa del hambre en aquella tierra se convirtió en un desafío sonoro que tocó los corazones de muchos. Sin duda, este sacrificio es el fundamento de la bendición y del avivamiento de nuestro tiempo.

Algunos de estos primeros misioneros tuvieron que enterrar a sus muertos al lado de la carretera, ya que sólo los de la religión oficial tenían acceso a los cementerios. La obra era muy difícil, pero Dios honra la fidelidad. Orando por días y días, llorando e intercediendo, ya que la situación no era fácil, Dios respondió con una manifestación asombrosa de su poder. Con las campañas de Hicks, una puerta se abrió para el Evangelio en esta tierra. Las iglesias pentecostales comenzaron a crecer. Muchos de los líderes de hoy llegaron a los pies de Cristo, directa o indirectamente, a causa de la visión y de la obediencia de Tommy Hicks.

El drama sin precedente de esos días consistía en la falta de trabajadores preparados para contener la cosecha. Los líderes que levantó Dios eran muy conscientes de que las campañas evangélicas no eran sólo para atraer mucha gente. Las personas, luego, deben ser consolidadas y discipuladas; de lo contrario, el fruto se pierde.

Ola de la década de los sesenta: Lorne Fox

En los años sesenta, hubo un hermoso mover de Dios, a través del ministerio de Lorne Fox. Fue entonces cuando, por primera

---

5. Extracto del diario de Gardiner disponible en la web: http://anglicanhistory.org/sa/young1905/09.html (página accedida el 25 de septiembre, 2006).

vez, se vio caer a la gente bajo el poder de Dios. Cuando oraba el evangelista, caían al suelo y luego se levantaban completamente sanados de malestares y de enfermedades como parálisis o mononucleosis. Se reportaron muchas conversiones. Esta fue otra ola distinta a la de la campaña anterior.

Olas de la década de los setenta

Durante estos años, hubo varias olas, incluyendo la iniciada por Juan Carlos Ortiz, quien enseñó mucho sobre el discipulado y era innovador en su manera de abordar el evangelismo. Durante el verano, su congregación se reunía en la plaza para estar más en contacto con el inconverso. El pastor Ortiz se adelantó a su tiempo y no siempre fue comprendido por el resto del liderazgo pentecostal.

Otras olas de esta década incluyen el ministerio de Domingo Colihuinca Navarro, un evangelista de origen araucano usado poderosamente por Dios en sanidades, y hasta en resurrecciones. Plantó, aproximadamente, cien iglesias, en toda su vida. En algunos de los pueblos donde pasaba el tren que él tomaba, multitudes de personas bloqueaban las vías, pidiéndole que se quedara a ministrar en su comunidad. Hace poco, el hermano Colihuinca ministró en el IBRP. Tiene ciento cinco años y todavía está lleno del poder de Dios. Tuvimos el honor de fotografiarlo con un grupo de estudiantes que están determinados a continuar preservando esa llama.

El renuevo carismático tocó la Argentina durante los años setenta y comenzó a derrumbar algunas de las estructuras rígidas prevalecientes, en especial, con respecto a la alabanza y a los estilos de liturgia.

Un ministerio tremendo que comenzó durante estos años fue el de Omar y Marfa Cabrera. Ellos viajaban por el país con un trabajo evangelístico de sanidad y abrían centros de reunión. Algunos calculan que llegaron a abarcar un total de más de cincuenta mil personas, en todo el país. Esto ocurrió durante un período en el cual una congregación de ciento veinte miembros se consideraba como iglesia grande.

Ola de la década de los ochenta: Campañas de Carlos Annacondia

Luego, llegó la crisis económica, y las esperanzas personales de muchos fueron destruidas. Esto fue agravado por la humillación tremenda de la derrota bélica de las Islas Malvinas. Un pueblo confiado y noble se encontró en un conflicto inducido por líderes militares que buscaban distraer a la población de los problemas internos de la nación.

En este tiempo difícil de desesperación, Dios levantó al evangelista Carlos Annacondia. Considerando la incertidumbre de los años de dictadura política, el desastre económico y la fibra social y ética de la nación que había sido destruida pieza por pieza, la Iglesia estaba bien. Sobrevivía y tenía algunos intentos de alcanzar a los inconversos. Nadie había soñado que los campos abiertos se podían llenar con cien mil personas que respirarían el aire de esperanza del evangelio. Nadie, excepto Dios. ¿Quién podía imaginar a novecientos treinta y un pecadores corriendo hacia la plataforma, una noche de campaña? Él es el Verbo que envía el poder, causando una ola que trae sedimento. ¡Gracias a Dios, sus siervos estaban dispuestos y rendidos! Los pastores de varias iglesias se unieron, el evangelista Annacondia predicó y oró, noche tras noche, por hasta sesenta noches seguidas, y Dios sacudió a la nación con su gloria.

El fruto de aquellas campañas fue enorme. Hace un tiempo, hablé con un pastor que llegó a los pies de Cristo en una campaña de Carlos Annacondia, en la ciudad de Rosario. Él se había escapado a la reunión, para evitar el castigo de la familia de su novia por haber roto el compromiso de casamiento. A los diecisiete años, estaba manejando su propio prostíbulo de cuatro mujeres, incluyendo su propia hermana. Había comprado una casa y le iba bien. Pero estaba desesperado por recibir una transformación de Dios. Esa noche le dijo al Señor: «Si lo haces, el resto de mi vida te pertenece». Cuando Dios lo tocó, entró a un bar y comenzó a anunciar a gritos que Jesús era real. Cuando regresó a su ciudad, llevó a toda su familia a los pies de Cristo: Siete hermanos, hermanas y sus respectivos cónyuges, al igual que su madre. Ahora sus diecinueve sobrinas y sobrinos le pertenecen a Cristo también.

Olas de la década de los noventa: La unción

En 1993, el pastor y superintendente nacional de la Unión de las Asambleas de Dios, José Manuel Carlos, estaba en su tiempo devocional privado y, mientras se arrodillaba una mañana para orar —luchando por mantenerse despierto—, el Señor le dio una visión. En ella, la gente estaba haciendo una larga fila en la calle, tratando de entrar a la iglesia. Poco tiempo después, se hizo realidad: la iglesia del pastor Claudio Freidzon tenía filas de hasta cuatro cuadras de personas paradas, esperando para entrar. Lo mismo comenzó a ocurrir en las iglesias de los pastores Osvaldo Carnival, Hugo Weiss y Omar Olier. La gente se quedaba adorando a Dios por horas, recibiendo bendición y disfrutándolo.

Durante ese tiempo, el estilo contemporáneo de alabanza de Marcos Witt se combinó con el fuerte énfasis en la adoración que había en las iglesias de la nación. En vez de coros testimoniales o himnos doctrinales, estas canciones eran expresadas directamente a Dios de una manera nueva y fresca, que dio en el blanco.

Otra ola de ese tiempo vino a través del ministerio de Sergio Scataglini, con su poderoso enfoque sobre el fuego de Dios y la santidad. Su predicación llevó a miles a enderezar sus vidas.

La ola presente: La multiplicación

La ola presente de avivamiento tiene que ver con alcanzar a los perdidos a través de grupos celulares. Estos grupos predican a las personas en el ámbito donde están y trabajan rápidamente para llevarlos a un estado de madurez. En los Encuentros de fin de semana, algunos creyentes nuevos son guiados a tomar decisiones que conducen a la sanidad interior, el perdón, el bautismo en el Espíritu Santo y el compromiso para servir. Las iglesias se han duplicado, cuadruplicado o han crecido hasta diez veces más, con esta nueva dinámica.

Fue conmovedor escuchar al pastor Alberto Scataglini hablar acerca de los comienzos de la cruzada evangelística de Carlos Annacondia que produjo tanto fruto. Con algunas lágrimas corriendo por su mejilla y con mucha emoción, dijo: «No estábamos preparados. ¡Perdimos tanta gente por no estar listos para hacer el seguimiento!».

Las iglesias de la Argentina, ahora, se han organizado para ayudar a los nuevos convertidos a crecer. Producen discípulos que luego se convierten en líderes y que están preparados para salir a reproducirse.

El pastor Edgardo Muñoz declara que el verdadero avivamiento se evidencia en un compromiso con la Gran Comisión. Es increíble observar cómo el poderoso mover de Dios afecta a muchas naciones. Esto también es parte de la manifestación contemporánea y de la ola que parece estar formándose nuevamente para un derramamiento fresco.

El mover de Dios en la Argentina ha sido para el bien de muchos. Dios nunca tuvo la intención de bendecir una iglesia o una nación para que su gloria quede estancada.

«El viento sopla de donde quiere», dice en Juan 3:8a, y el carácter del Espíritu es el fluir de la vida hacia aquéllos que están en necesidad. Si no compartimos lo que hemos recibido, especialmente, evangelizando a los perdidos, Dios va a cortar el poder, y sólo nos quedarán algunas anécdotas de antaño y una confusión melancólica con respecto a la razón por la que Dios ya no obra de la misma manera.

Muchos líderes del avivamiento han viajado a otros países donde Dios ha hecho cosas tremendas. El pastor y evangelista Claudio Freidzon fue a diferentes países del mundo, casi todas las semanas, desde 1993, cuando el poderoso mover de Dios irrumpió. Sergio Scataglini y Carlos Annacondia también han estado viajando extensivamente, predicando y ministrando en el poder del Espíritu Santo. A todo lugar alrededor del mundo donde viaja Carlos Annacondia, la gente se manifiesta demoníacamente y es liberada. Esto incluye a países pobres que están involucrados en la brujería y a los ricos, con gente bien vestida, que parece tener todo lo que necesita. Las Conferencias de *Breakthrough*, precedidas por estos líderes, se han realizado por todo el mundo, incluyendo Malasia, los Estados Unidos y Europa.

Dante Gebel ha estado involucrado en enormes campañas para jóvenes, por toda Latinoamérica. Evangelistas menos reconocidos también han tenido un asombroso impacto en otras naciones. El fruto del avivamiento es una pasión por las misiones. Gracias a Dios, ésta se evidencia en la Argentina, aunque todavía hay mucho lugar para crecer.

El Departamento Nacional de Misiones, bajo el liderazgo de pastores argentinos y del misionero Brad Walz, ha enviado y sostenido a ciento setenta y nueve misioneros en treinta y ocho países, desde 1986. Aquí siguen algunas historias de cómo el fuego del avivamiento argentino continúa afectando a otros países.

UNA ESTUDIANTE EN EUROPA

Eliana Nervegna, graduada del IBRP, con veintitrés años viajó con su padre, el evangelista Pablo Nervegna, a la República Checa, para participar en una conferencia de pastores. Con gran sorpresa, fueron informados en la frontera de que necesitaban una visa para entrar al país. Luego de dos días en Austria, pudieron obtener la documentación necesaria.

Cuando llegaron a la conferencia, descubrieron que los pastores invitados a predicar también habían sido detenidos en la frontera por no tener la visa correspondiente. Para cubrir el tiempo hasta que llegaran estos predicadores, los organizadores le pidieron a Eliana que compartiera una palabra, esa mañana. En un país donde no es común que las mujeres prediquen y donde no se enseña acerca de dar sacrificialmente, Dios la guió a hablar acerca de la mayordomía. Al final de su mensaje, ella dirigió el levantamiento de la ofrenda. El Espíritu Santo le dijo que diera su cadena de oro, que se quitara los zapatos y el reloj y que también los entregara. De repente, la gente también pasó al frente para dar lo que tenía. Esto transcurrió durante más de una hora. Ofrendaban y regresaban a sus asientos a adorar; y unos minutos después, se levantaban nuevamente para dar. Eliana luego recibió un par de zapatos y un reloj nuevos. Muchos de los que dieron tan generosamente recibieron milagros económicos en sus vidas, después de ese día.

Horas después, los predicadores invitados llegaron a la conferencia; pero todos los pastores querían que Eliana diera la Palabra en la reunión de la última noche, a pesar de su insistencia en no hacerlo. Durante la predicación, ella tenía un vaso de agua en su mano izquierda ya que no había ningún lugar donde apoyarlo. Al final del mensaje, el Espíritu Santo la guió a tirar el vaso de agua sobre la gente. Inicialmente, se resistió a hacerlo, pero luego accedió. La gente que fue mojada de manera poco ceremonial, recibió el bautismo en el Espíritu y comenzó a hablar en lenguas. Luego, Dios le mostró una botella de agua al costado de la plataforma. Usted lo adivinó: ¡comenzó a tirar el agua de la botella! Treinta jóvenes recibieron el bautismo en el Espíritu Santo ese día.

En Italia, cuando ella predicó, un espíritu de llanto le sobrevino a toda la congregación. En Nueva Jersey (Estados Unidos) lo mismo sucedió en una iglesia, y en otra, veinticinco personas recibieron el bautismo en el Espíritu Santo.

Gran Bretaña

«Nos gustaría hacer evangelismo en el barrio, a través de la amistad», les dijeron a Nomar y Andrea Banffi, y a Esteban Barbieri, un joven estudiante del IBRP, de la iglesia Rey de Reyes en Buenos Aires. Él había viajado a Europa para asistir a una boda.

—¿Qué les parece si armamos un partido de fútbol con nosotros y los niños, en el parque? —preguntaron.

—Después, podríamos leerles una porción de la Biblia y dar un breve testimonio, respondieron.

Esto parecía una propuesta muy riesgosa, pero los jóvenes asintieron. Esteban compartió un breve testimonio, y luego presentaron este desafío:

—Si quieren saber si Dios es real —dijo Esteban a los jugadores de fútbol—, vamos a orar con ustedes. La mayoría de ellos salieron corriendo y se rieron por la invitación, pero tres de los que habían escuchado se acercaron, con una actitud un tanto desafiante. Mientras Andrea oraba, ¡los tres adolescentes se cayeron al suelo pavimentado! Uno de ellos quedó tendido por más de treinta minutos. Los otros dos se levantaron y pidieron más. Les explicaron que eso no era un juego y comenzaron a hablarles acerca de consagrar sus vidas al Señor. Veinte o treinta personas más se arrimaron: también querían sentir el poder de Dios. Después de un rato, había varios muchachos tendidos por el suelo. Algunos tenían sólo seis años de edad. Al ver esto desde la ventana de uno de los edificios, una de las madres corrió hacia ellos, trató de levantar a su hijo, sin resultado. «¿Qué le hicieron?», gemía, desesperada. Poco tiempo después, llamaron a la policía. Mientras ésta llegaba para llevarse a los evangelistas, Esteban y sus amigos se estaban yendo del parque.

¡Esos jóvenes nunca más se preguntarán si Dios es real!

GALES

La señora que limpiaba el templo llegó temprano esa mañana. El lugar había sido usado la noche anterior por Conrad Lampan, un evangelista argentino que estaba visitando Gales. Esta mujer no pudo hacer su trabajo porque se caía al suelo continuamente. «Me pregunto qué habrá sucedido aquí anoche», pensaba, mientras estaba tendida sobre el suelo por un par de horas.

Hace poco, el pastor Pablo Silberbeib y Rocco DiTrolio, un misionero argentino, ministraron en Gales. Sus almas se partían de dolor al ver hermosos edificios que alguna vez habían sido iglesias, transformados en gimnasios o restaurantes. La ley del lugar no permite a los nuevos dueños que modifiquen el exterior del edificio para que la gran herencia espiritual pueda ser recordada, por lo menos, simbólicamente.

Dios usó tremendamente a estos dos ministros de la Argentina para llevar a los pastores a orar juntos y quebrantados, delante de Dios. Aquellos que habían experimentado dieciocho grandes avivamientos, necesitaban otro, especialmente entre los jóvenes.

ÁFRICA: MOZAMBIQUE

En 1990, Walter Llanos recibió el llamado a ser misionero en África, mientras estaba sentado en su habitación del IBRP. En ese tiempo, Mozambique estaba bajo un régimen comunista, y los únicos extranjeros a los que se les permitía entrar como residentes eran aquellos que estaban involucrados en la ayuda social, por eso comenzó a estudiar medicina.

En 1995, decidió realizar un breve viaje de reconocimiento a Mozambique, junto con cuarenta pastores y obreros argentinos. Un día, fueron a una iglesia que tenía una cruz rodeada con un pequeño trapo rojo. Durante esa reunión, setenta de los miembros y pastores se manifestaron demoníacamente. Walter y los otros visitantes oraron por esta gente, y fue liberada. Más adelante, le informaron a Walter que también el pastor era brujo. Dios trajo enseñanza y libertad a una situación de decepción sincrética. Más adelante, Walter y su esposa Laura, regresaron a Mozambique como misioneros. Hoy ellos cuentan muchas historias relacionadas con zonas dominadas por brujos. En cierta ocasión, las serpientes cobras atacaron sus neumáticos. En otra, las luces de sus vehículos se apagaban extrañamente mientras cruzaban un puente de madera (con una longitud de casi 46 metros, con un solo carril que atravesaba un río). Las luces volvieron a encenderse después de que oraron. Dios les ha dado muchos testimonios maravillosos que comprueban su cuidado y protección. Han hecho un trabajo efectivo en esa región.

Bolivia

Esta nación única, al norte de la Argentina, tuvo una poderosa visitación de Dios durante los últimos años. El evangelista Carlos Annacondia pasó algunas semanas en Cochabamba, Bolivia, y, al ponerse de acuerdo los pastores del lugar, la desconfianza y la resistencia se quebraron. Desde ese momento, ellos experimentaron mucho crecimiento. Cuando Carlos Annacondia hizo una campaña por tres semanas, en la segunda ciudad más grande después de Santa Cruz, treinta mil personas tomaron decisiones de fe.

El pastor David Vargas, un graduado del IBRP, ha estado trabajando en la zona de Cochabamba por veintiún años. Mucha de la intranquilidad política que Bolivia vivió en los últimos tiempos comenzó en esta región. Un espíritu independiente y cerrado caracterizaba a la población, en general, y a las iglesias. Pero luego de la campaña del hermano Carlos Annacondia, esta ciudad de 800.000 habitantes comenzó a experimentar una nueva atmósfera espiritual. El pastor Vargas declara que durante la campaña unida de veinticinco días con el evangelista Annacondia, cerraban las iglesias cada noche y que Cochabamba era un lugar tan resistente que se la llamaba «la tumba de los misioneros». Pero Dios usó al evangelista Carlos Annacondia para quebrar fortalezas espirituales. Durante un tiempo, era imposible que la iglesia creciera. Ahora hay varias congregaciones de más de mil miembros.

Hoy en día, hay apertura y disposición para alabar a Dios y servir los demás.

«Más que ninguna otra cosa, la cruzada de Annacondia despertó un hambre espiritual en la ciudad —agregó Vargas— cambiamos nuestra forma de adorar a Dios con acordeones y tambores a algo totalmente nuevo, por el fluir del Espíritu».

Poco después de la campaña de Annacondia, la iglesia del pastor Vargas creció de doscientas personas a más de dos mil.

Estados Unidos

¿Puede imaginar a alguien predicándole a otra persona, desde su auto, en un semáforo? Eso es exactamente lo que hizo Damián González y los estudiantes de *North Central University* un día, en una calle muy transitada de Minneapolis. El primer auto prendió las balizas, y el conductor hizo señas a los demás para que siguieran adelante. Quería escuchar lo que ellos tenían para decir. Después de unos minutos, había toda una fila de vehículos con balizas encendidas y cada conductor estaba escuchando a su propio evangelista. ¡De pronto, se habían encendido en valentía, sumada a un poco de locura centrada en Dios!

Más de ciento cincuenta estudiantes salieron con Damián para evangelizar las calles, durante un período de seis semanas. Mucha gente recibió a Cristo. Un estudiante de *North Central University* oró valientemente por un hombre con muletas, y su pierna fue sanada. Varios alumnos más vieron una beba que estaba en un carrito y tenía una infección en los oídos, pues notaron que un fluido estaba saliendo de ellos. Le preguntaron a la madre si podían orar. Ella asintió e intercedieron por la pequeña. Más tarde, ese mismo día, se cruzaron con la señora, y la niña estaba comiendo por primera vez en días y se sentía bien.

La actitud de Damián, cuando llegó a Minnesota fue la siguiente: «Yo no vine aquí para traer el fuego de la Argentina. Vine para trabajar a su lado y a comprobar junto con ustedes que el poder de Dios está aquí».

Otra ciudad que fue tocada especialmente por el Señor es Miami. De hecho, después de una cruzada en el estadio del *Orange Bowl*, su alcalde le entregó la llave de la ciudad al evangelista Claudio Freidzon. Sin duda, un honor simbólico.

Las conferencias *Breakthrough* que se realizaron en los Estados Unidos también causaron un impacto. En Cedar Rapids (Iowa), Minneapolis (Minnesota) y otras ciudades en todo el país. Estas conferencias (en las que predicaron evangelistas y representantes del avivamiento argentino) han tenido el mismo resultado de sanidades milagrosas, liberación y testimonios que aquí en la Argentina.

Conclusión

Estos son sólo algunos testimonios de los efectos del poderoso mover de Dios, más allá de los límites de la Argentina. Es evidente que muchas veces la clave es una fe valiente que escucha a Dios y hace lo que Él instruye. El Señor usa lo que no es, para dejar perplejos y desafiar a los poderes del mundo.

Estamos agradecidos por los ciento setenta y nueve misioneros del Departamento Nacional de Misiones que sirven en treinta y ocho países diferentes. El total de todos los grupos que están trabajando en otras culturas y naciones es de quinientos en este momento, lo cual es admirable, considerando la crisis económica que hemos vivido durante años.

Dios ha obrado por mucho tiempo en este país. La Argentina ha estado abierta a lo que Dios quiere, y esto, al mismo tiempo, ha impactado a otros. Uno de los mejores impulsores de los misioneros argentinos es el evangelista Carlos Annacondia. Todo esto comenzó a suceder, cuando este humilde siervo de Dios entró en escena.

3
Una cosecha de sorpresas

Una de las olas de avivamiento más increíbles que ha ocurrido en la Argentina es la que comenzó en los años ochenta. Fue enorme: se extendió desde La Plata y trajo salvación a miles de personas.

Se destacaron como figuras clave el pastor Alberto Scataglini, en La Plata, y el evangelista Carlos Annacondia, un hombre de negocios recién convertido y con algunas ideas creativas. Lo que vino después trajo no sólo una gran cosecha de personas, sino también de sorpresas.

ALBERTO SCATAGLINI: DIOS PREPARA TODO EN LA PLATA

La Plata es la capital de Buenos Aires, la provincia más poblada y rica de la Argentina. De los casi 39 millones de habitantes del país, 25 viven en ella.

Está al sur de la metrópolis de Buenos Aires, es el centro de muchas actividades gubernamentales y hogar de la renombrada Catedral de La Plata. También se encuentra allí la Universidad Nacional de La Plata, con una matriculación de 94.283 estudiantes.[6] Una ciudad con mucha tradición, orgullosa y muy resistente al evangelio. Las influencias masónicas y ateas estaban muy arraigadas en ella.

El pastor Alberto Scataglini y su esposa Isabel tomaron el pastorado en La Plata, cuando sólo asistían cincuenta miembros. El crecimiento vino muy lentamente. En este tiempo, el evangelismo raramente se aceptaba, y hasta los métodos que funcionaban

---

6. Gilbert Contreras, entrevistado por el autor el 25 de abril, 2005.

de tanto en tanto en algunas zonas del país no producían ningún resultado en esta ciudad resistente.

Durante años, la congregación había salido a evangelizar en las plazas de La Plata, con música, películas y predicación. Pero, sin importar la técnica que utilizaran, no había fruto. Alberto e Isabel Scataglini pastorearon en La Plata por quince años; fue entonces cuando Dios preparó la escena para un tremendo avivamiento que se extendería a través de la nación y afectaría a generaciones de creyentes.

Los jóvenes de la iglesia hablaban con el pastor Scataglini sobre el intenso deseo que los motivaba a consagrar su vida a los propósitos de Dios. Cierto día, él los reunió y les preguntó cuántos estaban dispuestos a buscar a Dios de verdad y a pagar el precio por verlo obrar en su iglesia y en la comunidad. De los cincuenta o sesenta jóvenes presentes, sólo seis decidieron comprometerse. El pastor Scataglini y estos jóvenes comenzaron a orar, cada día, en el sótano de la iglesia. Cuando los miembros adultos de la congregación preguntaron qué estaba sucediendo, el grupo comprometido les dio respuestas ambiguas, ya que querían proteger su unión.

Oraron durante meses. Al principio, Dios puso carga en sus corazones y una fuerte convicción de pecado. Lloraban y confesaban sus pecados unos a otros. Dios les dijo que ese año debía ser dedicado a la consolidación, y el siguiente (1984), a la conquista. Para fin de ese año, el grupo de jóvenes había crecido a doscientos, y la idea del pastor Scataglini fue enviarlos para comenzar treinta centros de predicación alrededor de la ciudad.

En 1983, me invitaron a predicar a los líderes de la iglesia. Sergio Scataglini, el hijo del pastor Alberto, estaba trabajando con ellos. Poco antes, se había graduado del Seminario Teológico Fuller. Durante el día que pasé con ellos escuché con un poco de escepticismo las metas que tenían para los próximos cinco años. El liderazgo de una iglesia de quinientas personas estaba hablando de llegar a ser una congregación de cinco mil, en los siguientes cinco años. «Son fórmulas de "iglecrecimiento"», pensé para mí mismo. Ninguno de nosotros hubiera imaginado que al año siguiente, la iglesia tendría no sólo cinco mil personas, sino veinte mil, que estarían visitando a su "iglesia madre", mes tras mes, y otros miles que asistirían a los trescientos locales de la ciudad de La Plata.

El pastor Alberto Scataglini recuerda que se encontró profetizando, en medio de un sermón, y aquello que salió de su boca lo sorprendió hasta a él mismo. Dijo: «Algunos de ustedes se han sentado en los mismos bancos por años, y no están interesados en ver a la iglesia crecer. Necesitan cambiar o perderán su asiento. No solamente perderán su asiento, sino su lugar de ministerio en la iglesia». Algunas personas se rieron de esta advertencia, pero poco tiempo después, fue exactamente lo que sucedió. Los nuevos cristianos demostraban mayor madurez y compromiso que algunos creyentes de veinticinco años de convertidos.

Un evangelista desconocido

En esa época se hacía evangelismo en las calles y en las plazas, pero con muy pocos resultados. Planificaban eventos evangelísticos durante un período de seis meses, y solamente treinta personas aceptaban a Cristo.

Los representantes de un evangelista desconocido se habían comunicado varias veces con el pastor Alberto Scataglini pues querían que la iglesia participara en una campaña unida que estaban planificando en La Plata.

«Cuando les pregunté cuántos años hacía que este hombre conocía al Señor, me respondieron: "cuatro" —dijo Alberto—. Luego pregunté si había recibido alguna preparación teológica, y me dijeron que no, así que les dije que no estaba interesado».

Este evangelista desconocido era Carlos Annacondia y él mismo fue a hablar con el pastor Scataglini. Mientras estaba sentado en el sofá de la sala del hogar del pastor, Dios le habló a éste y le dijo: «Participa en la campaña y haz todo lo que él diga. Este es mi siervo». Fue así que el pastor Scataglini aceptó.

—¿Cómo crees que debemos hacerlo?, —preguntó Annacondia.

El hermano Scataglini era un líder reconocido entre los pastores, no sólo en la ciudad de La Plata, sino en la nación. Había tenido posiciones ejecutivas, incluso en la oficina nacional de superintendente de la Unión de las Asambleas de Dios de la Argentina, un hombre muy respetado y con mucha experiencia.

—Soy Eliseo y tú eres Elías —dijo Alberto, con humildad—.

Dinos, pues tú eres el evangelista, y haremos lo que tú digas. Estaba asombrado de las palabras que salían de su propia boca en esta conversación con un evangelista que todavía no tenía experiencia.

—¿Cuándo comenzaremos con las reuniones?

—En dos semanas, —fue la respuesta.

El pastor no podía creer lo que estaba escuchando. Hubiese tomado como mínimo seis meses para planificar una campaña local. Sólo dos semanas de preparación para un esfuerzo evangelístico que involucraría a todas las iglesias evangélicas de La Plata parecía ser algo completamente irrealista. La organización y propaganda no se podían realizar en tan poco tiempo. Pero el pastor Scataglini tomó un respiro.

—Está bien —dijo—, ¿dónde se hará este evento?

—En una carpa, en el medio del campo —contestó el nuevo evangelista.

El pastor Scataglini empezó a pensar que la gente nunca iría a una carpa fuera de la ciudad; no en La Plata. Recordó todas las herramientas evangelísticas que habían usado, y ninguna de ellas había funcionado. ¿Por qué la gente respondería a un método evangelístico como éste, en el medio del campo? Pero, finalmente, acordó hacerlo.

La carpa que utilizaron para la campaña preliminar, al norte de La Plata, en City Bell, estaba hecha andrajos, pero para la consternación del pastor Alberto, la predicación fue realizada delante de ella, no adentro. La carpa fue utilizada para orar por liberación.

«Esa primera noche, cuando el evangelista Annacondia hizo el llamado al altar, ciento cuarenta y cuatro personas pasaron al frente para aceptar al Señor. ¡Parecía algo imposible! Esta ciudad es muy reticente. Previamente, habíamos organizado eventos evangelísticos en conjunto, y sólo una persona se entregó al Señor, un borracho que vino solamente porque no veía bien», recordaba el pastor Alberto Scataglini.

La cruzada en la carpa

El primer sitio que eligieron en La Plata se encontraba al norte de la ciudad, junto al río, cerca de una zona dominada por brujas y brujos. Las multitudes se multiplicaban, y mucha gente estaba recibiendo liberación en la carpa de «terapia intensiva». Ese nombre fue inventado por un estudiante del Instituto Bíblico Río de la Plata (IBRP). El pastor Scataglini y el evangelista Annacondia recuerdan con gratitud que cien estudiantes del IBRP ayudaron en esa campaña, cada fin de semana, durante meses.

Al comenzarla, el sonido estaba demasiado alto para muchos de los vecinos, los cuales no tardaron en llamar a la policía para pedir al comisario que enviara a alguien a controlar la situación.

Comentaba el hermano Alberto, mientras reía, que los primeros dos policías no volvieron, así que el comisario envió dos más. Estos no regresaron tampoco. Luego, envió a otros dos. Cuando vio que no regresaban, el comisario fue a la campaña personalmente para ver qué estaba sucediendo, y encontró a sus oficiales en la carpa de terapia intensiva, recibiendo oración. En ese momento, las autoridades policiales decidieron tolerar las quejas de los vecinos y permitir que las reuniones se siguieran efectuando.

El pastor Alberto cuenta que llegó a un punto en que ni se desvestía para dormir. Alguien siempre llegaba en el medio de la noche, pidiendo sanidad o trayendo a una persona endemoniada. Él y su esposa entendieron que sería más fácil permanecer vestido y así, estar preparado. Tanta gente hacía fila fuera de la iglesia para verlo y lo seguía hasta su hogar que Alberto subía a su departamento por la salida de emergencia y entraba por una ventana.

«Una noche tocaron el timbre y me pidieron que bajara a la calle para orar por un hombre —recuerda Scataglini—. Pedí que lo trajeran, pero no podían porque debía estar sujeto en el asiento trasero del auto, pues estaba loco. Bajé a donde estaba el auto y oré por aquel hombre que, literalmente, estaba desvariando, atado con cadenas. Después de orar, los demonios lo dejaron. Esto sucedía a menudo».

Una de las metas que Scataglini había puesto para el liderazgo de su iglesia, antes que comenzara la cruzada evangelística, era abrir treinta centros de predicación ese mismo año. Un desafío muy ambicioso y digno. Pero Dios multiplicó los resultados por diez: A fin de año, ¡la iglesia había abierto trescientos centros de predicación por toda la ciudad!

La campaña en La Plata, en 1984, duró ocho meses en total. Los resultados fueron asombrosos: cincuenta mil decisiones por Cristo.

Carlos Annacondia: Los comienzos del evangelista

En los años que precedieron a la cruzada de La Plata, 1983-1984, Argentina estaba entrando en la "era del nerviosismo" con la lucha de la «guerra sucia» contra los guerrilleros que estaban causando un estado casi anárquico en el país. La economía estaba arruinada, llegando, por momentos, hasta cinco mil por ciento de devaluación anual. Además, estaba la derrota frente a Gran Bretaña, en la guerra de las Islas Malvinas. Los dirigentes políticos les habían comunicado a los argentinos que estaban ganando la guerra. Un pueblo con mucho orgullo como el de la nación argentina quedó conmocionado y humillado cuando finalmente supo que había sido vencido.

Durante esta época, Dios estaba rescatando a un empresario agnóstico, con nueve hijos, propietario de una fábrica de bulones y de una casa de fin de semana.

«El día que nos convertimos —recuerda Carlos— toda mi familia (incluso mi esposa María), menos yo, fue bautizada en el Espíritu Santo».

En cierta ocasión, Carlos escuchó que también otra persona había sido llena del Espíritu, hablaba en lenguas y cantaba en un inglés perfecto el himno «Cuando los santos marchen ya». Este creyente no hablaba muy bien en español, pero cantaba perfectamente en inglés.

«En el espíritu, mi esposa cantaba con voz de soprano lírica que era hermosísimo —recuerda Carlos—, así que le dije a Dios: "¡Bautízame en el Espíritu, o me muero!". Y cuando lo hizo, comencé a gritar en lenguas por diez horas. Esto cambió mi voz. Nunca más he tenido la misma voz. Salí y hablaba con la gente en lo que pensé que era español, pero, en realidad, estaba hablando en lenguas».

Una noche, Carlos escuchó a su pastor predicar sobre Marcos 16:17-18: «Y estas señales seguirán a los que creen: En mi nombre echarán fuera demonios; hablarán nuevas lenguas; tomarán en las manos serpientes, y si bebieren cosa mortífera, no les hará daño;

sobre los enfermos pondrán sus manos, y sanarán». Y se preguntó y respondió a sí mismo: «¿Dónde están los enfermos? En los hospitales». Luego añadió: «Voy a orar al hospital». Y con uno de sus hijos, se dirigió hacia allá.

En ese momento, el país estaba bajo una dictadura militar, y había guardias a la entrada de los hospitales para evitar que los guerrilleros robaran medicina. Carlos se acercó a la custodia y le pidió permiso para orar. El guardia le dijo que la entrada se prohibía a personas sin autorización. Sosteniendo a su hijo de la mano, Carlos caminó hacia un rincón e hizo una oración simple: «Señor, tú sabes que quiero obedecerte y sanar a los enfermos. Por favor, hazme invisible para que pueda entrar y orar por ellos». Se acercó nuevamente al mismo guardia y entró al hospital sin que el guardia parpadeara.

Llegó a un pabellón de aproximadamente cuarenta mujeres. Preguntó a cada una si podía orar por ella, por sanidad. «Soy de otra religión», le respondían, y rechazaban la oración. Finalmente, se acercó a la última cama, donde había una joven de quince años paralizada. Le dijo que el Señor quería sanarla. Mientras le hablaba de Cristo, ella comenzó a llorar y aceptó a Jesús como su Salvador.

Luego, Carlos escuchó que el Señor le dijo: «Dile que se levante, que está sana».

Carlos pensó que, por lo menos, debía orar por ella. Después de todo, había preparado una oración especial y quería usarla.

El Señor le reiteró: «Ella está sana. Dile que se levante». Así que le dijo: «¡Bájate de tu cama, el Señor te ha sanado!». Como ella no respondió inmediatamente, la empujó de la cama, y ella comenzó a caminar. Inmediatamente, la joven se encontraba corriendo por el pasillo entre las otras internadas.

«¡Detente, no puedes hacer eso! —gritó la enfermera—. ¿Quién te dijo que podías caminar? Estás paralizada. Métete en la cama». Pero la joven siguió caminando por el pasillo.

De repente, todas las mujeres se bajaron de sus camas y caminaban, clamando: «¡Pastor, ore por mí!». Algunas de ellas se acercaban cargando consigo las botellas de suero. Se olvidaron de la religión cuando vieron la señal del poder de Dios.

El evangelista Annacondia dijo sonriendo: «Tenía un mes

de convertido y ya me estaban diciendo pastor». Un momento significativo en el comienzo de una trayectoria de fe tremenda.

En los primeros meses de su vida en Cristo, Carlos Annacondia comenzó a estudiar intensamente la Palabra de Dios. Una Biblia que alguien le había regalado había quedado por años en su mesa de luz, sin abrir. Pero ahora, cada vez que veía esas páginas, estaba lleno de fe para creer lo que leía.

Cuando tenía dos meses de cristiano, Dios le mostró el mundo en la forma de un globo terráqueo. Cuenta Carlos que de repente, se transformó en gelatina y comenzó a palpitar como un corazón. Él podía escuchar los llantos y gemidos de la gente, y dijo:

—¿Qué es esto, Señor?

—El mundo está llorando, gimiendo y clamando —Dios respondió.

—Señor, envíame — dijo Carlos.

Entonces el Señor le preguntó:

—¿Estás dispuesto a pagar el precio?

—Sí, Señor — respondió Carlos.

Parte del precio ha sido dejar a su familia por varias semanas. Aún hoy, él trabaja hasta tarde, en horas de la noche, ministrando a las necesidades de las personas. Otra porción del costo es que ha sufrido muchos ataques, tanto físicos como espirituales. Muchas veces homicidas han intentado quitarle la vida, pero él siempre descansa en la protección de Dios. Otras, la gente lo toca en la espalda, toman sus manos y las colocan sobre sus cabezas o sobre la cabeza de otro, buscando una bendición.

ARGENTINA SERÁ MÍA

Otra palabra que el Señor habló al corazón de Carlos, cuando era todavía un cristiano nuevo, fue: «Pronto, pronto, Argentina será mía». Algo que parecía absurdo en ese momento.

Cuando Carlos comentó esto con sus amigos cristianos, ellos pensaban que estaba loco. En ese entonces, a principios de los años ochenta, había muy pocos creyentes en Argentina. Las reuniones de sanidad de Tommy Hicks habían afectado mayormente a Buenos Aires, y gran parte del liderazgo y de las iglesias pentecostales podían rastrear su lanzamiento a esos días. Pero años de abundancia económica habían llevado al país a la complacencia. Ante la predicación del evangelio, la respuesta típica era: «Eso es interesante, pero soy de otra religión, y mi familia nunca lo entendería si me tratara de cambiar». Encontrar a otro creyente, quizás, tomando el subte en el centro de Buenos Aires, era causa de una celebración de tres semanas.

Las iglesias estaban construidas como para alojar de cien a ciento cincuenta personas. Cuando se les preguntaba a los pastores por qué estaban edificando iglesias tan pequeñas, respondían: «Así parecen estar llenas». El ganar la Argentina para Cristo parecía algo imposible. Guerreros de oración fieles, en Brasil, habían estado intercediendo por su país limítrofe por años y estaban por desistir, pensando que nunca habría progreso. Así que no era de maravillarse que otros cristianos, con más experiencia, tuvieran una actitud condescendiente para con Carlos Annacondia, un nuevo convertido con ideas alocadas como que «la Argentina pronto pertenecería a Dios». Pero Él sabía a quién había elegido: a un hombre de fe y obediencia simple, cuya pasión, desde el principio, fueron las almas.

En aquellos primeros años de su ministerio evangelístico, el hermano Annacondia predicaba donde se le presentaba la oportunidad. Una campaña tuvo lugar en un galpón grande, con techo de chapa. Mientras él estaba predicando, alguien comenzó a tirar piedras del otro lado de la calle. Como el techo carecía de una capa aislante, los proyectiles hacían mucho ruido mientras golpeaban y rodaban por él. De repente, con algo de frustración humana, el evangelista dijo con fuerza: «La persona que está tirando piedras pronto estará en este altar, arrodillada y aceptando a Jesús». Enseguida el estruendo de piedras fue interrumpido. El silencio fue una sorpresa para todos. Inmediatamente el hombre que arrojaba las piedras estaba temblando y arrodillándose al frente de la iglesia, llorando, mientras aceptaba al Señor.

Luego el hombre les contó a los líderes qué le había sucedido. Cuando se inclinó para lanzar la siguiente piedra, dos manos lo agarraron desde los hombros y lo enderezaron. Él miró hacia atrás, y no había nadie. Esas mismas manos lo empujaron hacia el edificio de la campaña. Con dos empujones más, se encontraba del otro lado de la avenida. Un par de empujones más, ¡y estaba arrodillado en el altar, arrepintiéndose por sus pecados! Sin duda, los ángeles participan en el evangelismo.

LA PROTECCIÓN DE DIOS

Varias de las historias de aquellos primeros días de predicación fueron contadas al evangelista por vecinos, testigos oculares, y hasta los mismos perpetradores que luego se encontraban en la carpa de terapia intensiva, arrepintiéndose por sus pecados y siendo libertados de la posesión demoníaca. Estas experiencias tienen que ver con la protección de Dios sobre su siervo.

Uno de los eventos evangelísticos se realizó en un peligroso barrio, donde jóvenes violentos rodeaban el lugar. Como broma, una banda de ellos decidió dar vuelta el auto del evangelista. Cada vez que trataban de acercarse al vehículo, eran empujados hacia atrás y caían de espalda. Esa broma nunca se materializó.[7]

Juan Di Crescienzo, coordinador de aquellas campañas iniciales, comentó dos testimonios impactantes:

«Estábamos en un barrio muy peligroso donde había varias pandillas. Una noche estaba acompañando al evangelista Carlos Annacondia, preparándome para presentarlo, cuando escuchamos dos tiros. Una de las balas fue dirigida hacia la nuca de Carlos Annacondia —yo mismo lo vi— pero no llegó a tocarlo porque la bala cayó al piso de madera y, a través de una hendidura, al pasto; así que cuando la buscamos, más tarde, no la encontramos.

Otro testimonio tuvo lugar durante la misma campaña, en Bernal Oeste. Cuatro o cinco de los pandilleros fueron todas las noches. Causaban disturbios cuando se emborrachaban. Como coordinador, tenía que mantener el orden, así que compartí tiempo con ellos

---

7. Miguel Angel Carrillo, entrevistado por el autor, el 4 de septiembre, 2006.

hasta las horas tempranas de la mañana, escuchando sus quejas y sus problemas. Cada noche, los colaboradores me daban los alfolíes detrás de la plataforma donde estaba estacionado mi auto. Una vez que los teníamos, cinco o seis hermanos me acompañaban a una casa de madera (a unos cincuenta metros), propiedad que nos prestó otro, y allí contábamos toda la ofrenda. Uno de esos días me sorprendí, pues los colaboradores no aparecieron. Me dejaron solo. Esperé diez o quince minutos, mientras veía pasar las pandillas, todas armadas con revólveres, cuchillos, machetes, y algunas escopetas recortadas. Caminaban a mi lado, pero no me saludaban. Parecían no haberme visto.

Me cansé de esperar, así que hice esos cincuenta metros hasta la pequeña casa. Allí encontré a los hermanos esperándome con temor, ya que habían escuchado que las cinco pandillas habían acordado robar la ofrenda esa noche. Le doy gracias a Dios por guardarme. Más tarde, en la última noche de la campaña, me enteré, a través de los jefes de esas tres o cuatro pandillas, de que me iban a robar la ofrenda. Me dijeron: "Te buscamos pero no te encontramos. Pero hoy tenemos remordimiento. Míranos, ya no estamos borrachos".

Le dije a Carlos Annacondia lo que había sucedido, y antes de subir a la plataforma comenzó a orar y a reprender, y esas quince o veinte personas, aproximadamente, cayeron bajo el poder de Dios. Oramos por ellos, pero no había forma de que reaccionaran.

Esta fue una experiencia muy dura ya que era el comienzo de aquellas primeras campañas, y no teníamos la práctica para ministrar liberación. Era algo nuevo, nunca habíamos visto nada como esto. Los pandilleros parecían gusanos entrelazados. Cuando terminó la reunión, Carlos oró nuevamente por ellos; todavía estaban tendidos en el suelo.

Cerré la reunión como coordinador y comencé a

desarmar la plataforma. Subimos los materiales a la camioneta, y aún todos seguían allí en el suelo. Les hablé, en el nombre del Señor y dije: "Dios, aquí están, en tus manos. Si hay juicio sobre ellos, por favor perdónalos". Y nos fuimos. Algunos pastores que estaban allí declaran que cuando finalmente se levantaron, los pandilleros no recordaban nada. No sabemos qué les sucedió, pero cuando Dios comienza una obra en la persona, continúa perfeccionándola».[8]

Allí donde estaba esa pequeña casa de madera, hoy hay una iglesia edificada. Fue en aquellas reuniones que un joven fue sanado de una hernia. Inexplicablemente, su madre regresó la noche siguiente para burlarse de Carlos Annacondia y sus consiervos. Mientras esperaba el autobús para regresar a casa, tuvo una visión de una silla de ruedas y sintió que Dios le dijo: «Esto es lo que te espera al final de tus días, si no te arrepientes de tus burlas». ¡Ella cayó al suelo paralizada! Alguien la ayudó y la arrastró de vuelta a la reunión. Mientras los obreros de la campaña la llevaban al hermano Annacondia, ella estaba llorando e implorando: «Dios, perdóname. Por favor perdóname». Cuando el evangelista oró por ella, Dios, en su misericordia, le devolvió la salud.

En otra ocasión, algunos jóvenes decidieron hacer que uno fingiera estar paralizado y luego burlarse del evangelista al orar por él. Lo asombroso fue que la persona que «fingía» en la silla de ruedas, en realidad, terminó paralizada por unas tres horas, hasta que oraron por él y confesó todo.

Primeras campañas y encuentros

La primera vez que Carlos Annacondia realizó una campaña evangelística con varias iglesias fue en 1984, en la ciudad de City Bell, una comunidad cerca de La Plata. En el IBRP escuchamos las historias de muelas que eran emplomadas milagrosamente y vacilábamos ante estos testimonios. La decisión de ir personalmente

---

8. Juan Di Crescienzo, entrevistado por el autor, 2006.

a ver qué estaba sucediendo fue un paso hacia la participación diaria de nuestros alumnos en la siguiente campaña, en la ciudad de La Plata.

Esa había sido la misma ciudad en que los alumnos del IBRP habían orado y llorado por la Argentina, meses anteriores a la campaña de Tommy Hicks, cuando tuvieron una visitación increíble de Dios. Ahora, nuevamente, City Bell tenía un rol crucial, con respecto al futuro de la nación.

Cuando comenzó el esfuerzo en La Plata para llevar liberación de demonios a miles de personas, el negocio de los médium, brujas y brujos estaba siendo afectado. De la misma manera que la liberación de la joven adivina de Filipos afectaba los bolsillos de sus dueños, a estos expertos de *marketing* del mundo espiritual se los estaba dejando sin clientela. Por lo tanto, una noche decidieron unir sus fuerzas. Utilizando sus pociones compuestas por cenizas de cuerpos humanos, intentaron sacar al evangelista de la plataforma por la fuerza. Esa misma noche hubo un viento fuerte, pero el evangelista predicó igual. Como era usual, Dios trajo sanidad, conversión, y liberación.

Varias brujas que asistieron a la campaña llevaban la vestimenta de algunos de sus clientes para incluirla entre la ropa sobre la cual se oraba, al final de la reunión. Para sorpresa suya, los clientes se recuperaron, y las brujas les cobraron por ello. Sin embargo, mientras el tiempo transcurría, la mayoría de estos comerciantes tuvo que cerrar su negocio, ya que la gente ahora se encontraba con la verdad de Jesucristo y tomaba conciencia del engaño de aquellos que servían a la oscuridad. Aun muchas de las brujas se dieron por vencidas y colocaban un cartel en su ventana: «Cerrado. Vayan a la campaña».

Fue en una reunión de fin de semana, en el parque de Lomas de Zamora, que dos psicólogos aparecieron con otros terapeutas y maestros. Se acercaron al lugar para estudiar las formas poco convencionales de terapia y tratar de comprender lo que estaba sucediendo. Tiempo después, muchos de ellos eran sanados. Uno de los psicólogos rindió su vida a Cristo ese fin de semana y otro, quince días después. Uno de ellos comenzó a trabajar con el equipo de Carlos Annacondia. Se trata de Basilio Benítez, el padre de nuestro yerno. Él y sus colegas comenzaron a testificar a todos sus antiguos pacientes de psicología y ganaron a muchos de ellos para Cristo. El colega de Basilio, Guillermo Santos, sirvió con él durante años en una iglesia y ahora está en España, como misionero de la Unión de las Asambleas de Dios de la Argentina.

Principio 1: Permanecer en un lugar

El Señor guió al evangelista Annacondia, a su equipo de colegas y a los pastores, de una manera muy definida, durante esas primeras campañas. Uno de los aspectos de la sabiduría que Dios les dio consiste en la permanencia en un lugar la cantidad de tiempo necesaria para hacer una diferencia en el entorno espiritual. Los esfuerzos evangelísticos duraron dos o más meses en una sola localidad.

Declara el evangelista: «Había guerra espiritual, un ataque directo de Satanás y su séquito demoníaco. El resultado era que se abrían los cielos, y la gente era sanada y liberada. Muchos venían durante el día hasta el lugar de la campaña para preguntar cómo podían aceptar a Cristo. Cuando los colectivos pasaban junto al lugar de la campaña, a veces, la gente que estaba viajando en ellos se manifestaba demoníacamente y caía al suelo. La unción estaba sobre el lugar. Cuanto más permanecíamos allí, más se abrían los cielos, y Dios se movía».

Mucho de esto tiene que ver con la gran cantidad de oración que tiene lugar durante las reuniones.

Otro testimonio, que se asemeja a porciones del Antiguo Testamento, trata de unos jóvenes que decidieron jugar al fútbol en un campo abierto que había sido despejado y pisoteado por miles de personas, durante las reuniones que se realizaron allí. No había pasado mucho tiempo desde que la campaña se había trasladado a otra zona. Mientras estos muchachos jugaban a fútbol, en lo que era evidentemente tierra santa, se caían bajo el poder de Dios.

Principio 2: Un equipo ministerial grande

Cuando Carlos Annacondia recién se convirtió, tuvo otra idea, al percibir el hambre de la gente por ser ministrada. Observaba cómo los predicadores especiales que visitaban su iglesia, al finalizar su sermón se iban rápidamente, y que la gente trataba de establecer contacto con ellos: rodeaban el automóvil, aunque fuera simplemente tocando la puerta o la ventanilla. Entonces pensó para sí: «¿Por qué no puede cada uno orar y participar?». Como un cristiano joven, Carlos Annacondia determinó que era importante que se ministrara a las necesidades de cada persona. Y así como en alguna oportunidad Dios usaba a Carlos, también usaría a otros para que la gente recibiera ministración. Cuando Dios comenzó a usar su vida, Carlos permitió que pastores y líderes trabajaran con su equipo, echando fuera demonios y orando por la gente.

Al comienzo del evento evangelístico de La Plata, el cual duró ocho meses, las siete iglesias de la ciudad participaron. La del pastor Alberto Scataglini era la más grande. Pronto corrieron las noticias de todas las sanidades y liberaciones que estaban ocurriendo, y así se expandían las olas producidas en el epicentro de la campaña. Con miles que asistían a las reuniones al aire libre y cientos de personas que aceptaban a Cristo cada noche, había una gran necesidad de ujieres, consejeros, e intercesores.

El liderazgo del IBRP decidió enviar un micro con estudiantes para ayudar cada noche, especialmente en la carpa de liberación. A uno de nuestros alumnos se le ocurrió un nuevo nombre para los ujieres: «Camilleros». Ellos habían aprendido a levantar a una persona endemoniada que se retorcía en el suelo, gruñendo y crujiendo los dientes, y la llevaban a la carpa para orar de manera más específica y personal. Dos camilleros levantaban a una persona del suelo por vez, empujaban sus caderas hacia el centro como para sostener a la persona y comenzaban a correr. La carpa de «terapia intensiva» era el lugar donde recibían el mejor cuidado intensivo del universo: el nombre de Jesús y el poder de su sangre. Cuando las multitudes crecieron de a cien mil a la vez, la decisión de permitir que otros participaran y ministraran se convirtió en una pieza crucial del rompecabezas que el Señor estaba armando para bendecir a la nación entera.

Había mucha gente dispuesta a ayudar. Durante esas primeras campañas, cuando llamaron a voluntarios para armar las carpas, de cuatrocientas a seiscientas personas aparecieron, cuando, en realidad, sólo necesitaban sesenta personas. Tuvieron que enviar a más de trescientos voluntarios a sus casas, con la promesa de que podrían ayudar la próxima vez.

Principio 3: La oración

Había suficiente espacio debajo de la plataforma para que un grupo de quinientas personas se juntara a orar durante la campaña. La oración era un aspecto crítico de las reuniones. Comenzaba a las siete, cuando se iniciaban los primeros coros. Continuaba hasta las diez, cuando el evangelista llegaba. Y finalizaba a la una y media de la madrugada, cuando Carlos terminaba de orar por las necesidades. En muchos eventos evangelísticos unidos, hasta mil personas se anotaban para orar durante el servicio. Había dos turnos de quinientas personas, y estas se perdían la colorida música y la ministración. Tampoco podían ver a los endemoniados caerse y ser liberados por el poder de Dios. Su rol era simplemente apoyar en oración, y lo tomaban muy en serio.

Al principio de la campaña en Mar del Plata, sólo había trescientos obreros disponibles. Luego de sesenta días, había tres mil, de los cuales dos mil setecientos eran nuevos convertidos, fruto del mismo evento evangelístico.

Las reuniones de avivamiento de San Isidro tuvieron la participación de cuatrocientas congregaciones. La mayoría de los pastores que estaban involucrados cancelaron los servicios en sus propias iglesias por un período de treinta días, la duración de la campaña, en la cual todos ayudaron.

Principio 4: Ministrar discretamente y en forma significativa a cada persona

Otro aspecto crítico de ese poderoso mover fue la determinación del evangelista Annacondia de que nadie que quisiera recibir oración se fuera sin haber sido ministrado. La mayoría de las noches oraba por la gente hasta las tres de la madrugada. La actitud no era: «Annacondia debe orar por mí, o no me voy». Él oraba acompañado por muchos de los pastores que participaban y permanecían junto a él para ministrar hasta última hora. Cuán similar a la actitud que demostró Jesús: «Y al ver las multitudes, tuvo compasión de ellas; porque estaban desamparadas y dispersas como ovejas que no tienen pastor» (Mt. 9:36). La disposición de cuidar y valorar a cada persona era parte de la dinámica del Espíritu Santo que aprendimos todos.

Un principio similar que Annacondia seguía a rajatabla era el de proteger la dignidad de la persona. Esa fue la razón de la existencia de la carpa de terapia intensiva. La idea era llevar allí a los que habían caído al suelo y que estaban retorciéndose, fuera de la vista del público, para evitar avergonzarlos. Sólo a pastores y líderes entrenados se permitía la entrada a la carpa. Esto también evitaba que la gente se distrajera y de esa forma se viera afectado o interrumpido el obrar del Espíritu Santo.

El efecto dominó

Otra dinámica de esos asombrosos esfuerzos evangelísticos fue la constancia a largo plazo. Con lluvia o sol, las reuniones continuaban, día tras día. Una vez, en la campaña de Haedo, llovía a cántaros, pero el evangelista predicó igual y miles de personas permanecieron en el lugar con sus paraguas, recibiendo la palabra positiva del Evangelio.

«La continuidad también hizo posible que la nube de la presencia de Dios descendiera sobre un lugar —dijo el hermano Carlos—. En un evento de tres días puede haber mucho fruto, pero cuando las reuniones se han realizado durante cuarenta o sesenta días el fruto es mayor». El hecho de que el evento sea más largo, produce un efecto dominó. «La primera ola de milagros afecta a aquellos que están en un radio cercano a la campaña. Les dicen a todos sus parientes y amigos, y el siguiente círculo es más amplio. Luego, todas aquellas personas les cuentan a sus amigos y, en sólo pocos días, aparecían cien mil personas».

No hay líneas divisorias

Carlos también aprendió mucho respecto a la ubicación de las reuniones. Es una manera muy práctica y llena de amor de abordar el ministerio, y funciona. «Si uno realiza una campaña en un estadio, hay una línea divisoria —dice el evangelista—.Si la realiza en un teatro grande, también. Usted sólo tendrá una porción de la familia, ya que no todos querrán cruzar la línea, por las inhibiciones de años de tradición. Si uno la realiza en un campo abierto, preferentemente en el contexto de un barrio, acompañado por una atmósfera festiva, la familia entera vendrá, y no habrán cruzado ninguna línea. Sólo habrán salido a caminar. Familias enteras aceptan a Cristo de esta manera».

Otro aspecto de la ubicación era que, al realizar un evento evangelístico en un campo abierto, no había límite para el crecimiento. Similar a las campañas al aire libre de George Whitefield, que también crecieron hasta una concurrencia de cien mil personas, las reuniones de Annacondia fueron diseñadas para afectar a muchos.

Carlos cree que las cruzadas que se realizaban cerca de barrios poblados permitían que la Palabra corriera más rápido y que afectara a las personas más profundamente. La familia que acababa de entrar vería al carnicero del barrio en la plataforma dando testimonio de una sanidad o liberación de alcoholismo. El impacto era poderoso. Esta era una persona conocida por ellos, lo cual daba credibilidad inmediata al evangelio.

Una ocasión festiva con grandes resultados

Mientras uno se acercaba al lugar de la campaña, había un sentimiento de emoción en el aire. Cientos de personas estaban caminando hacia el campo abierto. Los camiones, ómnibus y autos se trababan en un embotellamiento para acercarse al lugar. Guirnaldas de luces cruzaban las calles, creando de esa manera una atmósfera festiva. Se encontraban decenas de puestos de «choripanes» en la zona, junto con música popular o folklórica, generalmente de ritmo rápido, que incluía palabras testimoniales.

Todos sabíamos cuando el evangelista estaba por subir a la

plataforma. La canción clave era «El hombre de Galilea va pasando, va».⁹ El centro de las canciones era Jesús. El centro de la predicación de Carlos Annacondia era Jesús. ¡El poder demostrado pertenecía a Jesús! Se tomaban testimonios de sanidad y liberación justo antes de que predicara el evangelista. Un mensaje claro, conciso y lleno de amor era proclamado; se basaba, habitualmente, en un milagro de Cristo en los evangelios, y estaba salpicado con testimonios de la vida real.

Luego, llegaba el momento que todos esperaban con ansias: el llamado para aceptar a Cristo, seguido por la oración de sanidad, necesidades y liberación para derrotar el poder satánico.

Había cientos de obreros en fila, sosteniendo una soga de veintisiete metros delante de la plataforma, mirando a la multitud durante toda la reunión. Luego, el hermano Annacondia pronunciaba la invitación y pedía que los colaboradores bajaran la soga y permitieran que la gente pase al frente, al sector de la plataforma. Noche tras noche, cientos de personas corrían desesperadas, con sus manos alzadas, rendidas ante Cristo.

«Quiero darle dos regalos de Jesús en esta noche —Carlos declaraba, con tanta ternura: El primero es un abrazo de parte de Él porque lo ama, y el segundo es un beso de su parte para que sepa cuán importante es usted para Él».

Después le pedía a sus colegas que tomaran nota de los nombres y las direcciones de las personas que pasaron al frente esa noche. De esa forma podían continuar con el seguimiento de las iglesias que participaban en el evento. Durante este lapso, se entonaban más coros, y disfrutábamos de la música de cantantes especiales.

Se debía esperar para que todos los que habían tomado una decisión recibieran oración y los colaboradores verificaran que las tarjetas estuvieran completas. Después, el hermano Carlos comenzaba a orar por las necesidades e insistir en que Satanás soltara a aquellos que había atado. «¡Oíme bien, Satanás!», exclamaba el predicador. Así comenzaba una combinación de oración a Dios con una confrontación al enemigo, en guerra espiritual. De repente, decenas de

---

9. *El hombre de Galilea va pasando, va*, dominio público.

personas en la multitud comenzaban a caer al suelo, retorciéndose y gruñendo o gimiendo. Muchos de los que caían sólo quedaban recostados en paz. El hermano Carlos les daba instrucciones a los ujieres y camilleros para que dejaran a esas personas y sólo llevaran a la carpa de terapia intensiva a los que se retorcían.

Al finalizar ese tiempo de oración, Carlos y los pastores que participaban se acercaban a unas mesas grandes donde estaban las ropas que los visitantes llevaban. Estas prendas pertenecían a aquellos que no habían podido llegar a la campaña por enfermedad u otras razones. Todos oraban sobre ellas con mucha convicción y misericordia, y los parientes o amigos se los regresaban a sus seres queridos afectados. Existen innumerables testimonios de sanidades, conversiones y liberaciones a través de estas prendas. Luego el evangelista y los pastores comenzaban a orar por cada enfermo y necesitado presente, sin importar el tiempo que esto tomara.

Los resultados de esas primeras campañas inspiran asombro. Se puede observar que hay un crecimiento fenomenal, a partir de la campaña de La Plata.[10]

AÑO, LUGAR, Y CANTIDAD DE GENTE QUE ACEPTÓ A CRISTO		
1981	Don Bosco (Beccar)	110
1982	Villa Domínico	100
1982	Florencio Varela (Alpargatas)	70
1982	Florencio Varela (Barrio San Eduardo)	279
1983	Quilmes (Kolynos)	700
1983	Don Bosco (Beccar)	1.000
1983	Ezpeleta	350
1983	Bernal (IAPI)	750
1983	Francisco Solano	700
1983	Quilmes Oeste	800
1983	Wilde	1.500

---

10. Carlos Annacondia, Campaña San Martín, Mensaje de Salvación No. 2 (*Buenos Aires: El Verbo*, 1985), 7.

1983	Bosques	600
1983	Tres Arroyos	100
1984	Berisso	2.000
1984	Ranelagh	1.600
1984	City Bell	1.700
1984	La Plata, Ensenada y Tolosa	50.000
1984	Monte Grande	8.500
1984	Lomas de Zamora	1.800
1984	Mar del Plata	83.000
1985	San Justo	60.200
1985	San Martín	57.000
1985	Moreno	16.000

Todas estas campañas se realizaron en la provincia de Buenos Aires, donde vive la mitad de la población argentina.

La duración de la campaña de La Plata fue de ocho meses. Como contraste, en sólo un fin de semana, mil ochocientas personas aceptaron a Cristo en Lomas de Zamora, y, en cuarenta días, ochenta y tres mil, en Mar del Plata.

En un servicio, conté a cincuenta personas sentadas en un árbol grande, para poder ver mejor. En otra, observaba la entrada de la carpa de terapia intensiva, mientras los camilleros traían a los endemoniados: ¡setenta y tres, en diez minutos! Los estudiantes del IBRP estaban presentes cuando setecientas personas se manifestaban demoníacamente al mismo tiempo. El hermano Carlos dice que hubo momentos donde más de mil personas lo hacían, simultáneamente. En este momento, fue esencial tener un equipo grande, compuesto por cientos de pastores y de líderes que ayudaban a orar por la gente.

Algunas historias

Uno de los testimonios más cómicos de eventos evangelísticos involucra a un hombre que le había dicho a su esposa que no iría a las reuniones. Ella podía hacerlo. Él la iba a acompañar hasta llegar a una distancia de diez cuadras del lugar.

«La gente se está tirando al suelo —decía el hombre—, yo no quiero tener nada que ver con esto». Él tenía la idea de que todo estaba preparado para impresionar o manipular a la gente. Sin embargo, a diez cuadras de distancia, podía escuchar el sonido, mientras se quedaba junto a su auto, con su pequeño perro, que estaba parado sobre el capó del vehículo. En un momento, mientras Carlos Annacondia estaba orando y dijo, como lo hacía la mayoría de las noches: «No se preocupen por los que están cayendo. Toca, Señor, toca». Apenas pronunció esas palabras, el pequeño perro se cayó en el capó del auto, con sus patas extendidas hacia arriba. El hombre lo miró, incrédulo ante lo que estaba sucediendo y pensó: «Este perro está más abierto a Dios que yo». Tomó a su mascota y corrió hacia el altar, con sus manos levantadas para aceptar a Cristo.

Otro incidente risueño sucedió cuando el hermano Carlos realizó reuniones en Santiago del Estero. Las autoridades del pueblo determinaron que contrarrestarían el esfuerzo evangélico con una procesión religiosa. Así que tomaron una imagen y marcharon hacia el lugar de la campaña, levantándola en alto. Mientras caminaban hacia la entrada, los participantes de la procesión se cayeron al suelo, incluyendo la imagen.

¡Estuve compartiendo este testimonio en clase y me dio mucha alegría enterarme, a través de una joven, de que muchas de las personas que participaron en esa procesión ahora son líderes fieles en su iglesia!

Otros cambios que trajo el avivamiento

Durante aquellos días, cada iglesia trató de comprar una carpa y organizar sus propias campañas evangelísticas. Como los pastores y líderes ya habían sido usados por Dios con autoridad para sanar o echar fuera demonios, el poder de Dios estaba disponible por todo el país, en reuniones evangelísticas de barrio.

Institutos bíblicos no residentes comenzaron a proliferar por todo el país. Previo a las campañas, ocho de ellos tenían una concurrencia total de ciento ochenta estudiantes. Luego, en solamente ocho años, el número de alumnos en preparación ministerial había crecido a cinco mil quinientos. El instituto bíblico, IBRP, creció de ochenta a trescientos cuarenta y dos estudiantes, en sólo siete años. También, se inició un programa de preparación por extensión, llamado IETE (Instituto de Educación Teológica). Durante esta época, además, comenzaron otros dos institutos residentes.

En un margen de tres años, el avivamiento había causado muchas crisis de crecimiento en los centros pentecostales de preparación. Uno de esos programas, no denominacional, llamado *Seminario bíblico de fe*, creció por centenares de estudiantes, sólo cinco años después de la campaña en La Plata. La preparación ha sido crítica para conservar el fruto del avivamiento. Un aspecto asombroso de éste fue el mover de Dios en las cárceles. En 1983, el pastor Juan Zuccarelli comenzó su trabajo en la Unidad 1 de la cárcel de Olmos, con sólo cuatro internos que conocían al Señor. Al año siguiente, fue guiado por Dios a entrenarse para ser guardia y, así, poder pastorear a estos hombres detrás de los barrotes. De esos pequeños comienzos, ahora hay unos ocho mil internos de la provincia de Buenos Aires que han aceptado al Señor, y a través del ministerio de Juan Zuccarelli, un total de aproximadamente treinta mil convertidos. En la actualidad hay una cárcel cristiana entera dedicada a los líderes: la Unidad 25. Esta es la primera del mundo puramente cristiana. Obviamente, estos hombres han recibido a Cristo, una vez encarcelados.

Hoy día el IBRP y el Instituto Bíblico Buenos Aires, de la Alianza Cristiana y Misionera, envían cada semana docentes para preparar líderes cristianos en las iglesias de la cárcel.[11]

SERGIO SCATAGLINI

Un joven estudiante del IBRP estaba predicando en una esquina e hizo un llamado para aceptar a Cristo. Personas que vivían en algunos departamentos del otro lado del parque levantaban sus manos como señal de que estaban rindiendo sus vidas al Señor.

Años antes, su madre, Isabel, vio en visión a su hijo y banderas de muchos países alrededor. Ella se preguntaba qué significaba

---

11. Mara Luciani (asistente del pastor Zuccarelli), entrevista, 3 de julio, 2006.

este sueño y cómo podía interpretarlo. Luego recibió un mensaje en lenguas y una interpretación durante la reunión: «Esto es mío. Recíbelo, porque yo cumpliré lo que he prometido».

Sergio, hijo del pastor Alberto Scataglini, fue tocado poderosamente por Dios en la Argentina y en los Estados Unidos. Su ministerio de fuego ha impactado al mundo. Hoy tiene un programa de radio que llega a veinte países, y él personalmente visitó y ministró en treinta y cinco naciones. También sus dos libros han sido traducidos, por lo menos, a doce idiomas. Junto con su esposa, actualmente realizan reuniones en su iglesia virtual (cultos por Internet), y personas de quince naciones diferentes se conectan. Están plantando células y tienen una escuela de líderes en línea.[12]

Un día, mientras estaba despidiéndose de una iglesia, en Indiana, para luego conducir rápidamente a otra donde debía predicar, se cayó al suelo temblando detrás del púlpito. Tuvieron que llevarlo a su auto, pero no pudo conducir. Un amigo lo llevó a la casa de su cuñado, donde él y su esposa se estaban alojando. Sergio tuvo que arrastrarse por la escalera hasta la habitación. La experiencia duró cuatro días y su vida y ministerio fueron transformados profundamente. El Señor le habló y le dijo: «No es suficiente ser el 99 por ciento santo. Debe ser el 100 por ciento». El 1 por ciento de veneno puede arruinar el otro 99 por ciento, en un vaso de agua. Al viajar entre los Estados Unidos y la iglesia de La Plata, Dios comenzó a mostrarle su fuego más y más.

CONFERENCIAS BREAKTHROUGH

Aunque Sergio Scataglini y su esposa Kathy tienen un ministerio extenso y reconocido, a menudo, se han unido con Carlos Annacondia y con Claudio y Betty Freidzon, para realizar eventos llamados conferencias *Breakthrough*. El Espíritu Santo le dio al misionero Donald Exley la visión para realizar estas reuniones de renovación. Su carga era por los pastores y misioneros de Latinoamérica, los Estados Unidos y otros países del mundo, para experimentar el avivamiento que había sucedido en la Argentina.

---

12. Kathleen Scataglini, correspondencia por e-mail, 11 de mayo, 2005.

Una vez más, la dinámica del Espíritu se evidencia: es fuerte la ministración en equipo de los evangelistas y pastores ungidos, que trabajan juntos en una sinfonía de fuego, poder, y amor. Las vidas y ministerios de cientos de pastores y misioneros han sido transformados por estos eventos. Las reuniones y el tiempo de enseñanza se realizan mañana, tarde, y noche. Durante el momento de ministración en el altar, líderes del Brasil, Gran Bretaña, México, Chile, Paraguay, y tantos lugares más corren al altar para buscar más de Dios.

Una de las parejas que fue afectada profundamente por estas conferencias es el embajador de Malasia en la Argentina y su esposa: su excelencia Dennis y Cherry Ignatius, embajador extraordinario y plenipotenciario. Vivieron por algunos años en Argentina y ahora residen en Canadá.

Durante el primer *Breakthrough* al cual asistieron, el Espíritu Santo habló proféticamente a sus corazones, confirmándoles que Él los usaría para abrir una puerta en Malasia y en otras naciones de Asia. A partir de esta palabra, se ha realizado un *Breakthrough* y un evento evangelístico en ese país tan desafiante. Tuvieron una concurrencia importante y miles de decisiones tomadas para Cristo. La gente se amontonaba en el altar con sus manos alzadas y lágrimas corriendo por sus mejillas. Unos dos mil setecientos pastores y líderes de trece países concurrieron a las conferencias: *Breakthrough* Australia, Brunei, China, incluyendo Hong Kong, Indonesia, India, Malasia, Myanmar, Filipinas, Rusia, Singapur, Taiwán, Tailandia, y los Estados Unidos, representando a más de cuatrocientas cincuenta iglesias. Catorce pastores vinieron del interior de China, y habían viajado cinco días por tren, barco, y avión para llegar a Kuala Lumpur. Las conferencias *Breakthrough* también se han realizado en Canadá y en los estados de Tejas, Louisiana, Indiana, y California.

Fue un privilegio para mí traducir a Sergio Scataglini y a Carlos Annacondia en Minneapolis, en la iglesia *Emmanuel Christian Center*. Una de las noches, asistieron a la iglesia más personas que desde que se abrieron sus puertas, unos cuarenta años atrás: Más de tres mil doscientas. Esa noche, dos brujas eran parte de la audiencia, habían ido para causar disturbios. Cuando el hermano Annacondia oró, cayeron al suelo y las llevaron al gimnasio, que también usaron como centro de terapia intensiva. Drogas y cigarrillos fueron arrojados sobre la plataforma por aquellos que encontraron liberación, en una de las reuniones. Mucha gente testificó sobre sanidades de miopía, migrañas, problemas en la columna vertebral y quistes que desaparecieron. Cada noche, la plataforma se llenaba de personas que pasaban adelante para testificar que habían sentido el toque sanador de Dios. Hasta un hombre se levantó de su silla de ruedas y corrió de un lado a otro.

Dios está obrando en todas partes, y aquellos comienzos, en esa pequeña carpa en City Bell y La Plata, fueron el epicentro.

Conclusión

Dios tiene un plan para la Argentina, por esa razón ha reunido a muchas personas clave para la tarea. Gracias a Dios, han estado disponibles para Él, sin aferrarse a nada y siendo generosos con su tiempo personal y con su energía. También han estado dispuestos a trabajar juntos y a permitir que otros participen. Su deseo es buscar a Dios con todo su corazón, y nos han enseñado a tantos de nosotros que: «Cosas que ojo no vio, ni oído oyó, ni han subido en corazón de hombre, son las que Dios ha preparado para los que le aman» (1Co 2:9).

Esta ola de avivamiento en los años ochenta preparó un camino para que Dios lo extendiera aún más. Los pastores que emergieron durante este tiempo crecieron y se transformaron en líderes fuertes que también serían sorprendidos por el Señor.

4
Pastores líderes

Uno de los resultados del avivamiento ha sido el crecimiento de muchas congregaciones, a menudo, con una concurrencia que supera las mil personas. Es asombroso ver la cantidad de iglesias que han surgido de este avivamiento considerando que, cincuenta años atrás, en este país una iglesia evangélica grande tenía de seis a ocho miembros. Una publicación reciente estableció que hay un millón de personas en las iglesias de la Unión de las Asambleas de Dios, en la Argentina, posiblemente la denominación más numerosa del país en este momento. Muchos calculan que el total de la población evangélica es de tres millones.

Muchísimas personas asisten a las iglesias de varios pastores, como por ejemplo:

Ocho mil, a la de Pedro Ibarra; doce mil, a la de Claudio Freidzon; veinte mil, a la de Osvaldo Carnival; treinta y un mil, a la de Guillermo Prein; ocho mil, a la de Omar Olier; más de tres mil, a la de Norberto Carlini. Además, hay otras a las que concurren de mil a dos mil personas, pastoreadas por Moisés Barrientos, Héctor Ferreira, Edgardo Muñoz, Pablo Deiros, Bernardo Stamateas; Alberto Aranda, Donald Exley, Enrique Strohschein, Alberto Scataglini y Alberto Rey.

¡Hay tantos pastores que han sido líderes en este mover de Dios! El avivamiento no está compuesto sólo por un par de gigantes, sino también por una gran cantidad de creyentes y de iglesias. Sin embargo, no cabe duda de que ciertos nombres se reconocen fácilmente. Sus historias, impacto, y testimonios continúan emergiendo en cualquier recuento del avivamiento en la Argentina. Si hiciéramos una lista de sus líderes, incluiríamos a Osvaldo Carnival, Guillermo Prein, y Claudio Freidzon. Ellos comenzaron con pequeñas congregaciones y fueron usados poderosamente por Dios. Gente común y corriente a quien Él da gracia, fortaleza, y unción.

Osvaldo y Alejandra Carnival

«Pastor, ¡cuénteme un testimonio de algún milagro!», dijo el joven que ató su perro afuera de la iglesia, junto a la puerta. Estaba pronto para escuchar una buena historia del obrar de Dios, antes de regresar rápido a su casa. Sus padres ni se imaginaban que él había entregado su vida a Cristo. En lugar de sacar a pasear al perro cada mañana, Osvaldo, en realidad estaba corriendo con su mascota para pasar un poco de tiempo con el pastor y luego volver apurado a su casa. Desde los comienzos, estuvo muy interesado en el poder de Dios para obrar milagros, y Dios recompensó esa fe genuina y abierta con mucho fruto.

Un día, en la oficina del Instituto Bíblico Río de la Plata, recibí el llamado de una mujer furiosa, madre de un alumno de primer año:

—¡Tenemos planes para nuestro hijo! Él va a ser alguien influyente, con una buena posición en la vida. ¿Cómo se atreven a aceptarlo en su «Instituto Bíblico»?

Un tanto atónito, sugerí que llamara a su pastor.

—¡Ya hablé con él durante media hora! —fue su respuesta.

Entonces, le recomendé:

—¿Por qué no le permite a Dios hacer lo que Él quiere en la vida de su hijo? Finalmente, él estudió, se graduó y trabajó en la plantación de una iglesia. Hoy, la madre de Osvaldo es una de las mujeres líderes más fieles de ella.

Cuando Osvaldo era alumno de primer año en el IBRP, obtuvo permiso del gobierno militar para realizar reuniones en la calle del centro mismo de Buenos Aires. La Capital Federal tiene la avenida más ancha del mundo, con múltiples carriles. Él consiguió un permiso para realizar reuniones evangelísticas en el lugar más crítico de ella: en el monumento del obelisco. En un tiempo en que muy pocos tenían las agallas para hacer evangelismo en las calles, él convocaba a los jóvenes de su iglesia para que predicaran y alabaran con él en la plaza del obelisco, cada sábado por la noche. Muchas veces, la audiencia llegaba hasta ciento cincuenta personas, ¡con ocho o nueve carriles de tráfico de cada lado! Dios estaba preparándolo en coraje para el próximo gran paso de fe.

Cuando Osvaldo se graduó del IBRP, y antes de casarse con Alejandra Lagraba —una joven de la ciudad de Rosario que Osvaldo había conocido en el instituto—, invitó a los misioneros Rafael y Frances Hiatt a trabajar con él en la fundación de una iglesia, en Parque Patricios, un barrio de la Capital Federal. Cada noche acomodaban ciento cincuenta sillas de madera, en la vereda de la Avenida Rivadavia, donde, casualmente, había una boca de subte. En ese lugar, había mucho ruido de bocinas y motores de autobuses. Los evangelistas fieles cantaban, predicaban y oraban por la gente todas las noches. El pastor de Osvaldo y José Manuel Carlos tuvieron el privilegio de observar las vidas y los corazones de los Hiatt. En muchas ocasiones, por la noche, tarde, cuando las sillas se habían plegado y todos se estaban por ir, Rafael Hiatt continuaba orando con un hombre indigente o con un alcohólico.

Después de cinco meses de reuniones, seis veces por semana, sobre la vereda de la Avenida Rivadavia, la congregación encontró un edificio para reunirse. Se consiguieron los fondos para comprar y remodelar un galpón. Daba gusto ver a la gente feliz, mientras se trasladaba de la calle a su nueva iglesia, localizada a unas diez cuadras sobre la avenida Eva Perón.

La iglesia tenía una buena ubicación, a sólo dos cuadras de un parque. Durante los primeros meses, con frecuencia, los líderes realizaban campañas en él. Aproximadamente un año después de la primera cruzada, comenzó una de las grandes campañas que Carnival llevó adelante, durante treinta días en el Parque Chacabuco. Allí, cuatrocientas personas se entregaron a Cristo. En una ocasión, unos jóvenes del barrio, queriendo mofarse de los evangelistas, hicieron fila para recibir oración después del servicio, solamente para divertirse. ¡Qué sorpresa, cuando terminaron de espaldas, tirados en el piso por el poder de Dios! Muchos de esos jóvenes se convirtieron en algunos de los primeros líderes de la iglesia.

Durante los años ochenta, la congregación llegó a tener mil cien miembros. Aunque el evangelismo continuaba sin ser apaciguado, el número de nuevos concurrentes no parecía pasar los doscientos cada año. Esto era causado por la pérdida de gente que se mudaba o que había dejado de asistir. De este modo, la iglesia mantenía un número constante.

Tiempo después, durante un retiro espiritual del liderazgo, unas damas del ministerio de intercesión comenzaron a sentir unos dolores muy fuertes en sus matrices. Inicialmente, pensaron que era un fenómeno natural, pero cuando esto les sucedió simultáneamente a varias mujeres, Dios les mostró que, en realidad, Él estaba permitiendo que sintieran dolores de parto que resultarían en el nacimiento de muchos bebés espirituales en la congregación. Como está escrito en Isaías 66:7-9 y Gálatas 4:19, un tiempo de dolores de parto espirituales, intensos, muchas veces precede al crecimiento de la iglesia de Cristo.

Durante esos días, al comienzo de los años noventa, un suceso extraño ocurrió en el hogar de los Carnival. Alejandra tenía como ayuda doméstica a una persona que trabajaba tiempo parcial en su casa. Un día, la joven estaba planchando un par de pantalones; Alejandra se le acercó para mostrarle cómo hacerlo correctamente, ¡y la joven se cayó! Luego, los niños del Osvaldo cayeron al suelo también. Pensando que la joven estaba endemoniada y que los niños estaban teniendo problemas físicos, Osvaldo trató de ayudar, pero también se fue al piso. Fue ahí cuando entendió que era el poder de Dios que estaba obrando.

Esto era algo nuevo para el pastor y para su familia, y se extendió a la congregación entera. Los servicios comenzaban a durar cuatro o cinco horas cada vez. La gente se perdía en la presencia de Dios, disfrutando del derramamiento de su gracia. La vida de los concurrentes comenzó a girar en torno a la iglesia y a la obra del Espíritu Santo. La alabanza era muy dulce, y había un toque de gozo que mostraba el lado «juguetón» de Dios.

Catedral de la Fe, nombre dado a la iglesia que pastorea Osvaldo, se convirtió en el centro de avivamiento visitado por cientos de pastores y líderes de muchas denominaciones, durante este mover de Dios. Había cambios también en estas iglesias, especialmente en la adoración, el estilo de vida, la apertura hacia Dios, y la dependencia del Espíritu Santo.

Sherry y yo llevamos a nuestros hijos a uno de esos servicios. Cuando ella vio secciones enteras de la congregación cayéndose al suelo (en la planta baja), corrió al balcón, no queriendo caerse sin que fuera una experiencia real. Tampoco quería ser la única persona permaneciendo parada en esa sección. Cuando el pastor pidió que aquellos que tenían hambre de Dios pasaran al frente para recibir oración, nuestro hijo de catorce años, Nathan, fue conmigo. Todos los que cruzaban la plataforma caían bajo la pesadez de la gloria de Dios.

Osvaldo había preparado a varios ujieres para que levantaran y sacaran a la gente, a fin de que otros recibieran oración. Pero cuando Nathan cayó postrado, el pastor Carnival les dijo a sus líderes que lo dejaran tranquilo, y quedó tendido allí bajo el poder de Dios por mucho tiempo. ¡Qué ternura le demostró este hombre de Dios a nuestro hijo que estaba en una etapa de desarrollo tan importante! El Señor realmente se movió en su vida ese día, y el pastor Carnival fue sensible al Espíritu, asintiendo a su obrar.

Aunque la congregación vivió esa euforia por varios meses —terminaban las reuniones a la una o dos de la madrugada—, fue guiada por diferentes etapas de crecimiento y de madurez. Uno de los momentos más importantes fue en 1997, cuando Osvaldo comenzó a tener intranquilidad en su corazón. Su iglesia tenía mil trescientas personas. Él se sentía abrumado por las necesidades de la gente y por la responsabilidad de cuidar de ellos como pastor. Luego Dios lo guió a transformar la estructura de su congregación en una iglesia celular. Él declara: «Ahora me debo a mis doce líderes y estoy disponible para ellos en cada momento crítico de sus vidas. Cada uno hace lo mismo por sus doce...». Actualmente, la iglesia tiene alrededor de dos mil trescientos líderes de células y creció a una concurrencia de veinte mil.

Las reuniones ahora duran dos horas, en lugar de cuatro. El pastor Osvaldo dice que esta es otra etapa, con un énfasis sobre la multiplicación. Cada fin de semana, cincuenta personas o más responden al llamado para salvación. La iglesia tiene tres reuniones el sábado y tres el domingo. Además, se desarrollan tres mil quinientas células.

Durante este tiempo de crecimiento, Dios puso una visión en el corazón del pastor Osvaldo para tocar la ciudad de Buenos Aires. Milagrosamente, se le presentó a la iglesia una oportunidad para tener un programa de televisión. Éste duró nueve años y logró que la iglesia y su pastor fueran muy reconocidos.

Osvaldo Carnival, también, tuvo un gran impacto sobre otras denominaciones, pastores y naciones, a través de la conferencia anual que organiza, junto con su esposa Alejandra, sobre el ministerio celular. Hasta este momento, se llevaron a cabo tres. A ellas asistieron pastores latinoamericanos y líderes de la Argentina.

Hace poco visité una iglesia ucraniana que, por años, tenía una congregación de cien personas, pero que ahora se ha cuadruplicado, debido al ministerio celular. Este crecimiento involucra riesgos. Todo comenzó cuando sus pastores asistieron a esta conferencia. Esta congregación compró una fábrica y la transformó en una iglesia, con capacidad para setecientas personas. La mejor parte de este cambio es que están viendo decenas de inconversos llegar a los pies de Cristo, cada mes.

Los pastores Carnival y Pedro Ibarra lideraron un movimiento de oración por la ciudad de Buenos Aires que comenzó en el 2001, durante la peor crisis económica que ha experimentado la Argentina. El saqueo de supermercados era desenfrenado, como también los piquetes y los *cacerolazos*: manifestaciones de los ciudadanos que consistían en golpear ollas y cacerolas durante horas. El *corralito* había prohibido que la gente retirara dinero de sus cajas de ahorro para prevenir que hubiese fuga de capitales. El enojo y la amargura proliferaban.

La gran reunión de oración en la Plaza de Mayo, evento que comenzó con el sueño de uno de nuestros estudiantes del IBRP, tuvo lugar durante aquel tiempo oscuro. Ese fue el comienzo de las reuniones de oración de los pastores. Durante los primeros meses, ochocientos pastores se juntaban para orar por dos horas, cada jueves por la mañana. Aunque la asistencia a la reunión de oración ahora es de cien pastores, ellos oraron juntos, fielmente cada semana, durante dos años y medio.

El pastor Carnival sintió que el Señor le decía que la clave de la nación es alcanzar a la ciudad, y para ello, cada pastor y su congregación deben tocar a la sociedad con el poder de Dios. Él cree que ésta es la etapa para penetrar en cada sector de ella.

Durante las últimas elecciones del congreso y el senado, Carnival invitó a varios candidatos a la iglesia. Les permitió expresar unas palabras y también oraron por cada uno de ellos, sin mostrar ninguna preferencia. Un tiempo después, uno de ellos fue puesto a cargo de las prisiones federales. Cuando surgió la necesidad de que un pastor supervisara el programa evangélico de capellanes para la Capital Federal, aquel hombre en autoridad recordó al pastor que había ministrado a su vida y lo invitó a Carnival a desempeñar ese papel vital.

En una situación crítica reciente, que involucraba al liderazgo provincial, el oficial gubernamental encargado de ella llamó al pastor Carnival para pedir oración. Esto abrió varias puertas de oportunidades únicas para ministrar.

El pastor Osvaldo fue elegido recientemente como uno de los presentadores de la versión latinoamericana del *Club 700 Hoy*. Como no busca ser una figura pública, se dedicó a ministrar a su propia congregación, y Dios le está abriendo puertas para ser una bendición, más allá de la Argentina.

Osvaldo habló de su esposa y de cómo ellos se han desarrollado juntos. Hizo una observación interesante: dijo que un buen matrimonio debe «desarrollarse» y desplegarse mutuamente, encontrando lo que está dentro de la otra persona. Siempre hay sorpresas, cosas frescas para descubrir y nuevas alegrías para desenvolver.

Un hombre de mucha sabiduría y ternura, acompañado por una mujer de Dios de gran estatura espiritual, forma con ella un gran equipo para la expansión del Reino del Señor. ¿Quién hubiese imaginado que ese joven que respondió al desafío de Rafael Hiatt de aceptar al Señor, en la plaza de La Boca, estaría ministrando a miles? ¿Quién podría haber dicho que el joven que entró a la iglesia corriendo, pidiéndole a su pastor que le contara otra historia de milagros, sería usado para tocar tantas vidas? Dios lo sabía, y su propósito se está cumpliendo. «Porque ¿quién entendió la mente del Señor?» (Romanos 11:34).

Guillermo y Graciela Prein

¡Qué experiencia es ir al Centro Cristiano Nueva Vida y observar la vida tremenda y vibrante que hay! La iglesia tiene una asistencia de más de veintiséis mil personas. Cada semana, mil ciento treinta y cinco células evangelísticas de oración y de milagros se reúnen por toda la ciudad de Buenos Aires, y otras quinientas cuarenta y nueve células pastorales o de líderes, en la iglesia. La congregación tiene cuarenta reuniones diferentes, en varios lugares, con el fin de proveer diversidad de días y horarios de reunión para las necesidades de los distintos sectores de la sociedad. El liderazgo también opera una estación de radio de veinticuatro horas.

«No es tanto para enseñar, como para acompañar a los creyentes —dice Prein— la estación de radio mantiene a la gente en el fuego del Espíritu Santo durante todo el día, en el trabajo, y comunica la cultura y el estilo de vida de la iglesia a aquellos que no pertenecen a ella».

¿Dónde comenzó todo esto? ¿Cómo puede una congregación estar tan llena de vida?

Guillermo era uno de los siete jóvenes clave que fueron ganados para el Señor en La Boca, por Rafael Hiatt y José Manuel Carlos. Fueron todos discipulados por su pastor. Cada día comenzaban juntos un tiempo de oración, a las siete de la mañana. Una parte fundamental de su trasfondo tiene que ver con el tiempo que pasaron con Rafael Hiatt como mentor. Él era un gran ejemplo de fe y tenía una tremenda pasión por el evangelismo.

Otro aspecto crucial de esta preparación tenía que ver con sus años de estudio en el IBRP, donde Guillermo conoció a su esposa, Graciela. Antes de graduarse, ya estaban pastoreando una iglesia en un barrio humilde. Este pastor joven le dijo a su congregación que ofreciera una mano a los perdidos e, inmediatamente, la iglesia se llenó de ex prostitutas. «La composición normal de aquella primera congregación en Villa Tranquila, Avellaneda, era de prostitutas, drogadictos y delincuentes», recuerda el pastor Guillermo. Luego, él y su esposa invitaron a los misioneros Rafael y Frances Hiatt a ser parte de la plantación de una iglesia en Capital Federal. sería un esfuerzo cooperativo con la iglesia de La Boca, pastoreada por José Manuel Carlos. Se escogió Parque Patricios, un barrio profundamente religioso. Compraron un edificio grande, tipo fábrica, y las reuniones se realizaron, por un tiempo, con esfuerzos conjuntos. Sin embargo, llegó el tiempo para que la joven pareja enfrentara sola la situación.

Tenaz en su fe, Guillermo comenzó a predicar doce veces por día en la calle y una vez, en la iglesia. El ambiente no era muy abierto ni acogedor, y, algunas veces, dejó al joven predicador con un ojo morado. Se había comprado un edificio grande que permanecía vacío. Como cuenta Guillermo, luego de predicar por seis meses seguidos, trece veces por día, ni una persona se convirtió. Esto implica que hubo un total de seis mil trescientas setenta y nueve reuniones en la calle y otras, en la iglesia, sin un solo convertido. «Si yo mencionaba el nombre de Jesús, la gente daba la vuelta y se iba», dice Guillermo de aquel tiempo difícil. Estaba abatido y pensó seriamente en darse por vencido. Fue entonces cuando Dios le preguntó a cuántas personas podía reunir en la iglesia. Le dio algunas vueltas, soñó y pensó dónde podrían llegar a sentarse doscientas o trescientas personas, en balcones. De repente, entendió que estaba pensando «en pequeño», y que el Señor le podía dar miles de convertidos. Pero en ese momento, Dios le habló claramente: «¡No, miles; sino millones!». Veinte años después, con una iglesia de miles de líderes preparados y una asistencia de veintiséis mil personas, es más fácil imaginarse aquella posibilidad. La congregación se reúne en tres locales, incluyendo un hotel cinco estrellas y un teatro que se alquiló, en el corazón de la ciudad. La iglesia está tocando a numerosos barrios y comunidades.

¿Qué sucedió para que, de no tener ningún convertido, ahora se realicen cultos en los que más de novecientas personas son bautizadas en agua, de a tres a la vez? Parte de la clave fueron reuniones mensuales de milagros, con obras asombrosas de Dios. La iglesia tiene un fuerte énfasis en la oración y en la fe en el poder de Dios para obrar milagros. Guillermo está convencido de que el Señor los hace, para abrir los corazones de la gente a su enseñanza y a su predicación. Desde el momento en que se graduó del IBRP, su ministerio ha sido acompañado por señales y liberación de posesión demoníaca.

Otro aspecto lo constituyen las células de milagros y de oración. Desde temprano, el pastor Guillermo se dio cuenta del potencial que ofrecía el concepto de la iglesia celular. Sin embargo, el crecimiento fue obstaculizado, hasta que el Señor lo guió a tener reuniones celulares evangelísticas y de oración en casas y en comercios, además de centralizar toda la preparación del liderazgo y del discipulado en la iglesia. Estos líderes cuidan y pastorean a la gente. «Nuestra congregación no es una iglesia de un pastor, sino de un cuerpo de pastores», afirma el pastor Prein.

Dios continúa dándole perspectivas frescas de grupos y estructuras celulares. Las nuevas ideas no están viniendo de un equipo de expertos ni del liderazgo. Las ideas frescas son dadas por el Espíritu Santo, después de hacer hasta cuarenta y dos días de ayuno y oración. Guillermo es un pastor que busca a Dios para obtener respuestas.

Otra clave para el crecimiento sostenido ha sido el amor por la gente y un deseo de satisfacer sus necesidades. Muchas veces, Guillermo dice: «El pastor debe tener olor a oveja». Él cree que debemos tratar de agregar ovejas al rebaño, y luego, cuidar de los corderos. En un mensaje reciente, en una conferencia nacional de pastores de la Unión de las Asambleas de Dios, Prein dijo: «¿Qué tenemos? ¿Pasión por las personas o pasión por el éxito? El problema viene cuando el rostro del individuo se transforma en un número. Cuando uno tiene pasión por las personas, deja de pensar en cuántas hay y comienza a preocuparse por cómo están las que tenemos».

Guillermo y Graciela se casaron luego de graduarse del IBRP y han ministrado en juntos muy efectivamente. Ella trabaja detrás de la escena, con su don de administración. Las personas visionarias y extrovertidas, a menudo, necesitan a alguien a su lado que las ayude a perseverar y a llevar a cabo la visión.

Sherry y yo asistimos a un Banquete Internacional que organizó la iglesia hace poco. (Éste no es uno de esos eventos que se realizan en el sótano). Los pastores tomaron la idea de experiencias vividas en su tiempo de preparación en el IBRP, y la convirtieron en una oportunidad más para evangelizar efectivamente: alquilaron uno de los centros de convención más grandes de la ciudad y combinaron puestos elegantes, atuendos tradicionales de cada nación y comida internacional con una campaña evangelística, cada noche. Concurrieron miles de personas que fueron tocadas por la Palabra y recibieron una visión para el mundo.

También, la congregación ayudó a muchas otras con apoyo práctico y equipos de evangelismo. Por ejemplo, grupos de jóvenes viajaron a otros países, ministrando de manera efectiva; a veces, ganando en las calles tanta gente para Cristo como sucedería en una cruzada evangelística.

Los hermanos son conocidos por su fe en los milagros y por su creatividad para alcanzar a los perdidos. Durante el mes de julio, miles de niños descansan de las clases, y sus padres hacen filas durante horas en los cines, para llenar estos días con actividades familiares. Cada año, la iglesia presenta una obra de teatro infantil profesional, de la cual hace publicidad alrededor de la ciudad, durante las vacaciones de invierno, y ofrece hasta treinta y ocho presentaciones por es tiempo. Ésta es una oportunidad para que miles de niños, con sus familias, sean influenciados por los principios de la Palabra. En una temporada, más de cuarenta y seis mil vieron la obra de teatro, y cuatro mil sesenta y seis aceptaron a Cristo.

Uno de los periódicos de Buenos Aires tiene seis ediciones diarias y una circulación de casi dos millones de ejemplares. Como para captar el interés de lectores potenciales, produjo un «diario de bolsillo», a todo color, distribuido gratuitamente y con la misma extensión que el diario común, pero con sólo 7,6 centímetros de ancho. Aún antes de que el diario secular publicara este nuevo ejemplar, el Centro Cristiano Nueva Vida comenzó a producir *Red Vida*, un diario evangelístico, con las mismas características de aquél. Estaba lleno de testimonios de sanidad, transformación y circulaban doscientos mil ejemplares.

Viernes por la noche, a las 20. ¿Qué esperarías ver, si visitaras la iglesia donde Prein pastorea? Entra al edificio. Junto al santuario principal, los obreros están con los niños; por lo menos, quinientos de ellos están adorando al Señor. Luego, haz una vuelta manzana hasta llegar al sector de los jóvenes. Varias de sus células se reúnen en la vereda, pues adentro no hay suficiente espacio. Para entrar a este sector de los jóvenes, uno tiene que pasar por en medio del grupo de intercesión, donde las personas están apiñadas hasta la entrada. Parecen ser completamente inmunes a la distracción. En el auditorio de jóvenes, hay unas cien células, prácticamente apiladas.

Luego, entra al santuario principal y únete a la reunión de

líderes de las 20:30, culto que sucede al de las 18 y precede a las células de adultos. Asegúrate de permanecer un ratito después de la reunión de líderes (que dura dos horas y media) ya que, pasada la medianoche, habrá cientos de personas entrando a sus células de discipulado y liderazgo. Y aun a esa hora avanzada de la noche, el pastor toma tiempo para reunirse con un grupo de visita de los Estados Unidos. El evangelista, que forma parte del liderazgo de la iglesia, dice que en su próxima reunión mensual de bautismo en agua habrá unos quinientos nuevos creyentes. ¡Se evidencia tanta vida! ¡Dios está obrando!

CLAUDIO Y BETTY FREIDZON

«Mamá, necesito dinero para salir a bailar», el joven Claudio pedía.

Su madre, Beatriz (Beba), era una nueva convertida, y Dios le estaba dando sabiduría:

«Pasa por la iglesia para buscarla», ofreció.

Asistía a una iglesia en Coghlan, en Capital Federal, donde mi madre, Betty Jane, era la maestra de la escuela dominical para adultos. El trabajo de Beba como cosmetóloga la puso en contacto con muchos actores y políticos reconocidos. Frecuentemente lloraba durante la reunión y terminaba removiendo sus pestañas postizas. Mi madre tomó un interés personal en ella y pasó tiempo discipulándola. Hoy Beba es una guerrera de oración. Cuando el joven Claudio pasó por la iglesia para buscar el dinero de su madre para el boliche, encontró a los jóvenes jugando al ping-pong y divirtiéndose juntos. Aunque al principio recibió algunas miradas de curiosidad, había paz en aquel lugar, y fue atraído.

Después de poco tiempo, rindió su vida a Cristo y empezó a participar en el grupo de jóvenes. Una vez, mientras estaba en un retiro, Claudio escuchó la voz de Dios que lo llamaba al ministerio. Él y su esposa, Betty, fueron al IBRP. Se graduaron, y estaban por entrar en una iglesia comunal con un liderazgo autoritario fuerte. Pero el misionero Rafael Hiatt habló al pastor de aquella y le dijo: «¡A Claudio, no! ¡No voy a permitir que te lo lleves a Claudio!». Mirando hacia atrás, este era un momento crítico en la vida de ministros tan tiernos y maleables. Un líder fuerte, autoritario, podría haberlos incorporado a su reino personal, afectando su potencial de por vida.

¡Gracias a Dios, por la sabiduría y el coraje que tuvo Rafael Hiatt para interceder, de manera contundente, a su favor!

Aunque el misionero Paul Brannan ya se había ido del país con otra asignación, Rafael Hiatt lo invitó a ayudar con una cruzada. Fue allí donde conoció a Claudio y a Betty, y confió en esta pareja joven que, en ese momento, estaba comprometida para casarse y recién graduada del instituto bíblico.

Claudio y Betty compraron un pequeño lote con casa, en Parque Chas, en Capital Federal. Plegaban su cama y sacaban sillas para su pequeña congregación. Su hogar era la iglesia, de modo que cuando realizaban las reuniones, juntaban, a presión, sus pocas pertenencias. Un día, un pastor visitante hizo un comentario que desafió la fe de la joven pareja. Él miró la pequeña habitación y dijo: «Dios no puede obrar aquí. ¡Es demasiado pequeño!».

Claudio y Betty tocaron fondo. Habían dado todo de sí, pero parecía no ser suficiente. El sacrificio de su privacidad, tratando de hacer crecer a la iglesia en su hogar —el único lugar que tenían a su disposición— aparentemente fue estimado como insuficiente. Por sobre esto, sus esfuerzos para evangelizar fracasaban. Cinco mujeres mayores asistían a la iglesia, y eso era todo. Si se registraban temperaturas muy bajas en Buenos Aires, la congregación entera (las cinco ancianas) se resfriaban y faltaban todas a la reunión. Hubo servicios en los que Claudio le predicaba a una sola persona, a su esposa, Betty.

Fue en ese momento que Claudio decidió que no había nacido para ser ministro. Dijo: «Betty, voy a entregar mis credenciales». A Betty se le hizo un nudo en la garganta, mientras observaba a su joven marido caminar hacia la parada de autobús para viajar a su entrevista con el superintendente. Claudio había estado tan lleno de sueños, ideas, y creatividad... y ahora, por la dura realidad, su fuerza y determinación se habían esfumado.

Cuando lo hicieron pasar para ver al líder de la iglesia nacional, agarró con fuerza sus credenciales y carraspeó.

—Claudio, antes de que comiences, sólo quería decirte que Dios me ha estado hablando acerca de ti. He tenido la fuerte impresión de que Él te usará de una manera tremenda. Tu ministerio tendrá un fruto asombroso. (¡Era el superintendente de la Argentina quien le decía esto!). Ahora, ¿sobre qué querías hablarme?

—Sólo vine para saludarlo, —balbuceó el joven predicador, con algo de vergüenza y, a la vez, asombrado por lo que acababa de escuchar de su líder. Está por demás decir que no entregó sus credenciales.

Aun así, las dificultades persistieron. Una tarde, Claudio estaba muy desanimado.

«Yo quería evitar encontrarme con otros que seguramente me preguntarían como estaba... ya que no tenía ni un testimonio para dar, ninguna estrategia, ningún crecimiento, ningún grupo de jóvenes. Pero Dios estaba tratando con nosotros. Dios siempre tiene planes», decía Claudio.

«Después de poco tiempo —recuerda—, el tío de Betty, Nicanor, vino a visitarnos y a ministrar en la iglesia. En el medio del servicio —al cual nadie había asistido— dijo: "El Señor tiene una palabra para ti, hermano. Dios me muestra algo claramente: son multitudes. Veo tu iglesia, y hay miles y miles de personas haciendo fila para entrar. Ahora te veo a ti saliendo del país, y veo estadios llenos de gente en Latinoamérica y en todo el mundo"».

«¡Y yo tenía una iglesia vacía!», cuenta Claudio.

Una noche, luego que la poca gente se retiró, el tío Nicanor le preguntó:

—Claudio, ¿qué ves?

«Yo cerré mis ojos, y no vi nada —declara Claudio—. ¡Lo único que podía ver eran sillas vacías!».

Luego de orar en lenguas por un tiempo, el tío de Betty declaró:

—Dios va a cambiar tu ministerio, y tu ministerio impactará a muchos.

Claudio cerró sus ojos nuevamente y repitió:

—¡No veo nada!

El enviado de Dios terminó con un desafío tranquilo, diciendo:

—Mantente en calma hermano y, aunque no lo veas, créelo.

Así que Claudio dijo:

—¡Bueno, lo creo!

El domingo siguiente volvieron las cinco o seis abuelitas, de entre ochenta y noventa años, y Claudio les dijo: «Dios me ha hablado, y vamos a crecer a cincuenta mil en esta iglesia».

Claudio se ríe cuando recuerda este momento: «¡Los dientes postizos de las abuelas casi se cayeron de sus bocas cuando oyeron esto». Dios estaba comenzando a agitar su espíritu a través del ministerio profético de otros, pero la realidad todavía parecía ser muy distante.

La iglesia comenzó a crecer lentamente y llegó a tener una concurrencia de ciento treinta. A pesar de su juventud, Claudio fue elegido como presbítero del sector de Capital Federal. Durante ese tiempo, le pedimos que enseñara teología en el IBRP. Sucedió que, cuando empezó a hacerlo, notó, durante varios días seguidos, que sus alumnos estaban extremadamente cansados.

—¿Qué sucede? ¿Qué han estado haciendo para estar tan cansados y dormirse en mis clases?, preguntó.

—Es porque estuvimos trabajando en una campaña, en La Plata, donde Carlos Annacondia es el evangelista —le explicaron—. ¡Estamos viendo a Dios hacer milagros tremendos!

Eran tres horas de viaje, entre ida y vuelta, en un micro destartalado del IBRP. Claudio se dio cuenta de que los estudiantes estaban regresando al instituto a las dos o tres de la mañana. ¡Con razón estaban durmiéndose en su clase!

Entonces pensó: «Debería averiguar de qué se trata esto».

La noche que fue a la campaña, apenas llegó, le pidieron que fuera inmediatamente a la carpa de terapia intensiva para ayudar en la liberación. Alguien del equipo del evangelista, señalando a una mujer, retorciéndose en el suelo, dijo a Claudio: «Esta mujer está asignada a usted». Decenas de personas con situaciones similares Eran aconsejadas y ministradas por pastores y por muchos alumnos del IBRP.

Inclinándose sobre la joven, el profesor de teología le preguntó: «¿Te sientes bien?». Y ella, afligida, extendió su mano, le agarró la corbata y comenzó a tirar de ella en todas las direcciones.

El nudo de su corbata terminó del tamaño de una moneda, mientras él estaba siendo estrangulado y tironeado. Algunos de los miembros del equipo se acercaron para rescatarlo, y él pensó para sí: «¡Necesito averiguar qué han aprendido mis alumnos mientras trabajaban aquí cada noche!».

Fue en esos primeros años que Carlos Annacondia comenzó a orar con dos o tres pastores jóvenes: Claudio Freidzon, Osvaldo Carnival y, a veces, con Guillermo Prein. Los dos primeros le enseñaban teología y homilética. Carlos les enseñó a tomarse de la mano de Dios.

Durante ese tiempo, Claudio tuvo un sueño en que estaba predicando el evangelio en Plaza Noruega, en el centro de Belgrano, un sector exclusivo de Buenos Aires. Pensó que era inverosímil, no obstante, lo compartió con Betty, y ella lo consideró ridículo. Lo comentó con los líderes de la iglesia, y pensaron lo mismo. Pero no podía escapar de él. Por tanto, en obediencia, obtuvo un cableado de luces, una plataforma de madera y un sistema de audio, y contactó a un evangelista para que predicara en la campaña. A último momento, el evangelista no pudo asistir, y él pensó: «¿Qué vamos a hacer? ¿Quién va a predicar?».

El Espíritu Santo le respondió: «Tú lo harás».

«¡Pero no soy un evangelista! ¡Soy pastor y maestro!», razonó Claudio.

Sin embargo, aun con eso, no podía escapar al pensamiento persistente de que él era la persona que debía predicar.

La pequeña iglesia comenzó la campaña, que duró tres semanas. Durante esos veintiún días, mil trescientas personas aceptaron a Cristo. ¡Diez veces más que el tamaño de la congregación que patrocinó la campaña!

Muchos milagros ocurrieron durante ese tiempo. Gente que escuchó el mensaje desde sus departamentos fue sanada de problemas en la columna. Un taxista que estaba pensando en suicidarse estacionó su auto cerca de allí y comenzó a escuchar la Palabra. Cuando pasó a aceptar a Cristo «sintió una paz indescriptible» y que ya no era el mismo hombre desesperado. Mujeres bien vestidas con sus tapados de piel se acercaron para ver qué estaba sucediendo y cayeron en los arbustos por el poder de Dios. Las sanidades abundaban, y así, muchas vidas fueron cambiadas.

El joven pastor no se dio cuenta, sin embargo, de que había escogido como terreno para la campaña un centro de operaciones de una red narcotraficante, encabezada por «el francés». Dios tocó su vida durante la campaña, lo libró de la drogadicción y lo transformó de manera completa. Sergio, «el francés», se convirtió en uno de los pastores clave de Claudio y ha estado dedicado junto con su familia al servicio a Dios.

Se alquiló un galpón grande, a unas tres cuadras, para que la iglesia se pudiera reunir. ¡El sueño se convertía en realidad! Después de poco tiempo, Claudio estaba en la radio todas las noches, hasta las 24, y la congregación crecía de manera constante.

Claudio iba a la oficina de la iglesia no por problemas personales, sino por el hambre que tenía de Dios. Él y el pastor Pedro Ibarra siempre conversaban acerca de los mismos temas: la oración, el ayuno y el avivamiento. Esos tiempos que compartían juntos trajeron fe y esperanza. Sintiéndose desafiado para esperar más, Claudio decía: «¡Tiene que haber más!». En una de esas ocasiones, el pastor Pedro Ibarra dijo: «Tengo la respuesta para ti», dándole una copia del libro *Buenos días, Espíritu Santo,* de Benny Hinn. Claudio lo leyó con hambre de conocimiento, ya que estaba insatisfecho con meramente ocuparse del pastoreo de una congregación numerosa.

«¡Tengo que conocer al autor de este libro!», pensó. Así que con Betty invirtieron casi todos sus ahorros y compraron pasajes a Miami. Asistieron a la cruzada, pero, inicialmente, fueron desairados por los que estaban a cargo de controlar la multitud. Disgustado, pensó: «¡Todo este sacrificio para llegar acá, y no puedo hablar ni cinco minutos con él!».

Esa noche, durante la cruzada, el evangelista Benny Hinn preguntó:

—¿Tenemos alguna visita de otro país?

—¡Argentina! —gritó Claudio, entre la disonancia de los nombres de otros países.

—¡Ven a la plataforma, Argentina! —dijo el hermano Hinn.

Asombrado por el desarrollo sorpresivo de los eventos, Claudio subió. El poder del Señor lo noqueó al suelo, y fue en ese entonces que otro hombre de Dios le dio una profecía:

«Viajarás a Suecia, Alemania y a toda Europa. Serás usado por Dios en África...».

¡Qué palabra del Señor para un pastor joven, con hambre de su presencia! En ese momento parecía increíble. La idea de alcanzar los tres millones y medio de personas en la zona de

Capital Federal era un desafío lo suficientemente grande. Pero aquí estaba el Espíritu Santo diciendo que Claudio afectaría a las naciones del mundo.

Luego que regresaron de Miami, él estaba compartiendo con su congregación lo que había sucedido, cuando notó que un par de personas, en la última fila, se habían caído. Intentó hacerles señas a los ujieres para que los atendieran, ¡y cincuenta personas cayeron! Dios comenzó a obrar milagros asombrosos, y pronto había una muchedumbre de gente esperando en fila. La iglesia se había mudado a una pista de patinaje refaccionada, por la cantidad de personas, pero ni esto parecía suficiente. Pastores de toda la Argentina viajaban para estar en las reuniones.

José Manuel Carlos, superintendente de las Asambleas de Dios en la Argentina, visitó la iglesia en ese tiempo. Puesto que la fila para entrar era muy larga, trató de pasar inadvertido, por la puerta. Gente que no lo reconoció le dijo: «¡Hey, haga la fila, ¿quién cree que es?». Pero uno de los ujieres se dio cuenta de lo que estaba sucediendo y lo dejó entrar, llevándolo al frente de la iglesia. «Mis rodillas estaban temblando, y me sentía tan débil que pensé que me iba a caer antes de entrar a la iglesia —dice José Manuel—; pensé: ¿qué es esto?». Y añadió: «Después del mensaje, Claudio bajó de la plataforma y comenzó a ministrar. Mientras se me acercaba, me caí. ¡Pero boca abajo y, justo, arriba de Claudio! Sucedió tan rápido que ninguno de los dos estaba preparado, y recobré el conocimiento con mi rostro en el rostro de él. Alguien de la congregación gritó con urgencia: «¡Se cayó arriba del pastor! ¡Sáquenlo de arriba del pastor! ¡Sáquenlo de arriba del pastor!».

Estudiantes del IBRP estaban entre los primeros que asistieron a las reuniones de Belgrano. Algunos regresaron a sus iglesias sin decir una palabra, y las mismas señales se comenzaron a ver en otras ciudades. Algunos, de primer año, caminaban por el pasillo de su iglesia, y la gente se caía bajo el poder del Espíritu Santo a ambos lados.

Recuerdo cuando Claudio pedía que los pastores pasaran adelante —cincuenta de ellos a la vez— y oraba, todos caían apilados. Lo mismo sucedía con sus esposas. Esto tenía que provenir de Dios. Los argentinos son muy cuidadosos de cómo se visten, y ver a todos estos líderes apilados uno arriba del otro realmente fue asombroso. He visto a presbíteros que nadie se animaba a tocar siendo lanzados hacia atrás por el poder de Dios. Terminaban de espalda, pataleando en el aire, perdidos en el poder del Espíritu. Otros líderes han caído por el Espíritu hasta veinte veces en una sola noche, mientras Dios trataba con sus vidas. Así, parte de su estilo acartonado fue quitado de ellos.

Algunos pastores clave de Berlín, Alemania, dieron testimonio cuando visitaron al IBRP: «Hay un antes y un después en la historia de la iglesia en Berlín. Un antes de que viniera Claudio Freidzon a ministrar y un después». Hay muchas otras ciudades y naciones que podrían dar el mismo testimonio.

En cuestión de semanas, Dios estaba guiando a Claudio a alquilar un pequeño estadio para ubicar a la muchedumbre y luego, el domingo de Pascua, el de Vélez Sarsfield, con capacidad para sesenta mil personas. ¡Hasta este estadio enorme fue lleno de la gloria de Dios!

Claudio viajó a más de cincuenta naciones en estos diez años, y fue usado poderosamente por el Señor para reavivar a la iglesia. En muchos lugares e inspirar a miles a creer. Ha sido disertante y predicador en campañas evangelísticas, conferencias de pastores en Burkina Faso y en otras sobre el Espíritu Santo, en Australia. El pastor Freidzon ha hablado cara a cara (sin incluir los medios masivos de comunicación) a tres millones de personas y es muy querido por el liderazgo cristiano de las naciones de Latinoamérica y del mundo.

Casi todas las semanas, Betty y Claudio viajan a algún sitio, pero vuelven a su iglesia para ministrar el fin de semana. Betty también es una predicadora y participa en muchas conferencias. Claudio la alentó y apoyó en cada oportunidad que se le presentó para servir. A menudo, ella es una de las oradoras en las conferencias de *Breakthrough*, que se realizan para que los pastores y otros líderes cristianos se reúnan anualmente en la iglesia de Rey de Reyes. También se llevan a cabo en otros países extranjeros, incluyendo los Estados Unidos.

La congregación Rey de Reyes está tocando, mediante el ministerio de su pastor, no sólo vidas y naciones, sino también provincias de la Argentina, a través de un ministerio llamado Operación Bendición. Claudio y un equipo grande de su iglesia trabajan junto con los pastores de diferentes ciudades, donde se alquila un estadio y organiza una cruzada. Este evento evangelístico se realiza conjuntamente con programas de caridad diseñados para alcanzar a la gente pobre, afectada por la crisis económica. Hasta treinta mil personas fueron atendidas, y hubo cientos de decisiones para Cristo a través de estos eventos, con un seguimiento cuidadoso del fruto, conforme a los principios de la iglesia celular.

La iglesia Rey de Reyes ahora tiene doce mil miembros y mil seiscientos líderes. El coro y el equipo de alabanza grabaron CDs que llegaron a todo el mundo. Veinte años después de la campaña de Plaza Noruega, doce años después de que comenzó la unción, todavía hay filas de gente de hasta tres o cuatro cuadras, que esperan para entrar a una de las cuatro reuniones realizadas cada domingo. El templo, que recientemente ha sido agrandado, ayuda un poco, pero no por mucho tiempo más. Las demostraciones del poder de Dios no han disminuido. Cada servicio tiene dos mensajes, el primero de los cuales es breve —para los no creyentes—, y le sigue un llamado al altar. En la mayoría de las reuniones, treinta o cuarenta personas pasan al frente para aceptar a Cristo, y la iglesia continúa avanzando. Las promesas de Dios se están cumpliendo.

Pedro y Gertrudis Ibarra

Recién graduados del IBRP, Pedro y Gertrudis Ibarra se hicieron cargo del edificio de una iglesia sin congregación. El templo no había sido usado por tres años, debido a un descrédito ante la comunidad. Pedro y Gertrudis evangelizaron casa por casa, y predicaron en las esquinas de las calles; pero casi nadie aparecía.

Luego de tres años sin resultados y con angustia por el fracaso, Pedro decidió buscar a Dios a través del ayuno y la oración. Su amigo, José Manuel Carlos, lo acompañaba para alentarlo en esos días difíciles. Algo sucedió el tercer día de ayuno. «¡Fue sorprendente! Parecía que algo se había roto, y Dios llenó el lugar», declara Pedro. Él sintió una autoridad sobrenatural y comenzó a clamar: «¡En el nombre de Jesús... en el nombre de Jesús!». Esto continuó por un largo rato, hasta que «espiritualmente, vi que la oscuridad desapareció del lugar y que salieron figuras grotescas porque no podían resistir el poder del nombre de Jesús. ¡Parecía que el cielo mismo había venido para respaldar al nombre de Jesús!». El pastor Pedro se dio cuenta de que la victoria era real. Ese mismo día, a las 18, la primera persona que apareció en la iglesia recibió salvación y fue liberada de problemas espirituales, debido a su participación en el ocultismo. Pedro continuó buscando a Dios, hasta que escuchó la promesa: «Te doy el centro de la ciudad». Él fue obediente y comenzó a predicar en la plaza central de la ciudad de Quilmes. Alquilaron un teatro y luego lo compraron. Ahora se ha construido un edificio con capacidad para cinco mil personas, y la congregación tiene miles de concurrentes.

«Nuestro Dios todopoderoso apoya a los que llama. ¡Qué debilidad humana! ¡Qué éxito divino!», exclama Pedro.

Conclusión

La característica que sobresale en cada una de estas personalidades clave es la fe. El Señor habla a estos pastores, y ellos actúan sobre la palabra que Jesús les da. Esto requiere fe. Cada uno de ellos vela por su vida personal y devocional. Se cuidan del cinismo, del sarcasmo y de la influencia de gente que contradiga la vida de fe que toma riesgos en el poder del Espíritu Santo.

¿Cómo se produce la fe? Por la Palabra. Obra a través del contacto con gente de fe, mediante un deseo intenso de ser una persona de fe. También, a través de la misma necesidad, cuando no hay otra opción que tomar la iniciativa y creer que Dios actuará. Esta vida de fe ha caracterizado a estos pastores del avivamiento. Ellos llevan a su gente a nuevas esferas, y el reino de Dios claramente está avanzando para su gloria.

¿Cómo funciona todo esto exactamente? ¿Cuáles son algunas de las lecciones que estos pastores aprendieron, mientras buscaban liderar en medio del mover de Dios? Ellos, sin duda, han estado en la escuela del avivamiento.

5

Pastores del avivamiento

Históricamente, la duración promedio de un avivamiento extenso es de unos pocos años. Los mortales se desgastan. La prosperidad comienza como resultado de la bendición de Dios que trae el evangelio. La gente nota la necesidad de tiempo para ocuparse de sus bienes y asuntos cotidianos. De modo que las vigilias nocturnas y las reuniones que duran hasta la madrugada son impensables. El encontrarse en la iglesia para orar, a las 5 de la mañana, parece algo absurdo. El avivamiento se convierte en un recuerdo agridulce, en vez de en un estilo de vida, en algo poco práctico para continuar.

Un gran número de inmigrantes galeses viven en el sur de la Argentina. Esto es debido a los tiempos duros de crisis económicas en su propia tierra, y a la guía del Espíritu Santo que los envió a nuestra Patagonia, lugar de ganados de ovejas. Mucha de la gente todavía cuenta historias que fueron transmitidas, acerca del avivamiento en Gales (1904). No fue hace tanto que los hombres mayores se juntaban y rememoraban, con tonos melancólicos, aquellos días tan asombrosos. Este famoso avivamiento duró sólo tres años.

Teniendo esto en cuenta, ¿por qué el mover de Dios en la Argentina ha durado más de veinte años? Algunos dirían que sólo existe en tres o cuatro iglesias reconocidas, y que el avivamiento, en realidad, se acabó hace tiempo. Sin embargo, los pastores no lo ven de esa manera. Saben que Dios está obrando en sus iglesias.

Alberto Romay, un graduado de nuestro instituto, ahora evangelista y pastor, hace un tiempo, vino a hablar conmigo. Él estaba levantando fondos para comprar una propiedad en una zona muy humilde de la ciudad de Rosario, para edificar una iglesia. Su congregación era tan pobre que él ha viajando por cuatro años para participar de reuniones de avivamientos y así Obtener fondos para la iglesia. Ama a los perdidos y definitivamente quiere alentar a la Iglesia en general, pero parte de su motivación es recaudar ofrendas para el edificio de su propia iglesia. Lo que en muchos países proveería el estado, es cuestión de oración y creatividad en barrios bajos de esta ciudad.

Le pregunté si el poder de Dios se evidenciaba en sólo tres o cuatro zonas de la Argentina. «¡Para nada!», respondió con firmeza. Luego comenzó a nombrar provincia tras provincia y pastor tras pastor, a través de las líneas denominacionales donde él ha visto el poder de Dios obrando en los últimos meses. Contó de numerosas sanidades y otros testimonios de la potestad y la gracia de Dios.

El evangelista Romay ha visto muchos milagros divinos, como sanidades de sordomudez, sordera, tartamudeo, tumor en las tiroides, cáncer de mama, huesos quebrados, esterilidad, anorexia, bulimia, alcoholismo, adicción a la nicotina y fiebre reumática.

Aunque hay actitudes peligrosas que pueden destruir cualquier avivamiento, estamos muy agradecidos a Dios porque continúa derramando su gracia y su poder. Él ha levantado a muchos líderes que permanecieron firmes a través de estas olas de avivamiento.

Una de las razones principales por la cual este mover en la Argentina no se ha disipado (por contiendas o agotamiento) son los pastores (y no, personalidades clave, como visitas y predicadores itinerantes). Desean el crecimiento constante de su gente y la obra del Espíritu en sus iglesias. El Señor de la Iglesia ha dado perspicacia y sabiduría práctica a estos pastores para saber cómo deben cuidar del rebaño, en medio de este mover asombroso.

MI BUEN PASTOR

Hay un hermoso coro en español titulado «Jesús, eres mi buen Pastor».[13] Es interesante que la palabra para un *pastor* de rebaños sea la misma que se utiliza para el *pastor* de una congregación.

Los pastores de este avivamiento se preocupan por los individuos.

---

13. Coalo Zamorano, *Jesús, eres mi buen Pastor*, copyright 1998 Grupo Canzion. Usada con permiso.

Se ocupan de hacerles un seguimiento y se aseguran de que todos estén creciendo y sirviendo al Señor. Aún en las iglesias grandes, han desarrollado maneras para saber dónde está la gente en su caminar con el Señor.

Una vez, Guillermo Prein me contó una historia acerca del pastor de una iglesia pequeña que llamó y preguntó por de un miembro en particular de su congregación porque, aparentemente, tenía problemas con él. Le contó la situación, y el pastor Prein dijo que respondería en poco tiempo. En cuestión de horas, aun con una membresía de miles, Prein pudo ubicar al que había sido líder del grupo de aquella persona y averiguar exactamente lo que estaba sucediendo. Prein, en realidad, tenía más información que el otro pastor, que, más tarde, le preguntó: "¿Cómo lo hiciste, si tienes miles a cargo?".

Es porque estos pastores tienen cuidado de sus rebaños y han diseñado un sistema a través del cual la gente es nutrida y ministrada individualmente. Ese tipo de pastor provee cierta seguridad. Jesús viene tras nosotros, nos encuentra y nos saca del peligro. Ellos, que cuidan de sus rebaños y de sus líderes preparados son exactamente así.

Los pastores de aquí no están apurados. Aman los altares. Oran por la gente, poniendo sus manos sobre ellos y permanecen en la presencia del Señor mientras Dios sigue tocando a la gente. Observan don de Dios se está moviendo y quién tiene necesidades. A veces, se meten en medio de la congregación para encontrar a alguien y ministrarle.

Cuando oran en grupos, y esa gente es tocada, no se retiran inmediatamente. Se aseguran de que todos hayan recibido atención y facilitan el mover del Señor a estas personas. Muchas veces, vuelven para orar nuevamente por la gente, una segunda o hasta una tercera o cuarta vez.

Aun los pastores más ocupados se ocupan de la gente. He visto a muchos ceder una tarde libre para ministrar a un grupo visitante y pasar más tiempo del previsto. Cuando Dios se mueve, no están con prisa. He visto a gente suspirar de alivio y paz cuando se dan cuenta de que el pastor todavía está allí, cuidando de ellos. Ayuda el tener a alguien a cargo y saber que todo está en orden. Hay seguridad en esto, y trae una sonrisa. Eso es lo que haría Jesús: «Mi buen Pastor».

Quizás es también este núcleo pastoral el que lleva a la gente a cuidar de aquellos que todavía no conocen a Cristo. ¡Hay una gran pasión por las almas!

VISIÓN Y CARGA

¡Qué refrescante es pasar tiempo con los pastores de aquí y ver que la mayoría de ellos tienen una visión grande! Los sueños podrían involucrar edificios o notoriedad o algo de esta índole, pero siempre tienen algo que ver con ganar a los perdidos.

Recuerdo bien el momento —aun antes del fuerte mover de Dios en su iglesia—, en el que Claudio Freidzon participó con nuestros alumnos durante un día de ayuno y oración. Dijo que él y su esposa estaban pidiendo a Dios cincuenta mil almas. En ese momento pensé que había perdido los cabales. Afortunadamente, no expresé este juicio negativo a nadie. Dios indefectiblemente me ha demostrado lo contrario.

En 1991, el misionero Esteban Hill, el pastor Héctor Ferreyra y yo salimos a tomar un helado. Poco tiempo antes, habían plantado juntos una iglesia en Neuquén, en el sur de la Argentina, que había crecido a mil cien personas en un año. Recuerdo que al dorso de un individual de papel escribieron los nombres de las diez ciudades donde deseaban plantar iglesias. Aunque Dios está usando a Esteban y a Jeri en otras zonas del mundo, siguen teniendo una fuerte amistad con Héctor, y aquella visión original para la Argentina sigue intacta.

El pastor Héctor siente que el Señor le ha dado un número de veinte mil nuevos convertidos y dice que están avanzando progresivamente hacia la meta. Desde 1990, se fundaron dos de las iglesias centrales y otras treinta y cuatro congregaciones. Tienen trescientas células y han estado alquilando o comprando cines para plantar iglesias en pequeños pueblos, dentro de un radio de cien kilómetros de Neuquén.

El pastor Osvaldo Carnival tiene deseos de impactar la ciudad de Buenos Aires. Observaba con frustración que, mientras ganaban a mucha gente nueva y siempre su congregación, hasta 1997, permanecía con mil trescientos miembros. Dios se movió poderosamente a través de la carga de intercesores en su congregación, especialmente, algunas mujeres que hasta sintieron dolores de parto mientras oraban por los perdidos. El Señor mostró al pastor Carnival cómo coordinar una iglesia celular, y ahora cuidadosamente discipulan y pastorean a la gente nueva. Su crecimiento en los últimos siete años se ha multiplicado a veinte mil creyentes. La mayoría de los líderes hubiesen estado entusiasmados con mil trescientas personas, pero el pastor Carnival desea ver a miles entrar al reino de Dios y se preocupa por el crecimiento y la incorporación de cada uno de ellos al cuerpo de Cristo.

El pastor Guillermo Prein ha extendido la mano para ayudar a cien congregaciones, en varios países, durante los últimos ocho años. Su propia iglesia está ministrando a más de veintiséis mil personas, en dos ubicaciones diferentes, con cuarenta reuniones por semana entre ellas. La iglesia presenta ocho eventos importantes por año: cuatro bautismos y cuatro reuniones, con una asistencia de diez mil personas. Es el deseo de edificar el reino de Dios; no, un reino personal. El amor hacia aquellos que no conocen a Cristo está detrás de todo esfuerzo, visión, y fe. Entre ciento cincuenta y novecientas personas se bautizan en las reuniones cuatrimestrales de bautismo, en el Centro Cristiano Nueva Vida.

El Centro Cristiano Nueva Vida tiene alrededor de quinientos cuarenta y nueve células pastorales y mil ciento treinta y cinco células evangelísticas, de oración y milagros. Tienen un médico, el Dr. Aníbal Vassalli, que está a cargo de documentar las sanidades. Durante el año 2000, hubo un registro de más de mil milagros, incluyendo dos resurrecciones. En 2004, documentaron mil quinientos cincuenta y ocho. La gente llega a conocer a Cristo cuando ve la grandeza de Dios.[14]

Ambos, Guillermo Prein y Osvaldo Carnival, tuvieron los mismos mentores: su pastor José Manuel Carlos, un hombre con una tremenda visión por obras nuevas, y también el misionero Rafael Hiatt, un hombre con una pasión asombrosa por aquellos que no conocen a Cristo. Todavía hay vínculos cercanos entre ellos.

Recientemente, el pastor Carnival me dijo que había llamado al

---

14. Guillermo Prein, e-mail, 6 de agosto, 2006.

pastor José Manuel, para su cumpleaños. «Es un principio espiritual —dijo—; el que siembra debe cosechar. El tiempo de formación que pasé con él fue muy importante para mí». El pastor Carnival continuó hablando acerca de Rafael Hiatt, el hombre que lo ganó para el Señor: «Él me mostró lo que es la entrega sin límites, una pasión por las almas y una disposición para darlo todo sin esperar nada a cambio. Estas cosas me han marcado mucho. Una persona influencia el 20 por ciento por lo que dice y el 80 por ciento por lo que es». Los pastores guían a nuevos líderes y futuros pastores. Toman el tiempo para cuidar a la próxima generación e invertir de una manera significante en sus vidas. ¡Este tipo de pastoreo vale la pena!

EL LIDERAZGO LAICO

El avivamiento se hubiese debilitado hace tiempo, si no fuera por la mentalidad participativa fomentada por los pastores que preparan y dan responsabilidades variadas a un número de voluntarios. Estos edificadores del reino son leales a sus pastores y hacen de la iglesia su vida. Están dispuestos a dedicar tiempo y bienes materiales para ella.

En 1990, cuando Esteban Hill habló con el pastor Héctor Ferreyra acerca de ayudarlos a plantar una iglesia en el sur de la Argentina, éste ya estaba pastoreando la suya, en la ciudad de Rosario. Tenía una congregación creciente de trescientos miembros. Pero el Señor le habló de mudarse a unos 1.280 kilómetros, a la provincia ventosa de Neuquén, para ayudar a abrir una iglesia. Veinticinco obreros laicos de Rosario también dejaron sus raíces para mudarse con él y su esposa a un lugar desconocido. Cada uno de ellos había orado y sentía que Dios los guiaba a mudarse con su pastor. ¡Con razón, la iglesia creció a mil cien, en un año!

El convertirse en un obrero es un gran privilegio en las iglesias pentecostales. Como ha dicho alguien: «para ser un pastor en Latinoamérica, uno tiene que ser un general, ya que todos en la iglesia quieren ser sargentos, cabos, o capitanes».

El pastorear el avivamiento significa prestarle atención específica y cuidadosa a la nutrición de los líderes. Su salud espiritual y su compromiso son críticos para cumplir con la visión de Dios. Es asombroso escuchar cuántos obreros fieles tiene cada congregación. En una iglesia grande hay cientos de líderes laicos.

El pastor Carnival habla acerca de la necesidad de despertar el liderazgo. Señala que en una iglesia tradicional, el pastor hace todo; es como el director de orquesta. «Nosotros cambiamos la metodología al trabajo en equipo —dijo— ahora hemos empujado los límites aún más. Ahora tenemos una iglesia de líderes». Este es, sin duda, el caso, ya que hay dos mil setecientos solamente en esa congregación. Dedican mucho tiempo a su preparación. Todos tienen doce personas a las cuales supervisan. «Es fácil permitir que una iglesia se convierta en un orfanatorio. Un director simplemente está corriendo de un lado al otro, resolviendo problemas; pero no, cuidando de la gente. Sin embargo, quiero tener una iglesia que sea una familia».

Carnival cree que cuando una congregación crece a más de trescientas personas, el pastor, automáticamente, entrará en conflicto, ya que existirá una tensión con respecto a quién debe dedicarle más tiempo. Pero con el enfoque celular, aun el pastor sólo se ocupa de doce. «No cabe duda —dice Carnival— de que esa es la gente a la cual uno se entrega por completo».

Según él, esto significa que el pastor necesita renunciar al control. Sin embargo, no debe renunciar al liderazgo.

Fe osada y un espíritu de autoridad

Los dones de liderazgo en la Argentina evidencian un hermoso espíritu de autoridad. Esto parece caer sobre los pastores del avivamiento como un manto. Ellos sencillamente saben que tendrán que enfrentarse a situaciones y que deben estar preparados para hacerlo. Los pastores tienen una osadía de parte de Dios para resolver problemas, cualquier disturbio que pueda ocurrir durante las reuniones, u otros imprevistos. Confrontan a la gente que necesita ser corregida. Son firmes con sus propios obreros, cuando necesitan serlo. La unción del Espíritu Santo provee una estabilidad evidente.

Si alguien está fuera de lugar, es sacado fuera de la reunión. Esta corrección inmediata no sería posible, sin la mentalidad del trabajo en equipo. Hay hasta mil seiscientos obreros voluntarios durante las reuniones de iglesia, todos preparados y listos para ofrecer ayuda. Son muchas reuniones, por lo tanto, se necesitan muchos obreros. En cualquiera de ellas, hay decenas, y tienen la autoridad para tomar responsabilidad y mantener el orden. Trabajan con esta osadía.

Es reconfortante ver a hombres y mujeres fuertes sirviendo como ujieres, guiando a la gente, preparados para orar con cualquier persona y para encargarse de emergencias. Se sientan en la primera fila. Varios se quedan parados, a ambos lados de la plataforma y otros se sientan en sillas, a un costado. Algunos se quedan en el fondo o en el pasillo de la entrada. En todas partes hay un fuerte sentido de liderazgo. Esto provee una impresión de seguridad para todos los involucrados, ya que las complicaciones se resuelven cuando surgen. La fe fuerte y anticipación de estos líderes también se evidencia. Ellos no dudan de que Dios obre.

Los pastores también tienen autoridad en las cosas espirituales. Necesitan echar fuera demonios por lo tanto, forman un grupo de gente laica que tiene preparación en el área de «liberación». Muchas veces, una carpa en el fondo o en la cocina de la iglesia se utilizaba como centro de «terapia intensiva», donde demonios son expulsados en el nombre de Jesús.

Debe notarse que los pastores no andan con el pecho inflado como si fuesen «John Wayne» espirituales. Simplemente, aceptan el hecho de que se necesita autoridad y de que Dios les ha confiado poder para sanar a los enfermos y echar fuera demonios. La Dra. Carolyn Tennant, docente universitaria, que ha entrevistado a pastores clave como parte de sus tres clases sobre avivamientos en Buenos Aires, observa que «el manto de autoridad se usa con humildad. Es una combinación hermosa». Los pastores tienen una fe extraordinaria. No tienen temor de dar pasos agigantados. Toman decisiones importantes, como el alquiler de estadios y teatros, comprar galpones grandes para sus iglesias, y alquilar terrenos y carpas para realizar grandes campañas y así, llevar adelante su congregación. Esta osadía es contagiosa, y la gente sigue a sus líderes voluntariamente. Como han dado un gran paso con su pastor, no tienen reparos en evangelizar abiertamente. La gente contribuye libremente con su tiempo y sus finanzas. ¿Por qué no jugarse del todo y hablar acerca de Jesús? Se emocionan cuando pueden participar y siguen el ejemplo de su pastor, respecto a su pasión por las almas.

Esta fe también trae una disposición a moverse en los dones del Espíritu. Ambos, líderes y laicos, dan el primer paso audaz de poner sus manos sobre los enfermos y echar fuera demonios. ¿Por qué no creer? ¡Dios lo hará! Se mueven en lo profético y dan palabras de ciencia. Esperan milagros.

Son tan osados que no dudan en contactar a líderes gubernamentales y congresistas, y hasta al presidente, para pedir lo que desean. Se interesan en las vidas de estas personas y también en extender el reino de Dios. Se han aprobado proyectos que parecían imposibles. Las puertas se abrieron. ¡Dios está obrando!

Apertura

Al hablar con varios pastores del avivamiento, sobresale otro aspecto. Fueron muy abiertos al Espíritu Santo y estuvieron dispuestos a crecer y a cambiar. Son flexibles. Tanto la autoevaluación como la evaluación de la iglesia fueron parte de su estilo de vida. Una disposición para observar a otros y aplicar las verdades que han aprendido los ha ayudado a mantener la frescura.

Una ilustración de esto sería cómo el pastor Guillermo Prein define el liderazgo. Le da crédito a Dios por mostrarle que un líder es, primero, un hombre o una mujer que ha aprendido a resolver sus problemas en Dios. Una vez que la experiencia práctica de uno se alinea con la Palabra en cada área, puede ayudar a otros a resolver sus problemas, con la ayuda de Dios. Al líder no se le da una carpeta llena de respuestas que debe pasarles a sus discípulos. Él solamente pasa tiempo con los nuevos convertidos, sin tener metas específicas en mente o una lección determinada. Establece una amistad y, mientras conversan, aplican principios bíblicos.

El pastor Prein sintió que el Señor le decía que ya había muchas enseñanzas de la Palabra que se daban durante las diferentes reuniones o en el instituto nocturno de la iglesia. Este enfoque desestructurado (libre) de discipular le vino cuando oraba. A cada creyente nuevo se le dice que es un líder en potencia. Las quinientas cuarenta y nueve células del Centro Cristiano Nueva Vida se reúnen como un círculo de amigos que se ayudan mutuamente con sus problemas, durante el viaje de su vida.

¿No es eso exactamente lo que todos anhelamos? Alguien que realmente nos escuche y que se preocupe por nosotros, un compañero de viaje que es, a la vez, un hermano y un amigo. ¡Es la forma en que Jesús hacía crecer a sus nuevos líderes!

Rendición de cuentas

Los pastores mismos han dado el ejemplo de este «compañerismo de viaje». Por ejemplo, desde el principio de las campañas del hermano Carlos Annacondia, él y varios pastores comenzaron a reunirse semanalmente para orar. Hombres como Claudio Freidzon y Osvaldo Carnival estaban en el grupo. Estos pastores jóvenes le enseñaban doctrina a Carlos Annacondia, cómo interpretar las Escrituras y cómo predicar. Él les enseñó a tener fe y a orar con autoridad.

Uno de los hermosos resultados de estas reuniones de oración semanales fue la unidad especial entre un grupo de pastores que Dios usó de una manera poderosa. Programan varias horas por semana para orar juntos, buscar la presencia de Dios y compartir testimonios.

Estos controles mutuos constantes sirvieron para mantener puro su caminar y para evitar que el avivamiento se atasque o inmovilice por algún «lapsus» moral o por arrogancia. La amistad profunda entre estos hombres fortaleció a cada uno de ellos individualmente y dio consistencia a sus congregaciones, y al avivamiento en su totalidad. No es para nada inusual que asistan a la iglesia de otros líderes; llegan calladamente y se sientan entre la congregación.

Cooperación

Aunque este mover de Dios ha sido pentecostal y carismático en cuanto a la adoración, expectativa y práctica, gracias a Dios, hasta ahora no ha sido divisivo. Líderes de denominaciones como la congregacional, anglicana, bautista y la Unión de las

Asambleas de Dios han buscado a Dios juntos, encontrando unidad de corazón y adoración, sin traducirla necesariamente en una uniformidad de práctica o minucia teológica. Como afirma Carlos Mraida en su artículo *La unidad como señal de avivamiento*:

> «En la Argentina, el Espíritu Santo ha generado desde hace algunos años, un mover de unidad hermoso entre los pastores de todas las denominaciones. En cada ciudad ha ido creciendo la comunión entre los siervos del Señor de distintas denominaciones y tradiciones eclesiásticas. Los fantasmas han ido desapareciendo, la confianza se ha incrementado, y el espíritu de unidad ha crecido de manera llamativa. Este crecimiento en la unidad coincide con el crecimiento notable del evangelio en la Argentina. Es decir, la unidad ha sido la base para el avivamiento, y a su vez, ha sido una señal del mismo».[15]

Hace un tiempo hablé con un pastor congregacional, cuya iglesia se había triplicado durante el último año, por el derramamiento del poder de Dios. Además, fue un gozo escuchar a un pastor pentecostal eslavo, cuya congregación había crecido de doscientas personas a más de ochocientas, en los últimos dos años (desde que él y su liderazgo asistieron a una conferencia sobre la iglesia celular, cuyo anfitrión fue el pastor Osvaldo Carnival en Catedral de la Fe).

Hasta iglesias enteras trabajan juntas. La cruzada de ocho meses del evangelista Carlos Annacondia en la ciudad de La Plata habría tenido poco impacto, si no hubiese sido por la unidad de las congregaciones de la ciudad y de las zonas circundantes. Unas cincuenta mil personas decidieron seguir a Cristo. La prioridad de más de cuarenta iglesias fue trabajar con el hermano Annacondia y su equipo, que, durante los meses siguientes, llevó el mensaje al suburbio de San Martín, en Buenos Aires. Participaron más de ciento cuarenta y dos congregaciones, de denominaciones tan diversas como la

---

15. Peter Wagner y Pablo Deiros, *The Rising Revival: Firsthand Accounts of the Incredible Argentina Revival* (Ventura, CA: Renew Books, Gospel Light, 1998).

Unión de las Asambleas de Dios, la Alianza Cristiana y Misionera, Bautista, Biblia Abierta, Nazarena, Menonita, Cuadrangular, Pentecostal de la Santidad, y las Luteranas. Hubo en esa campaña cincuenta y siete mil decisiones para Cristo. La mayoría de las iglesias suspendieron sus reuniones por un mes entero, fijando todo su esfuerzo, su fuerza laboral y su tiempo para cooperar con la campaña. Un mes entero sin diezmos y ofrendas habituales es un compromiso verdadero. Tiempo después, en Mar del Plata, ochenta y tres mil rindieron sus vidas a Cristo. Una vez más, decenas de congregaciones hicieron de su trabajo con el hermano Annacondia y su equipo la prioridad.[16]

Las iglesias argentinas tenían que llegar a presupuestos extremadamente desafiantes durante esos días, pero dejaron de lado sus propias metas y buscaron a Dios juntos. Por supuesto que hubo muchos que no cooperaron, y la mayoría de esas iglesias no han crecido. Pero aquellos que formaron parte de lo que el Señor estaba haciendo ahora tienen seiscientas personas o más asistiendo a su iglesia. El Espíritu Santo hizo una obra nueva en todas estas congregaciones.

Al comienzo del fuerte mover de Dios que estalló en la iglesia Rey de Reyes, en el barrio porteño de Belgrano, hubo algo de competencia e intentos aparentes de imitar lo que estaba sucediendo allí. Poco tiempo después, sin embargo, cada iglesia encontró su propio estilo. Grandes eventos en una iglesia recibían el apoyo y la cooperación de las demás. Por ejemplo, cuando Claudio Freidzon tomó una decisión de fe enorme para alquilar el estadio de Vélez Sarsfield con capacidad para sesenta mil personas, un domingo de Pascua, en 1993, cientos de pastores cancelaron sus reuniones para participar en el evento. Para la gloria y honra del Señor Jesús y su iglesia, el estadio se llenó. El frente unido fue evidente para la sociedad.[17]

Cuando el evangelista Dante Gebel anunció que Dios lo había guiado para organizar una reunión de más de cien mil jóvenes en la Capital Federal (junto al obelisco, sobre la Avenida 9 de

---

16. Carlos Annacondia, *Campaña San Martín, Mensaje No. 2* (Buenos Aires: El Verbo, 1985).

17. Claudio Freidzon, *Espíritu Santo, tengo hambre de ti* (Nashville, TN: Editorial Caribe, 1996).

Julio), cientos de pastores respondieron. Alentaron a sus jóvenes a participar del evento que capturó la imaginación de la ciudad y las iglesias alrededor de la nación. Determinaron declarar juntos su lealtad a Cristo y su compromiso con la pureza moral. Más de seiscientos autobuses de larga distancia vinieron de otras provincias, para ese día de celebración y pacto.

Dante ha llevado sus reuniones de alabanza y compromiso a otras provincias durante los últimos años, y se han llenado estadios con hasta quince mil jóvenes a la vez, declarando la gloria de Dios.

Poco tiempo después del evento en el obelisco, unos doscientos cincuenta mil evangélicos desfilaron por las calles de Buenos Aires, cantando alabanzas al Señor y pidiendo reconocimiento legal del gobierno como iglesias y no, simplemente, asociaciones.

Arduo trabajo

Este tipo de eventos lleva mucho esfuerzo por parte de todos; de lo contrario, no se realizarían. Después de tantos años, un espíritu sacrificial es evidente en los pastores del avivamiento. Lleva un trabajo arduo e intenso el pastorear en ese tiempo. Ese es el título de uno de los párrafos de nuestras circulares que enviamos a iglesias y amigos que nos apoyan. El artículo afirma: «Tantos recuerdos de horarios sorpresivos que debemos llevar vienen a la mente: pastores que, noche tras noche, realizan reuniones y oran por los enfermos y necesitados hasta la medianoche. El horario normal de la cena, para muchos de ellos, termina siendo a la una y media o dos de la mañana. Hace algunos días llamé a un pastor, y su esposa mencionó que no estaba en casa. Mientras comenté acerca de lo ocupado que debería estar, ella dijo: "Sí, casi ni pasamos tiempo juntos. Pero vale la pena por el fruto de estos días. ¡Debemos aprovecharlos!"».

La circular continúa: «El Espíritu de Dios ha impulsado a evangelistas, pastores, y obreros laicos a entrar en situaciones asombrosas. Han comenzado campañas al aire libre, en pleno invierno, y proyectos de construcción sin dinero y sin la posibilidad de sacar préstamos. Decenas de nosotros nos hemos encontrado en medio de una guerra espiritual intensa, orando por sanidad y liberación, en situaciones que ni soñamos que serían posibles anteriormente. La fe en Dios para sanar hernias, várices, y enfermedades del riñón se ha convertido en una parte natural de la vida de la iglesia aquí. Tantas iglesias se han encontrado, vez tras vez, enfrentándose con situaciones aparentemente imposibles. ¡Pero para Dios nada lo es!».

En los días en los que Carlos Annacondia realizó su primera campaña evangelística en La Plata, algunos de los líderes ni se molestaban en desvestirse cuando se iban a dormir. Alguien siempre venía en el medio de la noche, pidiéndoles que oraran por sanidad o trayéndoles una persona endemoniada, y estaban preparados para ayudar. Eso lleva compromiso.

Mantenerse en el lugar

Mantenerse en el lugar también es comprometerse. El pastorear en la Argentina es una proposición que implica un «hasta que la muerte nos separe». La gente supone que el pastor que Dios le dio es de por vida. Su personalidad y ministerio están entrelazados con ella para siempre. Esa es la mentalidad, con respecto al gobierno de la iglesia, aquí. En la Unión de las Asambleas de Dios, de acuerdo con la constitución, se necesita una mayoría de dos tercios para realizar un voto de confianza, y aun en esa situación es simplemente una sugerencia, ya que el pastor tiene la última palabra.

Esto, a veces, puede ser insidioso, especialmente si el liderazgo comienza a actuar de manera prepotente, como si fuese dueño del rebaño. Pero el hecho de que (generalmente) los pastores nunca pierden las elecciones de su congregación indica que ellos y sus rebaños viven en estabilidad y evitan gastar energía en el subterfugio o la política interna. También significa que el enfoque está en la adoración, en ganar a los perdidos, en el crecimiento y el discipulado. Sí, hay diferencias de carácter, y también existen los altercados entre personas, pero la mayor parte del tiempo el daño es controlado por esa estabilidad inherente.

Vinculados con una iglesia

El sentido de vinculación ayuda, también, de otras maneras. Por ejemplo, aunque Claudio Freidzon viaje a algunos países del mundo casi cada semana, raramente está ausente de su propia congregación durante el fin de ella. Viaja el lunes por la noche y vuelve el jueves, para estar de viernes a domingo con su gente y su familia. Aunque ha sido agotador este horario, le dio una base de estabilidad, una identidad. La iglesia participó en alcanzar a cinco continentes y a más de cincuenta países del mundo, a través del ministerio de su pastor. Más de tres millones de personas han estado involucradas en alguna campaña con él, tratándose de ministración cara a cara, sin contar el ministerio extensivo de televisión y video.

Además de alentar a su pastor en estos eventos, los miembros y líderes han participado al proveer un ambiente cálido, un lugar electrizante de alabanza y consagración donde Claudio es aceptado, honrado y amado. Su «tanque emocional» se vuelve a llenar en la iglesia Rey de Reyes. Sus amigos íntimos están entre su personal y otros ministros, en Buenos Aires. Claudio no puede olvidar quién es porque está rodeado de gente que se preocupa por él y cree en lo que Dios está haciendo a través de su vida.

Este mismo patrón se repite en otros ministros que son usados por Dios en Europa y varios países de Latinoamérica, extendiendo el fuego del avivamiento y compromiso. Siempre tienen una iglesia local sólida como base.

Participación de las esposas de pastor

Se ha evidenciado que el pastoreo del avivamiento no se basa en un ministerio individual, desconectado, como de llanero solitario con visión individualista. Por el contrario, ha sido un trabajo en equipo. Otro aspecto importante es la familia del pastor.

Las esposas de pastor han estado muy involucradas en el ministerio junto con sus esposos. Sin asumir un rol oficial, son vistas como *pastoras* en las mentes y los corazones de su gente.

¡Qué refrescante ha sido ver a Betty Freidzon al lado de su marido, dirigiendo la alabanza, enseñando y profetizando en su propia iglesia, como en las plataformas de numerosas convenciones y estadios alrededor del mundo!

Alejandra Carnival ha sido una persona clave en el avivamiento de larga duración, en la iglesia de Catedral de la Fe.

Gertrudis Ibarra es una guerrera de oración comprometida junto a su esposo, en Quilmes.

Graciela Olier cumple un rol crítico en esa congregación impactante, en Mar del Plata.

Isabel Scataglini trabaja junto a su esposo, el pastor Alberto Scataglini de La Plata, y también está el gran equipo ministerial de Sergio Scataglini y su esposa, Kathy.

Graciela Prein es una líder muy fuerte que trabaja junto a Guillermo.

Sin duda, podría seguir y la lista sería larga, especialmente considerando el hecho que hay pastoras principales fenomenales también.

Lo interesante es que el ministerio es el centro de la vida de estos pastores, y sus esposas son una parte integral de este equipo. Han compartido la pasión por los perdidos y por conservar a los nuevos creyentes, a través del discipulado. Hay demasiada presión sobre aquellos que están en el ministerio para sobrellevar la avalancha solos. Marido y mujer son un equipo y han sido muy efectivos.

Generalmente las esposas se sientan en la plataforma o en la primera fila con sus maridos. Desde esta posición estratégica, pueden modelar la cercanía de su relación a otras personas y evitar que ocurran situaciones complicadas y engorrosas.

Los hijos, también

En muchísimos casos, los hijos de pastores también participan mucho del avivamiento. Prácticamente, viven en la iglesia y están involucrados en los equipos de alabanza, vigilias nocturnas, células, y varias reuniones por semana. En última instancia, la vida de la familia entera está concentrada en su iglesia y en la visión de Dios.

Quizás, uno de los mejores indicios es que el 25 por ciento de la matriculación de estudiantes residentes en el Instituto Bíblico Río de la Plata está compuesto por hijos de pastores. Estos «HDM» (hijos de ministros) quieren seguir a sus padres en el ministerio.

Es alentador ver que no están ni desilusionados ni escapándose de Dios. Estos jóvenes son líderes por elección propia.

Recuerdo una vez, cuando los jóvenes de la iglesia Rey de Reyes tuvieron una de sus vigilias mensuales que duraban toda la noche (de viernes por la noche a sábado por la mañana). Daniela Freidzon, hija de Claudio y Betty, dirigió la adoración y el tiempo de oración, y el poder de Dios se manifestó de una manera especial. Durante la reunión del sábado por la noche, Daniela dirigía la adoración antes que su padre predicara. Cuando él estaba por tomar el micrófono de su mano, ella se dio vuelta, y Claudio cayó al suelo bajo el poder de Dios. No pudo levantarse por el resto de la reunión, durante la cual todos siguieron adorando y alabando a Dios.

¡La unción de Dios está sobre la próxima generación también!

Un espíritu innovador

Los jóvenes traen frescura, que es otro aspecto del pastoreo del avivamiento. El liderazgo ha estado dispuesto a probar varios enfoques y estructuras nuevas para su iglesia, al igual que permitir nuevos énfasis y estilos contemporáneos de música. Los pastores han estado abiertos a aprender, a cambiar y a recibir. Esto ha sido crucial.

Recuerdo una reunión reciente, en una iglesia pentecostal de Morón, a la que fui con un grupo de evangelismo compuesto por jóvenes de Florida. La congregación comenzó la reunión apilando todas las sillas y sus sacos sobre la plataforma. Luego empezaron a alabar al Señor con tanta libertad que terminamos haciendo una marcha estilo Jericó, pero fue más bien un tren de cantantes que salían corriendo de la iglesia y daban la vuelta a la manzana. Quizás, dábamos la impresión de ser muy diferentes, pero el barrio sin duda se dio cuenta de que la iglesia existía y de que teníamos una fe exuberante. Mientras miraba ese pilón de sacos, esa noche pensé en el contraste con aquel momento en el cual gente muy religiosa apiló su vestimenta a los pies de un joven celote llamado Saulo de Tarso. Estaban dispuestos a matar con tal de mantener el control de su sistema religioso. Ese mismo celote declararía, con convicción firme, algunos años después: «Donde está el Espíritu de Dios, hay libertad»

(2 Corintios 3:17). *¡Señor, enséñanos a no adorar nuestros sistemas!* Las iglesias, constantemente, tienen ideas innovadoras sobre cómo alcanzar a la gente. El local del pastor Prein es un teatro en la zona de los grandes teatros de Buenos Aires. Hace poco, su grupo artístico, *Artenenes*, presentó una obra, desde mediados de julio hasta principios de agosto. Ésta es la época de vacaciones de invierno de los niños de la Argentina, cuando salen las familias a pasear. La obra atrajo la atención de mucha gente y fue un ejemplo excelente de buen teatro para niños. Con disfraces brillantes, contemporáneos, combinados con humor, música y coreografía, la compañía teatral contó la historia de Rut y Boaz. Al final, se presentó un mensaje claro del evangelio, y había jóvenes que estaban preparados para hacer un seguimiento de los que habían asistido. La audiencia total durante ese tiempo fue de más de veinticinco mil personas. Hicieron treinta y ocho presentaciones diferentes y se regocijaban en las cuatro mil sesenta y seis decisiones para Cristo.

¡Qué evangelización creativa!

Este lado artístico también se manifiesta en el avivamiento. La música asume otros ritmos y sonidos; también hay cánticos proféticos. La iglesia del pastor Prein, además está alcanzando de maneras creativas a grupos a los que llaman «tribus urbanas» (jóvenes involucrados en subculturas oscuras y góticas). El ministerio juvenil para esta generación se llama *Urbanizarte*. En algunos barrios alcanzan a la gente con música de *cumbia* tradicional. Hace poco, su concierto de «Rock/Vida» atrajo a dieciocho mil jóvenes. El Espíritu Santo siempre es creativo.

Los pastores están abiertos a estas formas frescas, a través de las cuales Dios quiere obrar; pero no se dejan llevar por las modas ni permiten nada que no sea bíblico. Son sabios y saben discernir.

Edificando sobre la Verdad

Los pastores del avivamiento son muy conscientes de que son mayordomos de la verdad de Dios y deben rendir cuentas de las vidas que están bajo su cuidado. No corrieron detrás de nuevas enseñanzas, sino que hubo una búsqueda en común de las Escrituras, para evitar la herejía.

Estos pastores rechazan la tendencia de vivir una cristiandad dislocada que revolotea de moda en moda, o de verdades recién descubiertas a verdades aún más nuevas. El péndulo oscila entre la gracia y la ley, la alabanza estructurada y una libertad total en la adoración, la relación vertical con Dios y las horizontales entre los hombres.

¡Qué refrescante fue escuchar al pastor Carnival decir que hacen todo lo posible por edificar sobre cada verdad o principio que han aprendido! Aprecian nuevas perspectivas, pero no olvidan la conciencia de la verdad anterior traída por el *Paracleto* (Espíritu Santo).

EL EQUILIBRIO: SIN PERDER EL RUMBO

Por años, Sherry y yo, junto con nuestros hijos, hemos asistido a Avance Cristiano, una iglesia de la Unión de las Asambleas de Dios pastoreada por nuestro buen amigo, Edgardo Muñoz. En sus comienzos, hace unos años, se reunía en un garaje, que medía 2.75 por 3.7 metros. Varias veces la congregación tiró paredes, hasta que comenzaron a reunirse en otro templo con forma de «L». Construyeron un pequeño edificio y luego empezaron a congregarse en un cine, conocido por sus películas subidas de tono. Los obreros tenían que cubrir los carteles que anunciaban los próximos estrenos con papel madera, ya que la iglesia sólo podía alquilar el lugar unas dos veces por semana. Después de poco tiempo, sin embargo, pudieron hacerlo todos los días, las veinticuatro horas, hasta que el crecimiento de la congregación forzó una mudanza a una antigua fábrica, un galpón grande. Esto conllevó calores intensos durante el verano (a causa del techo de chapa), y frío durante el invierno. Cuando llueve, las cloacas se saturan hasta llegar a la iglesia, trayendo un olor desagradable. A pesar de estas inconveniencias, la iglesia se ha expandido a una concurrencia de más de mil personas, en estos pocos años, y ahora ha comprado una propiedad más grande.

El pastor Edgardo tiene una serie de comentarios muy contundentes acerca de cómo pastorear el avivamiento y mantenerse alejado de las modas, los extremos, y la herejía. «Con respecto a nuestra iglesia local —dice—, hemos visto la mano de Dios en una manera muy especial, y hemos sido parte de todo tipo de cosas. Por ejemplo, hemos tenido reuniones donde gente espontáneamente se caía, riéndose o llorando, junto con otros eventos inusuales, y siempre hemos sido abiertos. En las iglesias que trataron de forzar las cosas, ha habido problemas y en las iglesias que han intentado detenerlas, también».[18]

«Simplemente, aceptamos todo lo que Dios hace —continúa el pastor Edgardo—, pero tratamos de enfatizar fuertemente el sedimento que permanece luego de cada ola de avivamiento. Puede que haya gente muy tocada por el Señor, pero nuestra responsabilidad es que todos sean transformados en buenos cristianos. Por lo tanto, necesitamos un fuerte énfasis sobre la enseñanza. Más del 20 por ciento de nuestra iglesia está involucrada en algún tipo de preparación ministerial».[19]

Últimamente, hubo un fuerte acento en la iglesia, con respecto a las naciones. La meta es que un alto porcentaje de su ingreso sea usado para las misiones y que algún día pueda dar más a las misiones de lo que quede para la ella misma. Ahora, la iglesia da casi el 30 por ciento de su ingreso a las misiones, a la asociación o a nuevas plantaciones de iglesias.[20]

Hasta el fin

La voluntad de Dios es que su iglesia viva en avivamiento, y para que esto suceda necesitamos buenos pastores. El estancamiento nunca fue parte de su plan. Los años que no producen frutos y en los que no hay sorpresas ni se toman riesgos son un anatema para Él. Debemos sembrar continuamente semillas de fe que produzcan avivamientos de larga duración, en iglesias crecientes y sanas, en toda la nación y alrededor del mundo, hasta que Jesús venga a llevarnos a todos a esa fabulosa cena de celebración.

¡Dios, danos un corazón para pastorear el avivamiento a largo plazo! ¡Queremos ver más gente recibir a Jesús como su Señor y queremos discipularlos hacia la madurez!

---

18. Edgardo Muñoz, entrevista por el autor, 2006.

19. Ibíd.

20. Alfredo Basso, entrevista por el autor, 2006

6
Jóvenes evangelistas

En este avivamiento, como en muchos otros en la historia, el Espíritu Santo ha elegido usar jóvenes evangelistas para tocar vidas, y es asombroso ser testigo de esto. Muchos de ellos han tenido contacto con ministerios reconocidos, pero no son ni fotocopias ni ecos de una carga ajena. Cada uno tiene un toque especial del Espíritu. Aquellos de nosotros que ya hemos estado por algún tiempo disfrutamos al ver generaciones más jóvenes levantarse y crecer. Mientras buscan a Dios, en sus años tempranos, están preparando sus corazones y sus vidas. He observado el derramamiento de la unción sobre ellos y el surgimiento de osadía.

Una persona de los Estados Unidos, que trabaja en un entorno parecido y oró por muchos estudiantes de institutos bíblicos, también lo hizo con los nuestros, en una oportunidad. De repente, dio un paso hacia atrás y dijo: «Mientras oro, siento que estos jóvenes van a ser evangelistas muy fuertes. Siento su osadía y, a veces, veo imágenes de los lugares en los que ministrarán. Son estadios enormes..., y están predicando a miles de personas. En todo mi tiempo en los Estados Unidos, no he orado por esta cantidad de evangelistas fuertes. ¡Me sacude! ¡Es maravilloso!».

Efectivamente, el Señor parece estar levantando una generación fuerte y nueva. ¡Hay tantas historias!

Dante Gebel

Cuando Dante tenía dieciséis años, su pastor, un inmigrante europeo, le sacudió su dedo (torcido) en la cara y le dijo: «Dante, Dios nunca te usará». Pero, gracias a Dios, Dante escuchó al inspirador de los sueños, Jesucristo, y no al que los aplasta. Cuando cumplió veintiocho años, su vida y ministerio habían tocado a más de un millón de personas.

Dante tiene su propio programa televisivo, en el canal *Trinity Broadcasting Network* (TBN) y ha realizado eventos para jóvenes en la Capital Federal, con una concurrencia de ciento tres mil personas. Dios lo usó para reunir a más de ochenta mil jóvenes en el famoso estadio de River Plate. Es un artista, un actor, comediante, caricaturista y predicador. Fue usado en el avivamiento y ha ido más allá del precedente para los jóvenes de hoy.

El otro día, en mi clase de Levítico, en el Instituto de Superación Ministerial (ISUM), estábamos hablando acerca de las tendencias éticas de hoy y de la doble moral que, a veces, encontramos en la iglesia, incluyendo la experiencia sexual antes del matrimonio. El comentario de un pastor nos hizo reflexionar y dar gracias a todos: «Nadie había hablado acerca del requerimiento de que los jóvenes sean vírgenes antes del matrimonio hasta que Dante Gebel comenzó a hablar del tema —dijo—; ahora esta postura está teniendo su impacto por todas las iglesias».

Un diario secular declaró que Dante está levantando un ejército de vírgenes. ¡Qué comentario! Es inusual en una nación tan dada a la sensualidad. La propaganda sexual se encuentra por todas partes, y los jóvenes sienten la presión de comprar ropa de marca. La anorexia y la bulimia son temas candentes, como lo es la depresión, entre los jóvenes.

¿Era un candidato poco probable Dante?

«Dios elige lo que no es» (1 Corintios 1:28, *paráfrasis del autor*).

¿Quién es este joven, con el nombre de Dante Gebel, que se atrevió a hacerle frente a la corriente?

Había tenido la visión de un estadio lleno de miles de jóvenes. Cuando visitó la iglesia Rey de Reyes, que pastorea Claudio Freidzon, hubo una profecía que declaró que él se levantaría como pastor de los jóvenes de la nación argentina.

Obtuvo su preparación bíblica y teológica en un instituto bíblico nocturno: IBE (Institutos Bíblicos Externos) de Morón, con su pastor local y mentor de varios pastores, incluyendo Claudio Freidzon. Mucho de su trasfondo y estilo tiene sus raíces en casetes de mensajes de devocionales en la capilla del IBRP.

En 1991, Dios se le apareció a Dante y le mostró una imagen de su persona en una pantalla grande, en un estadio lleno de jóvenes.

Él reaccionó con temblor, temor, y un deseo de salir corriendo de su habitación. No podía ver quién era el predicador, pero sí notó que había una multitud enorme de alrededor de setenta mil jóvenes.

Unos pocos meses después, fue a la iglesia Rey de Reyes y Claudio Freidzon profetizó: «Lo que Él te dijo en ese lugar íntimo y secreto ahora lo hace público. Él te levanta como pastor de los jóvenes de esta nación». Varios meses después de la profecía, Dante le preguntó a su esposa Liliana cómo sucedería. Él se sentía como un fracaso como líder de jóvenes en su iglesia, donde muchas veces había predicado sólo a dos personas. Ambos tomaron conciencia de que no tenían el dinero para alquilar un estadio como el de la visión. «¿Cómo predicarás en un estadio, si nadie te conoce?», dijo Liliana. Fue así que durante esos primeros años de ministerio pensaron en la manera más económica para llegar a ser conocido: la radio. Dante comenzó a producir un programa radial para jóvenes que estaba lleno de humor, estilo picante y buena música. Sus caricaturas atraían la atención de la gente durante una época en la cual había un legalismo rígido en el país. Obtuvieron el horario radial que podían costear: la una de la mañana. En los tres meses siguientes, Dante enviaba estos casetes gratuitamente a doscientas cincuenta estaciones de radio diferentes. Fue así como finalmente le dieron tiempo en el aire en ciento ochenta estaciones alrededor del país.

Después de poco tiempo, llegó a ser de las personalidades de radio más reconocidas entre la juventud evangélica de la Argentina. Por lo tanto, él y Liliana pensaron para sí: *vamos a organizar una cruzada*. En ese momento, la audiencia más grande de jóvenes cristianos que se podía reunir era de cinco mil, para un recital de rock. La imagen de Dante en la pasada visión de 1991 había sido de un estadio con setenta mil jóvenes, que para ese momento, era insólito.

La primera cruzada tuvo una concurrencia de cinco mil y la segunda de seis mil, todavía muy lejos de los setenta mil que había visto. Para la tercera, sintió que Dios lo guiaba a alquilar un estadio de fútbol. Comenzó a anunciar en su transmisión televisiva semanal que había reservado el estadio de Vélez Sarsfield, con capacidad para sesenta y cinco mil. La historia detrás de este gran salto consiste en la coordinación divina de personalidades diversas.

Mientras se acercaba la fecha del encuentro, los oficiales del estadio llamaron y le informaron que si no pagaba por lo menos la mitad del dinero para el lunes siguiente, cortarían el contrato de alquiler para realizar un partido de fútbol en esa fecha. Afligido, fue a la iglesia el viernes por la noche. Nadie sabía del desafío de fe en el que se encontraba, pero esa noche una mujer de la congregación tuvo una palabra de Dios para él: «Recibirás la respuesta antes de la medianoche». Dante volvió rápidamente a su hogar para llegar antes de la medianoche —sí, así son las cosas durante el avivamiento— y el teléfono sonó quince minutos antes de la medianoche.

—¿Dante Gebel? Me gustaría hacerte algunas preguntas.

El hombre luego siguió hablando lenta y deliberadamente:

—¿Crees que Dios puede usar a alguien que está apartado?

Mientras trataba de responder amablemente, Dante pensaba *¡Deja de hablar! Voy a recibir la respuesta de Dios durante estos quince minutos.*

—Veo tu programa —continuó el hombre—, y anunciaste que estás invitando a miles de jóvenes para un evento en el estadio de Vélez Sarsfield. ¿Tienes el dinero para ese evento?

La respuesta de fe de Dante fue:

—¿Por qué? Creemos que tendremos el dinero.

—No aparentan tenerlo —dijo el hombre—. ¿Cuánto necesitas?

—Sesenta mil pesos —respondió Dante.

—¿Cómo te gustaría? ¿En billetes chicos o grandes? Pasa por mi oficina, el lunes por la mañana, para buscar el dinero.

No sólo lo ayudó el hombre con el alquiler, sino que invirtió otros $15.000 en la propaganda y la seguridad.

El estadio se llenó con cincuenta y cinco mil jóvenes buscando a Dios.

«La historia de la juventud de la Argentina comenzó a cambiar en ese momento —dice Dante—. Los jóvenes no se reúnen para buscar sanidad o manifestaciones extrañas. Se reúnen para celebrar un estilo de vida santo. Y no se mantienen alejados del pecado por sus reglas legalistas. No quieren pecar porque aman a Dios de todo corazón. En lo que a mí respecta, esto es avivamiento».

En el próximo evento, ochenta mil jóvenes se reunieron. El siguiente tuvo una concurrencia de ciento cincuenta mil; allí desafió a los políticos y líderes gubernamentales que lo estaban viendo por televisión: «Pronto tendremos un país sin corrupción en el gobierno y en el cual el presidente no consultará a brujas».

En 1997, Dante participó en ochenta y siete conferencias, y luego Dios le dijo que no le había pedido que hiciera todas esas cosas, que él tenía un llamado específico. Así que canceló todo lo que tenía en su agenda. Durante meses, una de las únicas invitaciones que aceptaba era la de predicar en el Instituto Bíblico Río de la Plata.

Durante ese tiempo de oración y espera, Dios comenzó a mostrarle que muchos jóvenes en el interior del país no podían llegar a los grandes eventos que él estaba realizando. Empezó a ir a las capitales provinciales y realizó diferentes reuniones de ocho mil o más jóvenes, muchos de los cuales nunca habían estado en un evento de más de doscientas personas.

¿Cuál era el desafío de Dante? Que uno no debe predicar desde un palco de santidad. Los jóvenes se sienten distanciados de tal cosa. Uno debe llegar a su nivel y guiarlos a enamorarse de Cristo. Cuando un joven es ungido, no resulta en legalismo y preguntas como: «¿Cuán larga debe ser mi falda?». Se trata más de una actitud continua, de desear hacer lo que es mejor para otros y para Dios.

Dante tuvo que romper algunas estructuras típicas de la iglesia, con respecto a las cruzadas juveniles. Gracias a la obediencia de este joven evangelista, miles de jóvenes están viviendo vidas santas y sirviendo a Dios.

Esteban Maccio

Esteban, miembro de la iglesia Rey de Reyes, era uno de los estudiantes que más buscaba a Dios durante su tiempo de preparación en el IBRP. Mientras escuchaba que otros estaban jugando al voleibol, él estaba en el balcón de la capilla, recibiendo del Espíritu Santo. Recuerdo cuando el poder de Dios lo impulsó unos cuatro metros hacia atrás y cayó sobre cuatro filas de sillas, volteando a un grupo de estudiantes con el impacto de su cuerpo.

El acababa de graduarse y se preguntaba cómo Dios usaría su vida. Inmediatamente, se le abrió una puerta para ministrar en Europa.

Esteban me llamó desde allí: «Prediqué en las calles y en los bares de Suiza. Eso es inusual aquí, y hablé con mucha gente que nunca había escuchado acerca de Jesús. Una vez un oficial de policía se estaba comunicando con su jefe a través del *walkie-talkie* y repitiendo lo que yo proclamaba en la calle: "Dice que Jesús te ama"». ¡Qué medio interesante para que el jefe de la policía escuche el evangelio!

Esteban fue a un bar donde se reúnen todos los drogadictos y pidió permiso para predicar. La esposa del dueño, que estaba temblando por falta de drogas, entregó su vida a Cristo. Predicó cincuenta y dos veces en dos meses, y el consejo de aquella ciudad de Suiza ofreció pagarle un pasaje para que volviera a hablar contra las drogas.

En un viaje posterior a Europa, lo invitaron a predicar en una escuela secundaria privada, con alumnos pupilos. Dios lo usó para revelar los pecados de doscientos de los quinientos alumnos y llamarlos al arrepentimiento. Lo asombroso de esta señal es que cantó las palabras de ciencia del Espíritu de Dios, y su traductor simplemente pronunciaba las frases. ¡Algunos manifestaban demonios y eran libertados en medio de Europa! Muchos corazones recibieron esas palabras proféticas y cada estudiante pasó al frente, saliendo de su asiento; la mayoría de ellos estaba llorando y rindiendo su vida a Cristo.

Marcela Acosta

Cuando Marcela Acosta era alumna del IBRP, solía dar testimonios en el devocional de los lunes por la mañana, día en el que los alumnos comparten sus vivencias. Cada semana, la escuchábamos pronunciar frases como «cuatro aceptaron a Cristo en el tren» o «este fin de semana seis personas entregaron sus vidas a Cristo».

Marcela y una amiga se subían al tren durante la hora pico, cuando la gente estaba apiñada. Comenzaba la predicación valiéndose de su testimonio: «Había sufrido tanto cuando era adolescente que ya no quería vivir más. No tenía esperanza. Cuatro veces intenté suicidarme. Luego conocí a alguien que cambió mi vida por completo. Él me dio esperanza y una razón para vivir. Si estás sintiendo que tu vida está llena de tristeza o has perdido la esperanza, Él también te puede ayudar. Su nombre es Jesucristo».

Hoy Marcela y su marido están plantando una iglesia en Madrid, España.

Damián González

«La cruz trazó una línea divisoria en mi vida», comentó Damián González con un grupo de jóvenes de los Estados Unidos, que estaba visitando. «Antes, era drogadicto y narcotraficante. Pesaba menos de 46 kilos, no comía mucho y había perdido la relación con mi familia. Pensé que tenía HIV, y mi meta era simplemente sobrevivir hasta cumplir los veintiún años de edad. Una mañana, a las 6, Satanás entró a mi habitación. ¡Sentí las llamas del infierno! Comencé a clamar para que una mujer de oración me ayudara, mi madre. Cuando ella entró, dijo: "¿Estás dispuesto a aceptar a Jesús como tu Salvador personal?". Le respondí: "¿Dónde debo firmar?". Ese día, la cruz de Jesús cambió mi vida».

Uno de los primeros pensamientos que se le cruzó a Damián, cuando sus padres lo llevaron a la iglesia, fue: «¡Yo quiero ese púlpito!». Un llamado a la predicación ya estaba surgiendo en su corazón. Él trató de compartir su fe con todas las personas con las que se cruzaba, pero estaba viendo pocos resultados. Cuando se dio cuenta de que necesitaba más herramientas para ministrar, partió de su hogar, en Rosario, hacia Buenos Aires, en 1997, para entrar al IBRP.

Durante su primer año, estaba sentado en una de mis clases de evangelismo, y escribió con letras grandes en su cuaderno: «Señor, hazme un evangelista». También hizo un pacto con Dios de que no dejaría pasar un día sin testificarle a un incrédulo acerca de su fe en Cristo.

Entusiasmado con las herramientas efectivas para comunicar el evangelio aprendidas en el instituto, decidió practicarlas constantemente. Se detenía en la parada de autobús y preguntaba cómo llegar a Lomas de Zamora, el barrio del IBRP, aunque sabía, en realidad, cómo hacerlo. La gente le daba las direcciones y le decía: «No eres de aquí, ¿no? ¿De dónde eres?» Y finalmente le preguntaban: «¿Qué te trae a Buenos Aires?». En su corazón, Damián pensaba *¡ésta es* *mi oportunidad!*, y terminaba dando su testimonio y hablando acerca de su llamado. La mayoría de estos individuos recibía a Cristo y aceptaba que Damián orara con ellos.

Un día se acercó a tres jóvenes que estaban fumando marihuana en una plaza. Éstos lo rechazaron y se burlaron de sus intentos de compartir el evangelio con ellos. De repente, sintió indignación y exclamó: «Hagamos esto. Yo voy a orar con ustedes en el nombre de Jesús y si no sucede nada, dejaré de predicar este evangelio por el resto de mi vida. Me sentaré aquí y fumaré marihuana con ustedes». Ellos aceptaron la proposición y después de poco tiempo Damián estaba orando con todas sus fuerzas:

«Señor, gracias por todo lo que has hecho por estos jóvenes. Ellos han lastimado tu corazón con su estilo de vida, y a pesar de esto elegiste ir a la cruz y morir por cada uno de ellos. Te pido que los toques ahora mismo y que les muestres cuánto los amas». De repente, los jóvenes comenzaron a temblar y a llorar. Por supuesto, Damián sigue predicando el evangelio.

Durante su primer año en el instituto bíblico, comenzó a recibir invitaciones para predicar por todo el país. Pero cuando regresó a su iglesia, su pastor le dijo que cancelara todo y que se quedara allí. Durante dos meses no se le dio ninguna oportunidad en ella. Luego un día el pastor le dijo que podía llevar una pequeña plataforma de madera y algunas sillas, si quería realizar una campaña en algún barrio.

Damián eligió su barrio y comenzó a predicar, pidiendo perdón a sus amigos y vecinos por haber fomentado la drogadicción y delincuencia, y vendido drogas en el barrio. Durante ese evento de tres días, más de cien vecinos aceptaron a Cristo.

Mientras predicaba esas noches, una banda de muchos de sus amigos pasaron por allí tocando tambores. Uno de sus viejos amigos le gritó burlescamente: «Hey, *Pufli*, ¿por qué no dejas las drogas y agarras la Biblia?». Damián dejó de predicar y habló directamente al grupo: «Ahora están todos sonriendo, pero cuando llegan a sus casas están rodeados de soledad. Yo viví así por mucho tiempo. Pero me encontré con el Creador de la vida y Él me ha dado vida. Si vienen aquí y lo aceptan hoy, Él también transformará sus vidas».

De los treinta y ocho jóvenes en la banda, diecinueve pasaron a aceptar a Jesús. ¡El joven que le gritó, insultándolo, terminó siendo un estudiante del instituto bíblico!

Damián pidió permiso a su pastor para preparar un equipo de evangelistas y recibió la aprobación. Para su sorpresa, nadie de la iglesia quería aprender a alcanzar a los perdidos. Cuando oró acerca de esto, sintió que el Espíritu Santo le dijo: «¿Quieres un grupo de evangelistas? Sal a ganarlos para Cristo». Así que lo hizo: fueron cincuenta y, después de poco tiempo, los preparó para que salieran a hospitales, pabellones de HIV y plazas.

A menudo, subía a un autobús con alguno de su equipo y hablaba con la gente. Una vez sintió que Dios le decía que cierta mujer era prostituta y que debía hablar con ella. Al principio pensó *No quiero que me vean con una prostituta*. Sin embargo, fue obediente a lo que Dios quería y se sentó junto a ella, diciendo:

—Sufriste mucho cuando eras una niña, ¿no?

—¿Cómo sabes? —le respondió ella.

—Porque Dios me lo está diciendo y también quiere que te diga que Él te ama. Después de poco tiempo, ella estaba orando y aceptando a Cristo como su Salvador, junto con cinco personas que estaban cerca de ellos que habían escuchado la conversación.

En la Argentina, uno de los feriados más importantes que se pasa en familia es Nochebuena el 24 de diciembre. Todos cenan juntos y brindan a la medianoche. Damián salió con su equipo a las plazas y a los hospitales, esa misma noche, hablando del amor de Cristo. Personas fueron sanadas en las salas del hospital, y en una de las plazas encontró a un hombre indigente y lo invitó a cenar a su casa. Damián considera a su madre «santa», por aceptar a algunas de las personas que él llevó a su hogar. Esa nochebuena ayudaron al hombre a lavarse, y su madre comenzó a quitarle las vendas de los pies y a lavárselos. Cuando le pasó gasa por los dedos del pie, ¡le salían larvas!

Una vez lo llamó un médico diciendo que estaba tratando a una mujer que pensaba que Dios la iba a sanar y, por lo tanto, durante un año se negaba a recibir ayuda médica. Ella estaba muriendo de cáncer y le quedaban pocos días de vida. Fue sorprendente que este hombre profesional de la religión tradicional haya pedido que fuera Damián a orar por ella. Él fue al hospital donde se encontraba la mujer, pálida y encorvada, en una silla de ruedas. Su hija de treinta y cinco años estaba allí, junto al doctor. Él le habló acerca del poder de Dios y oró por ella. ¡La mujer fue sanada de manera instantánea y permanente! Damián dio media vuelta y guió a la hija a entregarse al Señor y luego, al médico. Comenzó a profetizarle a éste: «Dios te ha elegido como instrumento de honra. Vendrá el día en el cual no sanarás a través de la medicina, sino a través del poder de Dios». Ese médico ahora es un miembro activo de la iglesia local, y está sirviendo a Dios a través de su práctica médica y viendo muchas sanidades en su ministerio.

El espíritu de Damián es contagioso. Predica con pasión y vive apasionadamente lo que predica. Ha desafiado a cientos de jóvenes preparados, a alcanzar y a tener un amor genuino por los perdidos.

Una noche, un grupo de nosotros (incluyendo a Damián), estábamos regresando tarde, después de una reunión, y llegamos a *Burger King* justo antes de que cerraran, a la una de la mañana. Estábamos todos sentados, comiendo nuestras hamburguesas y papas fritas, y de repente Damián desapareció. Notamos que su comida se estaba enfriando y nos preguntamos dónde estaba. Después de un tiempo, bajó del baño que se encontraba en el primer piso, temporalmente, fuera de servicio. Él había estado guiando al plomero a los pies de Cristo. Le había testificado en el momento justo, ya que su esposa había fallecido esa misma semana. Me suena la frase: «Mi comida es que haga la voluntad del que me envió» (Juan 4:34).

Sergio Abregú

Sergio Abregú estaba llevando una vida sin novedades, durante su primer año en el IBRP. Luego recibió el bautismo en el Espíritu Santo y su vida cambió radicalmente. En ese momento, le prometió a Dios que haría todo lo que el Espíritu Santo lo guiara a hacer.

De repente, a pesar de seguir siendo un estudiante del instituto bíblico, comenzó a recibir invitaciones para predicar en varias iglesias. En una de esas ocasiones, estaba en una iglesia de aproximadamente cincuenta personas que eran extremadamente rígidas y secas. Sintió de parte del Espíritu Santo que debía anunciarles que iba a llover en ese lugar. Así que obedeció, preguntándose cómo iba a suceder. El Espíritu le dijo que buscara un balde con agua y que se lo tirara a la gente. Cuando el pastor hizo que entraran el balde, Sergio le tiró el agua a la gente y donde caía el agua las personas comenzaban a alabar a Dios en lenguas. El pastor pidió que buscaran otro balde con agua y le señaló algunos rincones del auditorio diciendo: «¡Derrama agua allí!».

En su último año del instituto bíblico, le pidieron que realice una serie de reuniones en su iglesia local, en el suburbio de Hurlingham, Buenos Aires. Una de las noches de la campaña, estaba orando por los enfermos, cuando una mujer y su hija pasaron en un auto. Como la iglesia no tenía los medios para instalar ventanas, el sonido se escuchaba desde la calle.

—¿Qué está sucediendo allí? —le preguntó la mujer a su hija.

—Es una iglesia evangélica, y están orando por los enfermos —replicó su hija.

—Detén el auto, ¡yo voy a ir! —exclamó la mujer. Mientras estaba caminando por el pasillo, el Espíritu Santo le comunicó a Sergio que ella no podía ver, pero que sería sanada.

—¿Cuál es su necesidad? —le preguntó Sergio.

—Soy ciega y necesito ser sanada —le respondió. El joven evangelista oró y después de poco tiempo la mujer estaba corriendo por el pasillo de la iglesia gritando: «¡Puedo ver! ¡Puedo ver!».

En otra ocasión, el Espíritu de Dios le dijo a Sergio que derramara aceite en el oído de una joven. Apenas lo hizo, ¡su tímpano perforado fue sanado!

Durante sus primeros años de ministerio, lo invitaron a predicar en un evento de seiscientos jóvenes líderes. La idea era que el liderazgo lo conociera para determinar si iban a querer que predicara en su convención juvenil unida. Mientras subía a la plataforma, la persona que estaba coordinando la reunión dijo: «Tienes media hora y no menciones al Espíritu Santo». Pero el Espíritu de Dios le dijo: «Predicarás la cantidad de tiempo que yo te diga y lo que yo determine». Habló por una hora acerca de la persona del Espíritu Santo y cuatrocientos de los líderes fueron llenos de Él. La mayoría de los líderes quería invitarlo a predicar en la próxima convención, y más de seis mil jóvenes concurrieron, cuatrocientos de los cuales aceptaron a Cristo como su Salvador.

Durante un viaje misionero que realizó con su curso, en su último año del IBRP, fuimos todos a Honduras. Dios usó mucho a los estudiantes. Ambos Sergio y Damián estaban en el mismo curso. Estando en Honduras, Sergio recibió una invitación para regresar y realizar una gira evangelística. Cuando llegó, estaba ministrando a cincuenta personas. Se quedó allí y ahora está ayudando a pastorear a veinte mil jóvenes. Dios le ha abierto puertas para llegar a personas con altos rangos en el gobierno, y la Palabra está impactando a muchas vidas allí. El ministerio de Sergio afectó las vidas de miles de alumnos de ciento quince colegios, en Honduras.

NATHAN GRAMS

Nuestro hijo, Nathan, es uno de los jóvenes evangelistas que Dios ha tocado profundamente aquí, en la Argentina. Desde que tenía diez años, ha sentido un llamado misionero. Aun a esa edad, él y su íntimo amigo, Fernando Vena, caminaban diez kilómetros a Guernica, un barrio muy pobre, donde estaban a cargo de un programa para niños cristianos. Nathan demuestra frescura en su interpretación de la Palabra.

Permítanme comentar anotaciones de mi diario, acerca de momentos clave, en la vida de este joven ministro:
24 de noviembre de 1996

> Sam Hinn nos dio una palabra muy especial a Sherry y a mí. Luego, me dijo que, por momentos, sentía mi carga. Dijo que Dios tiene nuestras lágrimas y penas registradas y que producirían fruto. Luego dijo que Nathan es un predicador y un adorador y que Dios le había dado algo muy especial, que su generación necesitaría mucho.

18 de mayo de 1997

> Después de mucho tiempo, estoy escribiendo otra vez. ¡Tanto ha sucedido! —hay muchas cosas que se pierden. La lucha de Nathan con la opresión y las

pesadillas durante tres días, y luego cómo lo usó Dios para sanar a dos personas de pie plano.

2 de julio de 1997

Durante estos últimos días, Nathan, realmente, ha sido usado por el Señor. Está temblando en el Espíritu, llorando y riendo, pero muy silenciosamente. Edgardo cambió las cosas como para que predicara en la iglesia esta noche, y Nathan me dijo que Dios se lo había avisado esta mañana. ¡Qué hermoso tiempo en el Señor!

10 de julio de 1997

Dios está haciendo unas cosas muy especiales a través de Sergio Scataglini y de Nathan. Continúa sorprendiéndonos.

24 de agosto de 1997

Este fin de semana, Nathan predicó cinco veces y tuvo que rechazar una invitación. Dios hizo algunas cosas muy especiales, cuando predicó en un retiro de la iglesia de Belgrano (Rey de Reyes) que se realizó en el instituto bíblico.

Este tipo de eventos y oportunidades ministeriales continuaron presentándosele a nuestro hijo. Actualmente, está en los Estados Unidos, trabajando como pastor asociado de *Emmanuel Christian Center* (Centro Cristiano Emanuel), una iglesia grande en Minneapolis, donde está ministrando a una congregación de hispanos y a gente de otros países. Ha realizado grandes cruzadas y eventos evangelísticos y está constantemente viendo cómo se entregan personas a Cristo.

Eliana Nervegna

Durante su adolescencia, Eliana Nervegna, hija de un pastor, decidió rebelarse. No solamente cambió la iglesia por la discoteca, sino que también se llevó a la mayoría de los jóvenes con ella. Un día, mientras estaba bailando, Dios la llamó. Le hizo saber cuánto la amaba y que la iba a usar para alcanzar gente alrededor del mundo para su reino. Comenzó a llorar, mientras continuaba bailando, y aceptó el llamado. Después de poco tiempo se inscribió como estudiante del IBRP. Cuando llegó a su último año, Dios le dio una visión para reunir en oración a los jóvenes de su zona, en la plaza de Merlo (27 de noviembre de 1999). La intención era pedir perdón, como ciudad, y también, la bendición de Dios. Cuando se acercó a la asociación de pastores con esta idea, le informaron que un líder de jóvenes había estado luchando con esta misma propuesta pero, por temor, nunca la había presentado. El día que Eliana se les acercó con el mismo plan, aquél pensó en trabajar con ella, ya que era evidente que Dios era el que estaba guiando todo. Este evento costaría diez mil dólares, así que le dijeron que cuando ella levantara los fondos para los primeros tres mil, ellos reconocerían que Dios estaba involucrado. Para una señorita sin trabajo y que estaba en su etapa de preparación, esta suma parecía inalcanzable; pero Dios proveyó de manera milagrosa los fondos y la aprobación de la municipalidad. Esto parecía imposible, ya que el lugar escogido para reunirse era una avenida principal que nunca había sido cortada, y menos, para un evento evangelístico. Además, la ciudad proveyó la seguridad y las ambulancias necesarias.

Mientras se acercaba la fecha, se había pronosticado lluvia. Llovió todos los días de esa semana. El liderazgo juvenil de las diferentes iglesias la llamaba a su casa para preguntarle si el evento se cancelaría por el clima. En seguida, colocó un mensaje en su contestador que declaraba: «El evento se realizará. Mañana va a ser un día hermoso, soleado». Y así fue, terminó siendo uno de los días más lindos de octubre.

Seis mil jóvenes se reunieron en la plaza cuando, en cierto momento, Eliana les pidió que se arrodillaran y oraran pidiendo perdón por la ciudad. De la multitud, cuatrocientos aceptaron al Señor y doscientos entraron en programas cristianos de rehabilitación de drogas.

Hoy Eliana está viajando a diferentes partes del mundo, predicando el evangelio, y afectando muchas vidas para el reino, tal como Dios le había prometido.

Fernando Patalagoitía

Cada Nochebuena, desde que tenía catorce años hasta los dieciséis, Fernando y sus amigos salían a festejar, robando un auto. Él entregó su vida a Jesús después de ver milagros en su familia. Sus padres estaban a punto de divorciarse, cuando Dios rescató a su padre del alcoholismo y sanó su matrimonio.

Fernando fue bautizado y entró en el IBRP. «Aquí Dios dio vuelta a mi vida, y su fuego me dio un creciente amor por las almas», declara.

Hoy, el ex delincuente lleva a grupos de jóvenes al hospital para orar por los enfermos. Los treinta y uno de diciembre, pasan tiempo con su familia y luego van al hospital para orar por la gente hasta la una de la mañana. Los enfermos se sanan y la gente solitaria recibe el amor de Dios.

Un día, en un evento evangelístico al aire libre, apareció una bruja. Antes de que Fernando pudiera comenzar a predicar, la mujer quería darle una paliza, pero se contuvo, gritando:

—¡Fui invadida!

Fernando respondió:

—Dios te ama, y necesitas arrepentirte.

Su respuesta fue:

—¡Estoy con los demonios!

Dios protegió al joven evangelista a través de su poder, y la mujer comenzó a retroceder y se fue balbuceando insultos. Ante lo sucedido, mucha gente fue impactada por el evangelio.

Oscar Benítez

Oscar Benítez, un joven misionero evangelista, estuvo hace poco, en la capilla del IBRP. Había visitado a misioneros argentinos en trece países diferentes y un día oró: «Señor, me gustaría fundar una iglesia. Estoy cansado de viajar tanto». Dios lo guió a Monterrey, México, y él pensó que necesitaba algún tipo de apoyo económico. Así que usó la experiencia que había adquirido, cuando trabajó en una panadería, como alumno del instituto bíblico. Abrió una «panadería argentina», donde la hogaza y los panecillos que se comen diariamente se convirtieron en un furor. Cientos de personas se transformaron en clientes encantados.

A la vez, Oscar comenzó con reuniones en el primer piso de la panadería. Dios empezó a hacer señales y maravillas, incluyendo liberaciones de posesión demoníaca, con las manifestaciones físicas que las acompañaban.

La gente se ponía en fila en la planta baja para comprar pan y facturas y constantemente quedaba asombrada por las actividades del primer piso.

Esta no es la mejor publicidad para una panadería, pensó; y decidió alquilar otro edificio para la iglesia.

Desde que comenzó, en febrero de 2004, esta congregación ha crecido a una concurrencia de cientos de personas. Las sanidades se ven a diario en esta nueva iglesia. ¡Dios está obrando en México!

Continúan apareciendo en escena

Andrés Ghioni en este momento está recibiendo su preparación en el IBRP. Su tío, un evangelista reconocido, también fue alumno del Instituto y era un hombre que oraba por horas mientras estaba allí. La mayoría de los fines de semana, Andrés veía el poder de Dios, a través de sanidades. Él predica para campañas de sanidad constantemente. Algunas de las enfermedades que fueron sanadas son: artritis, diabetes, asma, hernias, epilepsia, sordera, neumonía, úlceras, alergias, hemiplejías y problemas en la sangre. Andy también ha visto a gente ser liberada de la posesión demoníaca, en sus campañas.

El joven evangelista Andrés da su testimonio: «En una campaña en la ciudad de Moreno, mientras estaba terminando una de las reuniones, el asistente del pastor me llevó a un lado y me pidió que orara por una camiseta que alguien había traído (pertenecía a un ser querido que estaba en necesidad). Yo oré y volví a mi casa. Unos días después, estaba viajando con el mismo asistente del pastor, y surgió el tema de la camiseta. Al conversar me dijo que le pertenecía a un hombre paralizado que estaba postrado. Cuando se le colocó la camiseta, fuego comenzó a quemarlo se levantó de la cama y comenzó a correr por la casa. En ese momento se dio cuenta de que Dios lo había sanado».

En Santiago del Estero, Andrés fue a visitar a un hombre raquítico, que le dijo que se quería morir. Mientras conversaban, el Espíritu Santo le reveló a Andy que era atormentado por un espíritu inmundo que cooperaba con la enfermedad y que debía echarlo fuera. Entonces, dijo: «Coloqué mis manos sobre él y eché fuera el espíritu inmundo. Luego le pregunté cómo se sentía y me dijo que notó que "algo" había salido de él. Unos meses después, me enteré de que había aumentado dieciséis kilos y estaba sano. ¡A Dios sea la gloria!».

El hijo de Héctor Ferreyra, Nicolás, ahora es estudiante y sale todos los fines de semana a predicar en campañas evangelísticas y de sanidad. Tiene la visión de realizar una gran cruzada juvenil en cada provincia, en el sur de la Argentina. Es un poco tímido, pero cuando se para al frente con un micrófono y comienza a ministrar, se manifiesta la osadía y el poder de Dios en su vida.

Este año los estudiantes trabajaron juntos para plantar una iglesia, y, en cuestión de dos meses, ya tienen doce células, entre las que hay algunas para prostitutas y otras para travestis. La iglesia se reúne en la plaza dos veces a la semana y es pastoreada por Gustavo Guex, otro joven evangelista. Cantan por un rato, y luego Gustavo se para en una mesa de la plaza y comienza a predicar. La gente se aproxima y otros alumnos del IBRP se acercan para compartir el evangelio con ellos. Hace poco tiempo, cuando fui, una pareja pobre había pasado para aceptar a Cristo, junto con un hombre anciano que tenía una sola pierna. También había un señor pudiente y distinguido que fue tocado junto con un muchacho que recién se había estado drogando. Este cayó bajo el poder de Dios cuando el pastor Gustavo oró por él. Además, tres niños aceptaron a Cristo, y una prostituta, que miraba de lejos, fue ministrada por una de nuestras jóvenes.

¡El proceso de Dios continúa! No estamos seguros de qué les depara el futuro, pero hay muchos jóvenes, orando y buscando fervientemente al Señor. Dios les está dando sueños. Los que se están desarrollando ahora son Christian David Albert, Erick Riveros, Mónica Obando, Lucas López, Leo Campbell, Karolina Zacarías, y tantos otros.

¡Que el Señor les dé la clave necesaria para que el avivamiento continúe en esta generación!

7

Claves para el avivamiento

Nosotros, los norteamericanos, tenemos una mentalidad que nos dice que podemos «arreglarlo» todo. Dennos un problema, y ubicaremos a la persona que pueda entrar en la escena y resolver la situación. Somos personas que pueden localizar y solucionar problemas, somos ambiciosos. ¿Se necesita limpiar derramamiento de petróleo en el suelo marino? Encontraremos la manera de hacerlo. ¿Se necesita encontrar al Titanic hundido? Podemos hacerlo. ¿Quieres tomar un helado un día de verano? Un niño de once años inventó los helados de palito. Los parquímetros, la escalera mecánica, las papas fritas, los jeans, los tractores, los códigos de barra, el microondas, la pluma fuente, los crayones, los lentes, los hisopos, la aspiradora, las motocicletas, y la plancha. Todos estos salieron de gente muy ingeniosa, prolíficos en cuanto a su creatividad y que estaban acostumbrados a resolver un problema, cueste lo que cueste.

Desafortunadamente, esta perspectiva de que «yo puedo hacerlo todo» no encaja bien con la gracia de Dios y su designio soberano. Un despertar es obra de Dios. El avivamiento depende de Él. Nuestros sistemas tienden a enajenar el obrar profundo del Espíritu Santo en nuestras vidas. «Como una paloma» conlleva un sentido profundo. Toda nuestra intensidad al planificar, hacer presupuestos, mostrar cómo haremos todo a través de gráficos y cuadros, e ilusinarnos no forzará a Dios a hablar, y mucho menos, a actuar.

En otras palabras, no hay un manual para el avivamiento. Humanamente, uno no puede reunir los elementos, golpear las manos, y «¡puf!», producir un mover de Dios. Cuando le entregamos a Dios todos nuestros ingredientes: tiempo, energía, y nosotros mismos, muchas veces Él nos sorprende con un mover profundo en nuestro ser y luego obra a través de nosotros para tocar a los demás. Aunque a Dios le guste que lo busquemos, el orar cierta cantidad de horas por día, postrados en el suelo ante Él, y decirle mil veces que queremos un avivamiento no funcionará. La verdad es que nada funcionará, excepto el rendirnos a la misericordia y a la gracia de Dios.

No debe sorprender el hecho de que este capítulo no sea una fórmula humana sometida a prueba. Es una descripción de algunos de los ingredientes que Dios usa en su propia receta para el avivamiento, cuando Él lo quiera enviar. Generalmente, es hoy, ahora mismo, si nosotros se lo permitimos. La gracia de Dios es asombrosa.

QUEBRANTAMIENTO

Mi pastor, Cyril Homer, solía decir: «un hombre o una mujer, en realidad, no está preparado para ser líder hasta que haya tocado fondo con Dios». La escuela de preparación para pastores del avivamiento ha sido la escuela del quebrantamiento.

Claudio y Betty Freidzon tuvieron siete años de desierto, con muy pocas personas en su iglesia, antes de que Dios comenzara a incrementar su ministerio. Mostraban una serie de películas sobre Jesús, en el barrio de Parque Chas, cerca de Belgrano (su ubicación actual). La gente miraba desde el otro lado de la plaza; pero, apenas encendían las luces, desaparecía en las sombras. El llamado al altar parecía caer en saco roto.

Un día, Claudio tuvo una idea. «Betty —le dijo a su esposa—, apenas termine la película, yo pasaré y estaré preparado para hacer el llamado para aceptar a Cristo. Enciende las luces y comenzaré a hablar inmediatamente. Así nadie podrá escaparse». No sirvió de nada; no hubo fruto.

En otra ocasión, Claudio se desanimó tanto que decidió dejar el ministerio. Sin embargo, Dios intervino con una palabra de aliento de su superintendente, en el momento justo. Gracias a Dios, permanecieron y caminaron juntos a través de su valle de quebrantamiento.

Pedro Ibarra, un pastor del avivamiento reconocido, pastoreó en Quilmes, Buenos Aires, sin resultados en los primeros años, ya que el número máximo de personas que lograron congregarse allí fueron quince, contando a su esposa. Pero el pastor Ibarra ayunó, oró, buscó a Dios, probó todo lo que conocía, y no experimentó ningún crecimiento. Hoy, por supuesto, su situación es totalmente diferente, pero esos años difíciles parecen ser una eternidad cuando uno está viviéndolos.

Guillermo Prein tuvo una experiencia similar. Al comenzar la plantación de la iglesia en Parque Patricios, predicaba en la calle doce veces por día y una vez por noche, durante los primeros seis meses. ¡Ni una persona aceptó a Cristo! Pero el dueño del viñedo le había prometido que habría mucho fruto. Hoy tienen mil setecientas células y veintiséis mil personas que asisten a la iglesia, con bautismos cada tres meses de alrededor de cuatrocientas personas.

Debemos morir a nosotros mismos. «De cierto, de cierto os digo, que si el grano de trigo no cae en la tierra y muere, queda solo; pero si muere, lleva mucho fruto» (Juan 12:24, RV60). El morir no es agradable, pero el verdadero fruto no viene sin esta acción. El crecimiento en estas iglesias se debe al quebrantamiento de los pastores y a su disposición para morir.

Desesperación

Además de pasar por la escuela del quebrantamiento, estos pastores que están siendo usados tan poderosamente en el avivamiento han evidenciado un hambre fuerte por Dios. Sergio Scataglini lo buscó con tal desesperación que dijo: «Llévame a casa o dame una revelación tuya». Cuando llegó la respuesta, transformó el curso del ministerio para él y para su esposa, Kathy.

Podríamos hacer una lista de hombres y mujeres que han sido usados poderosamente por el Señor en este avivamiento, y una característica clave es evidente en cada una de sus vidas. Todos ellos estaban desesperados por conocer a la persona del Espíritu Santo. No estaban dispuestos a conformarse con el plano natural, con un ministerio o una cristiandad con «más de lo mismo». Estaban hambrientos, no por un cambio o por ser más usados o por tener un ministerio más importante, sino por Dios mismo.

Un ex decano del IBRP, el hermano Verner Kniessel, visitó a Claudio Freidzon en 1992. La iglesia de Claudio y Betty había comenzado a florecer. Él estaba contento de informarle a su antiguo profesor, administrador del instituto y amigo, acerca de su horario semanal completo, incluyendo una transmisión de radio, a la medianoche.

El hermano Verner lo escuchó y le hizo una pregunta simple que sacudió la vida de Claudio: «¿Cuándo tienes tiempo para el Espíritu Santo?» Esa pregunta dio en el blanco y permaneció con él de una manera constante. Poco tiempo después, el pastor Pedro Ibarra le prestó el libro de Benny Hinn: *Buenos Días, Espíritu Santo*. Claudio estaba tan intrigado con la relación personal que el hermano Hinn tenía con el Espíritu Santo que decidió visitarlo en su iglesia.

Viajar a los Estados Unidos era un desafío enorme para un pastor de una iglesia de cualquier tamaño, en esa época difícil. La congregación oró y Claudio viajó al lugar en el cual Benny estaba realizando reuniones de avivamiento. Su persistencia, inversión monetaria sacrificial y el tiempo que se tomó lejos de su iglesia señalan la desesperación que agradó a Dios.

Prediqué en un encuentro para parejas, en el centro para retiros, apenas regresó Claudio de ese viaje. Me pidió que saliera a caminar con él y me comentó la profecía que Benny Hinn le había dado acerca de su ministerio: que estaría viajando y predicando en Europa y en todo el mundo. En esa época, parecía tan inverosímil e increíble, pero lo escuché. Desde ese momento, a menudo, recuerdo esas profecías mientras miro los videos de los viajes de Claudio y escucho sus informes de reuniones en Europa, África, Asia y Norteamérica. Dios escogió a un hombre que lo buscó, sin reservas. ¡La desesperación es tan real! Es imposible de imitar.

Fue la desesperación por Dios la que llevó al pastor Alberto Scataglini, el padre de Sergio, a orar con los jóvenes de su iglesia durante meses, buscando un avivamiento. La respuesta vino de parte del Señor, a través del ministerio del evangelista Carlos Annacondia. ¡Qué momentos! Hubo ocho meses de campaña, con la participación de siete iglesias al principio, y luego casi todas las de la ciudad se unieron al esfuerzo. Dios se movió poderosamente, y de cuarenta a cincuenta mil personas tomaron decisiones por Cristo.

Cuando la esposa del pastor Omar Olier, Graciela, recibió un toque fresco de Dios a través del avivamiento, y comenzó a ministrar poderosamente a la gente, Omar no estaba presente. Cuando él vio lo que el Señor le había dado a su esposa, inmediatamente tomó la decisión de buscar el mismo derramamiento. Al principio, no sucedió nada, mientras Omar buscaba a Dios y oraba toda la noche. Pero a las siete de la mañana, el Señor derramó sobre él una catarata de amor y de poder. Su iglesia en Mar del Plata ha crecido de trescientas personas a ocho mil.[21] Hoy, decenas de pastores ven a Omar como líder espiritual. Cuando comenzaron a buscar todo lo que Dios tenía para ellos y su iglesia, realizaron conferencias y esfuerzos evangelísticos en Singapur y en India, además de obtener mucho fruto en numerosas ciudades y pueblos de la Argentina. Me pregunto qué habría sucedido (o qué no habría sucedido, sería más adecuada), si ellos no hubiesen dedicado tiempo a la búsqueda de Dios.

Esteban Hill, misionero en la Argentina, pasó meses buscando a Dios sin reservas, cuando vivía y trabajaba en Neuquén, provincia que se encuentra en el sur del país. La oración, la Palabra y la lectura de libros de Robert Murray McCheyne y Leonard Ravenhill llenaron su vida.

Recuerdo con nitidez un asado, que todos anticipábamos con cortes de carne, cerdo y pollo, en nuestro retiro de misioneros del cono sur. Cuando entré al comedor, noté que Esteban estaba sentado afuera, con un vaso de agua. «¿No vas a unirte al asado?», le pregunté. Su respuesta me asombró. Él estaba ayunando ese día. El Señor estaba poniendo el fundamento para lo que iba a suceder en un futuro cercano. Aunque Dios hizo mucho a través de su ministerio y el de su esposa, Jeri, aquí en la Argentina, la respuesta de la búsqueda y el compromiso total de Esteban vino cuatro años después, un Día del Padre en Pensacola, Florida. Ese fue el comienzo del Avivamiento en Brownsville.

Hace poco, le pregunté al pastor Osvaldo Carnival, con una taza de café de por medio, cuál era su frustración más grande. Con una iglesia de veinte mil para pastorear, hubiese sido fácil hablar acerca de un problema en la congregación, de cierto tipo de persona o de algún cambio que debían realizar en la iglesia. Por eso

---

21. Silvia Montemurro, entrevistada por el autor, 25 de julio de 2006.

su respuesta fue tan memorable: «Tengo la frustración santa de desear más —dijo Osvaldo—. Sé que soy un hijo amado, pero quiero más que eso. Anhelo darle más de mí mismo a Dios». Todos los que estábamos sentados a la mesa sentimos nuestras emociones revolotear hasta nuestras gargantas, mientras percibimos el hambre intenso de Dios que tenía este pastor.

El evangelista juvenil Dante Gebel ha sido usado por Dios para reunir a noventa y ocho mil jóvenes a la vez, fue aquí, en Buenos Aires, para celebrar delante del Señor y tomar un compromiso público de santidad. Una de las claves del fruto de su ministerio ha sido el hecho que una ancianita lo llama por teléfono todas las mañanas para orar. Dante también, con frecuencia, pasa toda la noche en oración, hasta el amanecer.

Oración

A través de la historia de los avivamientos, las personas se han dedicado a la oración. Se informa que William Seymour pasaba horas orando en la Misión de la Calle Azusa, con su cabeza enterrada entre dos cajones de leche.

Frank Bartleman, en ese tiempo, tenía una carga tan grande por la obra que su esposa temía por su vida. Llevaba una vida intensa de oración, ayuno y pocas horas de sueño. El conde Zizendorf oró tanto que finalmente se inició una reunión de oración entre los moravos, en su finca, que duró cien años, todos los días, veinticuatro horas por día.

Y las historias continúan.

Aquí, en la Argentina, la oración se convierte en un estilo de vida. El pastor Carnival la llama «el sistema respiratorio del creyente». No se hace para torcerle el brazo a Dios para que actúe, sino porque la gente ama pasar tiempo en su presencia.

Hace un par de meses, una de nuestras estudiantes, Mariana González Crotti, casada con uno de nuestros graduados y madre de dos niñas pequeñas, pidió mi parecer acerca de una visión que había tenido. Sintió que la gente estaría orando e intercediendo por la nación, en Plaza de Mayo, la plaza principal de la ciudad. (Hacía poco tiempo, existieron unas manifestaciones grandes allí, con gente golpeando cacerolas y haciéndole frente a la policía). Ella dijo que Dios quería que hiciera algo para ayudar a que esa visión se hiciera realidad, así que le recomendé que obedeciera al Espíritu Santo.

Mariana mencionó esto a su pastor y a otros alumnos del IBRP, quienes unieron fuerzas para ir a la plaza. Fueron treinta, cada noche, en un micro destartalado. Oraron por algunas noches, y marcharon alrededor de la plaza central, justo delante del edificio gubernamental nacional de la Casa Rosada. Sin que se dieran cuenta, una red nacional de medios masivos de comunicación los filmó, mientras estaban orando. Televisaron una oración intercesora por la nación.

Esto motivó a otros cristianos. El pastor Claudio Freidzon lo vio en la televisión y sintió que otros también debían involucrarse. Durante varias semanas, cientos de pastores de Buenos Aires se unieron para orar con regularidad. Enviaron un mensaje masivo, por correo electrónico, a las iglesias, para que se reunieran con ellos a orar en la Plaza de Mayo. Miles se juntaron allí, arrodillándose e intercediendo por el país, arrepentidos, pronunciaron el Padre Nuestro y cantaron «Sana Nuestra Nación». Visiones genuinas se hacen realidad.

Antes de la crisis social del 2001, setenta pastores de muchas denominaciones diferentes, con sus esposas se reunían para compartir unos momentos. Estando en un restaurante, se sorprendieron al ver imágenes de un levantamiento social, en la televisión. En las palabras del pastor Pedro Ibarra: «La gente estaba quemando autos, rompiendo vidrieras, y robando». La policía no intervenía; los oficiales se mantuvieron a un lado como espectadores. Todo culminó en el colapso gubernamental. Ese día fatal, veintisiete personas murieron, y había una multitud de heridos.

Al ver la situación, los pastores se reunieron y decidieron formar un altar de oración por la nación. Durante esos días, hubo una palabra profética: si un altar no se levantaba para esa nación, la sangre fluiría por las calles. Dios mismo fue el que había convocado a su gente.

Durante esos primeros meses, más de mil doscientos pastores participaron. El enfoque principal no eran ni los predicadores ni personalidades específicas, sino la oración. Dios respondió a esa súplica, y la maldad se detuvo. La nación entró en una etapa de restauración social y económica, y en una estabilidad diferente.[22] Cientos de pastores continuaron reuniéndose semanalmente, para orar, durante los dos años y medio siguientes.

Es difícil hacer que líderes del avivamiento hablen de sus vidas personales de oración, pero me enteré, de casualidad, que Claudio Freidzon pasaba seis horas diarias en pleno avivamiento, cuando estaba ocupado con unas cuantas cosas más, sé que ayunó durante la semana entera de santificación en su iglesia. A la vez, mientras manejaba durante dos horas, hablaba en lenguas.

Había reuniones de oración en la iglesia Rey de Reyes, que comenzaban a las seis de la tarde, dos veces por semana, a las que asistían entre cien y mil personas. La iglesia entera es convocada a las dos semanas especiales de oración y ayuno, y a la de santificación, que se realizan anualmente. Tiene más concurrencia que cuando hay un predicador invitado.

Otra iglesia más pequeña que conozco acaba de realizar una reunión con su grupo de intercesión, y fueron de cuarenta a cincuenta hombres y mujeres. Están comprometidos con la oración, y la reunión que, supuestamente, iba a durar una hora terminó durando tres horas y media. En cierta ocasión, un pastor dio el nombre de «laboratorio» a estas semanas con énfasis sobre la oración. Es el lugar donde los creyentes pueden aprender a escuchar a Dios, a reconocer su voz, y a recibir dirección para sus vidas y ministerios.

Una iglesia presbiteriana china en Buenos Aires pasaba cada viernes por la noche en oración. Era una combinación de alabanza, adoración y oración. Muchas iglesias más dedican una noche completa por mes a una celebración de vigilia u oración.

La iglesia Catedral de la Fe también tiene una semana con énfasis sobre la oración, como también una de santificación, que se realizan anualmente. Durante su última semana de intercesión, la iglesia estaba tan repleta que los jóvenes se tuvieron que sentar en la plataforma y en el suelo, por falta de espacio. La gente es transformada cuando busca a Dios.

El pastor Carnival comentó acerca de la oración, en su vida

---

22. Pedro Ibarra, entrevista, 26 de junio de 2006.

personal, argumentando la importancia de esta disciplina. «Cada vez que salgo de orar —dice Osvaldo—, recibo nuevas impresiones y visiones frescas. En cierta oportunidad, estaba orando seriamente acerca de si Dios quería que estuviéramos en un canal de televisión secular. Sentí que Él sí lo quería, pero no me podía imaginar cómo funcionaría. Luego, durante mi tiempo de oración, sentí que Dios me estaba hablando a través de Hechos 12 y el encarcelamiento de Pedro, diciéndome que Él puede abrir cualquier puerta. Aun aquellas que los hombres y los ángeles no pueden. Después de poco tiempo, conocí a un hombre importante que me puso en contacto con el dueño de un canal de televisión, y pronto estábamos en la televisión secular».

La oración en la vida de cada líder, al igual que en la rutina de la iglesia, es una parte inherente de lo que Dios está haciendo en la Argentina. Estas historias abundan.

El dolor

Muchos tienen una idea romántica e idealizada de lo que es el avivamiento. Puede que pensemos: «Juntémonos para cantar coros por un par de horas, y Dios obrará señales y maravillas». Aunque muchas veces el avivamiento es gustar de una pizca de lo que será el Cielo, también involucra un dolor insoportable en la esfera espiritual, emocional y física.

La unción implica un compromiso total. Lleva todo de nosotros, todo el tiempo. Y, aunque sea emocionante ver el obrar de Dios, observar el fruto que trae y el ser sorprendido continuamente por su Espíritu, aquellos que han sido usados en este avivamiento han estado «hasta el cuello», todo el tiempo.

Nuestro pasatiempo ya, por algunos años, es la adoración y oración. Nuestras fuerzas han sido renovadas en la presencia del Señor. Los pastores que han tomado el tiempo para estar juntos no tienen espacio para juegos o para la última película; quieren orar. Suena severo y espartano, pero su disposición a llevar ese estilo de vida ha sido una de las condiciones para su supervivencia.

El avivamiento tiene un costo y, durante mucho tiempo, uno podía distinguir al predicador pentecostal por sus ojeras, causadas por la falta de sueño, el llanto y una vida intensa de echar fuera demonios y ministrar a la gente, hasta altas horas de la mañana.

Cuando explotó la campaña en La Plata, en 1984, durante meses los obreros y pastores dormían vestidos; no tenían ni tiempo de cambiarse la ropa. Llegaban a casa a las tres o cuatro de la mañana, después de orar con gente endemoniada o enferma durante horas y horas. El avivamiento no es una actividad extracurricular; se convierte en el centro en torno al cual gira el resto de la vida de uno.

Hace poco, estuve en la iglesia de Hurlingham, con Héctor y Marga Manzolido, otros pastores del avivamiento. Como era el Día del Pastor, se me ocurrió entrevistarlos un poco antes de que los honráramos y orásemos por ellos.

Cuando les pregunté cuáles eran sus pasatiempos, Héctor mencionó que no tenía ninguno, que debería tener, pero que su vida era la iglesia. Marga nos informó que a ella le encantaban las manualidades, pero que había sentido durante el avivamiento que Dios le estaba pidiendo que le entregue su pasatiempo. Ella obedeció y no ha tocado una manualidad desde ese entonces. Esto lo dijeron con tal abandono que uno no podía catalogarlo como un nuevo legalismo duro. Fue un testimonio revelador de su compromiso de no hacer nada, fuera de lo que Dios estaba haciendo.

¿Qué quiere decir Pablo con sus palabras: «Dejé lo que era de niño» (1 Corintios 13:11)? Ellos, sin duda, aman a la gente y a Dios y han dejado de lado otras cosas para demostrar más ese amor. Quizás, estos pastores tienen una idea más clara, aunque nos suene raro con nuestros esquemas y diagramas, del equilibrio en la vida del ministro.

La cruz le causó un dolor enorme a Jesús. Nuestra cruz diaria también lo debe hacer. «Porque aún no habéis resistido hasta la sangre» (Hebreos 12:4) es una declaración que me viene a la mente seguido. ¿Cuánto me interesa en realidad? ¿Cuán cómodo debo estar? ¿Cuáles son mis límites? ¿Mis requisitos? ¡Que Dios tenga misericordia!

El tiempo

Dios había obrado en los corazones de la gente. Por poco, hice un llamado al altar para que la gente recibiera oración, pero desistí y le pasé la reunión al pastor asociado. Era un miércoles por la noche, y yo estaba en mi gira misionera, en los Estados Unidos. El compartir acerca del avivamiento había sido una alegría para nosotros. Muchos escuchaban con una fe creciente. Podía ver que estaban pensando: «¡Esto es para mí! ¡Quiero buscar a Dios para que se mueva en mi vida!».

¡Qué momento precioso, en la presencia del Señor, y cuanta expectativa había en mi corazón!

Para mi consternación, el pastor asociado dio unos anuncios rápidamente y cerró el culto. Antes que él y su esposa me llevaran a comer una hamburguesa, una de las mujeres de la iglesia me preguntó por qué Dios no hacía las mismas obras maravillosas en los Estados Unidos. Mi respuesta fue que sí lo hacía, pero en los campamentos y en barrios humildes, en lugares donde la gente no lo trata de hacer encajar en una estructura.

Mientras comíamos nuestras hamburguesas, más tarde, le mencioné al hermano que me daba lástima el no haber llamado al frente a la gente para orar. Su respuesta todavía está grabada en mi memoria: «No oramos los miércoles por la noche».

El programa rígido de actividades y lugares no permitía que esta congregación le diera tiempo a Dios. Por lo menos, no se lo daban los miércoles por la noche. Aun si el Señor quería tomar el control de su programa, hubiese sido difícil. Casi tendría que inmovilizar a las personas en autoridad, como para que la iglesia pudiera orar.

En una ocasión, nos invitaron a predicar en una convención misionera, en los Estados Unidos, y nos dieron exactamente ocho minutos para hablar a los jóvenes. Esa es una edad primordial para alentarlos a servir a Dios, pero todo estaba orquestado al minuto por un programa rígido. ¡No había tiempo para que Dios se moviera!

En otra oportunidad, nos habían pedido que ministráramos a la gente en una fila de oración. Queríamos tomar tiempo para orar, y la gente parecía tener hambre de esto, pero los pastores empujaron para que todo se hiciera rápidamente. Dios sólo tuvo algunos minutos para dar su bendición a todos los presentes.

Yo sé que en los Estados Unidos no estamos programados para tener reuniones largas, pero, quizás, necesitamos darle a Dios un margen con el cual trabajar. El avivamiento demanda tiempo. «Porque donde esté vuestro tesoro, allí estará también vuestro corazón» (Mateo 6:21). Jesús tenía razón cuando habló acerca de evaluar nuestras prioridades. Fíjense en las inversiones de tesoros: tiempo, dinero, energía, pensamientos. ¿Dónde están? Donde estén, allí está nuestro tesoro. Y hasta que las respuestas hablen acerca de darle a Dios, no solamente una porción, sino todo, el avivamiento seguirá tardando en llegar.

Una de las personas que visitó la Argentina observó que las relaciones más significativas de la gente de aquí están en la iglesia. Su corazón está en ella, por eso su tiempo también se invierte allí. En vez de destinar una hora o dos a la iglesia, cada semana —en un calendario apretado—, sus miembros buscan encontrar espacio, entre sus actividades de la iglesia, para sus trabajos y su familia. Cada feriado se pasa en comunión con la familia de la iglesia, en conferencias especiales y retiros que se planifican durante estos días. La gente dice que vale la pena, ya que otros están recibiendo salvación y la iglesia está avanzando. Aparte, ellos mismos tienen hambre de más.

Recuerdo cuando una mujer ordenada, de los Estados Unidos, la Dra. Carolyn Tennant, predicó por la mañana en una conferencia de mujeres, en Mar del Plata. Luego de la cual, supuestamente, tendrían la tarde libre. Habiendo terminado puntualmente (en horario argentino), se arrodilló en el piso al sentir fuertemente el poder de Dios, y, finalmente, se paralizó en el Espíritu por cuatro horas. Cuando volvió en sí, todo el grupo de la conferencia estaba esperando, y el auditorio seguía lleno. Habían estado orando juntas por sus iglesias, sus provincias, y por otros países, durante todo ese tiempo. La líder anunciaba que habría una palabra del Señor cuando se levantara Carolyn, y por esto esperaron. Quizás, en los Estados Unidos, preguntaríamos si se grabaría esta palabra, y no esperaríamos a escucharla personalmente. Por cierto, sí tuvo una palabra del Señor, y en esa conferencia, todas las mujeres que asistieron la escucharon personalmente.

Al día siguiente, Carolyn cerró la reunión, diciendo que estaba dispuesta a orar por la gente la que deseara. Sin embargo, la asamblea se realizó en una sala de conferencias de un hotel, donde los asientos estaban atornillados al suelo hasta la plataforma, sin dejar espacio para un altar. Ella sugirió que, dada la situación, la gente se ministrara mutuamente, en sus asientos, o que esperara donde estaba. Pero luego de hacer una oración general y alzar la vista, el grupo entero había formado una fila que se extendía alrededor del auditorio. Esperaron hasta cinco horas para que ella orara por ellas. El Espíritu fluyó en sus dones, y el equipo de alabanza tocó durante todo ese tiempo. Cuando terminó la fila, los músicos también se acercaron y pidieron oración, junto con el equipo de filmación. La ministración más significativa del día ocurrió con estos obreros fieles. Al final de la reunión de la noche, la gente trajo a sus amigos y parientes para que recibieran oración y terminó a las dos de la mañana.

¡Este tipo de hambre en la Argentina es muy impactante! ¡La gente está tan ansiosa por escuchar de Dios! Están abiertos y expectantes, dispuestos a esperarlo. Su anticipación parece ser recompensada por un Dios poderoso que derrama su bendición sobre ellos.

La gente, a veces viaja durante horas en tren, colectivo o hasta a pie, para llegar a un culto en la iglesia o a una reunión a la cual quiere asistir. Forman filas que se extienden alrededor de la manzana, esperando durante horas para entrar. Llegan temprano solamente para obtener un asiento. Tres o hasta cinco horas de reuniones no son inusuales. Nadie parece estar apurado porque está la presencia de Dios allí. ¿Quién querría dejar eso?

A menudo, la alabanza y la oración duran dos o tres horas, antes de la predicación de la Palabra. Dios está, y es evidente, casi palpable. La adoración no es una versión acortada de algunos pocos coros para proveer un buen ambiente, sino la rendición del corazón. Unas horas transformadoras en las cuales la gente es cambiada, sanada, y hasta salva. ¡No hay restricciones ni límites artificiales impuestos sobre la adoración ya que la gente disfruta estar con su Señor!

El pasar tiempo con Dios no es exclusivo de la Argentina ni del tiempo presente. Los cultos en los campamentos y reuniones de avivamiento de tiempos pasados, las cruzadas en carpa y las vigilias de oración de toda la noche son actividades naturales de una iglesia que quiere ser avivada. Debemos darle tiempo a Dios y hacerlo porque queremos buscar su rostro; no, como un soborno para recibir bienes.

Viajes

Para alentarse mutuamente y buscar a Dios juntos, la gente clave de este avivamiento ha estado dispuesta a viajar, a ir donde está la acción. «Pero quedaos vosotros en la ciudad de Jerusalén» (Lucas 24:49). Éste no fue un mandato fácil para los discípulos. Jerusalén era tan desafiante y foráneo para ellos como lo sería Washington DC para alguien de Cheyenne, Wyoming. Era la incómoda sede de poder político y religioso, pero obedecieron. Encontraron la manera de estar de común acuerdo, en la misma ubicación geográfica y, de repente, fueron sorprendidos por el derramamiento del Espíritu Santo sobre ellos.

Había muchos que permanecían allí, interesados en la resurrección de Jesús.

Pablo nos dice que luego quinientos vieron a Jesús.

¿Por qué, entonces, sólo ciento veinte esperaron en el aposento, cuando llegó el Pentecostés? Otros, seguramente, habían decidido que Dios podía bendecirlos donde estuviesen, mientras estaban involucrados en sus propios negocios. Puede que le hayan dado permiso para interrumpirlos en su ajetreo cotidiano; pero, al no esperar en el lugar indicado, con aquellos que estaban dispuestos a creer y a dedicar tiempo, se perdieron el Pentecostés.

Es probable que otros hayan comenzado con el grupo, pero luego se cansaron y no esperaron los diez días que tomó antes de que se moviera el Espíritu Santo. Es un largo período de tiempo para esperar y orar, sin saber exactamente qué esperar. ¿Daríamos nosotros un período de tiempo indefinido a una reunión de oración, solamente esperando que sucediera algo en el futuro?

¡Qué pérdida tremenda que habrán sentido, sin embargo, por el resto de sus vidas!

«Si solo hubiera ido a esa reunión de oración de diez días. Entiendo que el Espíritu descendió como un viento recio, como fuego sobre cada uno de ellos, y fueron tan impactados por el Espíritu Santo que parecían borrachos. ¡Ojalá hubiese dejado de trabajar en los campos durante esos diez días! ¡Tendría mucho más para contarles a mis nietos!».

Al fin y al cabo, ¿para qué se nos dan todos los días de nuestras vidas?

Uno de los aspectos asombrosos de este mover de Dios en la Argentina fue la disposición de ir adonde Dios se está moviendo. Una demostración de humildad abierta, y una actitud como de un niño que dice: «Quiero ver esto. Quiero ser parte de eso. ¡Necesito ese mismo toque en mi vida y ministerio!».

Cuando Dios sacudió la congregación Rey de Reyes en el barrio porteño de Belgrano, en 1993, la gente vino a Buenos Aires desde diferentes provincias de la Argentina, y aun de otros países, sólo para ser parte de lo que Dios estaba haciendo. Pastores de todas las denominaciones visitaron la congregación, en grupos de cincuenta o cien a la vez, y fueron transformados. La mayoría caía bajo el poder de Dios, y el Señor mismo les ministraba profundamente.

Muchos de estos líderes vinieron de denominaciones no pentecostales, y cuando regresaron a sus iglesias, cambios profundos comenzaron a ocurrir en la congregación, en su adoración, estilo de vida, apertura, y dependencia del Espíritu Santo. Lo que nos sorprendió a todos fue la disposición de tantos pastores de buscar a Dios y demostrar su hambre por su poder, al entrar en su coche o subirse a un micro de larga distancia y viajar adonde Dios estaba obrando en una manera tan asombrosa. La iglesia Rey de Reyes tuvo decenas de personas visitándola de toda la Argentina y de alrededor del mundo, por más de tres años.

Lo mismo estaba sucediendo, durante ese tiempo tan intenso, en Catedral de la Fe, la iglesia que pastorea Osvaldo Carnival. Al comienzo del mover en 1994, mi esposa, Sherry, nuestros hijos y yo fuimos para ver lo que Dios estaba haciendo. El énfasis durante aquellos maravillosos días de asombro estaba sobre la alegría de Dios. El Señor, simplemente, estaba compartiendo con nosotros el gozo de ser nuestro Padre, similar al tono de Sofonías 3:17:

«Se gozará sobre ti con alegría». Fue en esa noche que nuestro hijo fue ministrado de una manera profunda por el poder de Dios.

HUMILDAD

Detrás de la disposición para viajar, está el pensamiento: «Necesito ese mover en mi vida. Si permanezco donde estoy y no me acerco todo lo posible, quizás me pierda lo que Dios tiene para mí». Esa búsqueda ansiosa, aunque demande una noche muy repleta o más tiempo fuera de casa, se reduce a humildad. Escuché a las personas decir: «Dios sabe donde estoy, así que Él puede venir y tocarme cuando encuentre el tiempo para hacerlo». Pero, a veces, este es un camuflaje para la arrogancia: «Más vale que me bendiga en mis términos, porque no estoy como para demostrar la ansiedad de un adolescente sobre esto». ¿Pero por qué no? Jesús dijo que debemos ser como niños, si queremos entrar en el reino de los cielos (véase Mateo 18:3).

Sergio Scataglini comenta que, en su viaje de los Estados Unidos a la Argentina, escuchó que Dios estaba usando a su amigo del instituto bíblico, Claudio Freidzon. *Claudio era una persona callada, sin pretensiones* —pensó—. *¿Cómo es que Dios lo está usando tanto? Tengo que pedirle a mi viejo amigo y compañero de cuarto que ore por mí.*

Cuando llegó a la iglesia Rey de Reyes y vio las tremendas manifestaciones del poder de Dios, saludó a su amigo y pensó que Claudio oraría por él inmediatamente. Pero pasada la medianoche, él continuaba orando por otra gente.

¿No se da cuenta de que viajé esta gran distancia para estar aquí?, pensó Sergio. Finalmente, a la una de la mañana, Claudio oró por él, y la unción y el toque de Dios fueron poderosísimos. Pero el esperar hasta el final involucró humildad. Se necesitaba un espíritu quebrantado para aceptar que su amigo dedicara su tiempo a la ministración de otros, primero. El toque de Dios sobre la vida de Sergio ha sido mucho más potente porque él ha aprendido a esperar en Dios.

En una región grande de la Argentina, hace algunos años, muchos de los líderes demostraron un gran celo por «proteger al rebaño». Sin embargo, en su serio control de calidad, no tomaron el tiempo para averiguar qué estaba sucediendo. Prejuzgaron las manifestaciones y los líderes que Dios estaba usando. En vez de querer ver y aprender acerca de lo que estaba sucediendo, simplemente, decidieron rechazar el avivamiento. No encajaba en su estructura. Menos mal, que Pablo y los líderes de la iglesia no tuvieron esa actitud, cuando llegó el momento de incorporar a los gentiles.

En esta región particular de la Argentina, no sólo estos líderes se mantuvieron lejos de las muchas iglesias y zonas en las cuales el Señor estaba obrando tan poderosamente, sino que no permitieron que la gente fuera parte de lo que Dios estaba haciendo. No dejaron que la región experimentara su mover, por varios años.

La influencia de un pastor sobre la congregación y el control del presbítero sobre su región son como una puerta: si se abre de par en par, la iglesia y la región entera pueden ser bendecidas. Si se mantiene cerrada, Dios respeta la decisión tomada por uno o por algunos que Él puso en autoridad. Algunos tienen tanto temor del fuego arrasador que cuando ven a los vecinos afuera quemando hojas, invierten toda su energía en preparar el equipo, por si el fuego sale fuera de control. ¡Que Dios nos ayude a velar, pero también a acercarnos humildemente a aquellos fogones y recibir del calor y de la comunión!

Dios y el hombre

¡Qué equilibrio delicado que hay entre la gracia y el poder de Dios, y la aceptación y la participación del hombre! La mezcla adecuada es crucial. El Espíritu Santo está ansioso por obrar, si se lo permitimos. Si podemos recibir lo que Él tiene, siempre habrá más.

No busquemos las señales o manifestaciones ni el fruto asombroso del avivamiento, busquemos a Dios. Cuando le damos de nosotros mismos, entregándole todos los planos personalizados o ideas preconcebidas de cómo se le permite obrar, se nos invitará al río. Pronto, no estaremos satisfechos con tobillos mojados o rodillas mojadas. Estaremos nadando con un abandono completo a su cuidado, su creatividad y su poder milagroso.

8
Maravillas, dones y milagros

La gente nos pregunta seguido qué hemos visto personalmente durante este mover de Dios a largo plazo. Si estas vivencias se compaginaran, considerando todos los recuentos de testigos oculares de confianza, se convertirían en una montaña. ¡Hay tanto para contar!

A veces, algunos quieren saber si creemos en todas estas cosas. ¿Podemos elegir ser incrédulos, después de recibir el gozo y el privilegio de experimentar tanto? ¿Hemos mirado todo con un ojo crítico? ¿Hemos escuchado desde una perspectiva analítica? No lo hacemos más. La cantidad de datos sin procesar nos abruma, y no tenemos razones para cuestionar los recuentos. No hay objetivos encubiertos que busquen ganancia al adornar o exagerar la historia. ¿Para qué hacer eso, cuando la verdad ya es tan asombrosa que no podría ser inventada por un cínico ni un vendedor furtivo?

Uno de los pasatiempos preferidos de los cristianos argentinos es tomar mate juntos, y compartir testimonios de los milagros de Dios. Viajé durante horas en micro, con pastores que compartieron historia tras historia, sin una pausa. Siempre se espera con ansias ese momento de contribuir con una experiencia propia.

Los dones del Espíritu, sin duda, están operando aquí en la Argentina. Uno los ve constantemente en acción, edificando y alentando a la iglesia. El Espíritu está siendo derramado a través de sueños, visiones, milagros, señales y maravillas.

En Hechos 2:22, vemos a Pedro predicando, diciendo que Jesús era un «varón aprobado por Dios entre vosotros con las maravillas, prodigios y señales» (RV60). Dios confirmó la palabra hablada con sus milagros, demostrando que el mensaje era verdadero.

En el Centro Cristiano Nueva Vida, donde pastorea Guillermo Prein, se les pide a los líderes de los GO, grupos de oración o células de oración, que lleven un registro de los milagros que Dios obra entre ellos. Se anotaron, durante los últimos cinco años, un promedio de mil milagros anuales.

El pastor Alberto Scataglini tiene un equipo de intercesión que lleva el registro de todas las obras poderosas de Dios. La lista de milagros ocupa un libro grande, con cientos de páginas.

Los dones del Espíritu Santo son vistos como acontecimientos cotidianos en las iglesias de la Argentina. Es normal escuchar a alguien decir: «Me dieron una palabra de Dios» o «Mi madre fue sanada de cáncer, y por eso estamos en la iglesia hoy. Nuestra familia entera aceptó a Cristo, después de ese milagro».

Sorprendidos por el Espíritu

Acabábamos de terminar una reunión en el retiro de misioneros. Varios miembros del equipo hicimos comentarios acerca de las señales y manifestaciones que habíamos observado en la iglesia de Claudio Freidzon. Esto sucedió al comienzo de la ola de «la unción». A pesar del escepticismo expresado por algunos, Dios tocó nuestro grupo, y una de las mujeres comenzó a reír por el Espíritu por un buen rato. Asombro y consternación estaban a la orden del día. Esa noche, varios misioneros determinaron ir a ver por ellos mismos lo que estaba sucediendo.

Uno de ellos era Rocco DiTrolio. Conocido por su perfeccionismo como alumno del Instituto Bíblico, nadie se hubiese sorprendido al verlo acomodando su escritorio a la una de la mañana. Apagaba la luz, debido a la insistencia de su compañero de cuarto; pero en la oscuridad, se lo escuchaba rociar los muebles con el lustrador para terminar la limpieza de su escritorio.

Cuando los ministros llegaron a la iglesia Rey de Reyes, Rocco miró lo que estaba sucediendo a su alrededor y no estaba muy convencido de lo que vio. De repente, el Espíritu Santo tocó su vida y, con un tono de voz extraño y vacilante, dijo: «Pensé que esto era un show, ¡pero Jesús está aquí!». Igualmente, los testigos del día de Pentecostés pensaban que aquellos cristianos estaban borrachos. Rocco podría haber encajado bien con los ciento veinte. Cayó al suelo, con los ojos cerrados.

—Ayúdenme a cargarlo —dijo uno de los misioneros.
—Tú lo trajiste; ¡llévalo tú! —fue la respuesta.
Casi dos horas después, cuando lo llevaron a su casa, todavía no podía abrir los ojos. Ellen, su esposa, estaba conmocionada y preocupada al principio, pero después de poco tiempo, Rocco volvió en sí.

↓

Otro misionero, Marc Triplett, fue a otra de las reuniones. Claudio Freidzon no conocía a Marc, pero lo señaló de entre cientos de personas y lo llamó a la plataforma. Después de caer una vez bajo el poder del Espíritu, lo normal es que los ujieres u obreros carguen a la persona y se la lleven de la plataforma. Por alguna razón, Claudio lo mantuvo a Marc allí y cada una de las veinte veces que trató de pararse y bajarse de ella, el pastor lo tocaba, y caía nuevamente. Durante los próximos tres meses, cada vez que Marc levantaba sus manos, hasta para peinarse el cabello, sus rodillas se debilitaban, y casi se caía al suelo bajo el poder de Dios.

Luego Marc y su esposa, Jeannette, vinieron a Buenos Aires con un micro lleno de personas, desde Bariloche —una ciudad turística, a unos doscientos kilómetros al sur, en los Alpes de Latinoamérica—, donde estaban fundando una iglesia. Después de la reunión, tuvieron que cargar a diez personas en el micro, en estado inconsciente: el Espíritu de Dios las había tocado de manera profunda. Todo el resto se bajó para comer unas hamburguesas en un restaurante *fast-food*, y estos diez ni se dieron cuenta. Estaban perdidos en la presencia de Dios.

↓

Un taxista estaba pasando por la iglesia que pastorea Omar Olier en Mar del Plata, una ciudad de la costa, cuando se encontró dando la vuelta manzana, vez tras vez. No podía dejar de pasar por la iglesia y dar otra vuelta. Finalmente, estacionó su vehículo y entró a ella para averiguar qué estaba sucediendo. Esa noche entregó su vida a Jesús.

Sueños y visiones

«Vuestros ancianos soñarán sueños, y vuestros jóvenes verán visiones», predijo el profeta Joel (2:28). He escuchado varios comentarios burlones acerca de los hombres mayores, insinuando que a éstos solo les queda soñar acerca del pasado, pero el contexto de las Escrituras coloca los sueños y las visiones en el futuro. No precisamos que el Espíritu Santo nos ayude a soñar lo ya sucedido. Sin duda, necesitamos su participación en proyectarnos hacia sus planes, un futuro fructífero de compartir su gloria.

A menudo, la conversación con aquellos que todavía no tienen sensibilidad espiritual gira en torno al aquí y ahora o a proyectos que se alcanzan con un poco de dedicación personal y trabajo duro. Lo milagroso parece ser innecesario. El toque sorprendente de Dios no está en esos sueños.

El pastor Alberto Scataglini comentó acerca de una visión que le había dado Walter Llanos, un joven de su congregación. Vio a mucha gente de ella subiendo una colina, pero con muletas y con gran dificultad. Cuando llegaron a la cima, las tiraban y comenzaban a caminar y correr libremente. El Señor le dio la interpretación al pastor Alberto: hasta ese momento, todos estaban dependiendo de los recursos humanos, pero iba a llegar el momento en el cual dependerían de Dios por completo, y Él estaba por hacer algo muy especial entre ellos.

Hace algunos días, les dije a los alumnos de tercer año del IBRP que hicieran un ejercicio de evaluación personal conmigo, que aprendí en un curso de postgrado sobre consejería. Les pedí que dibujaran un círculo grande en una hoja de papel. Dentro de él, debían colocar aquellas metas de su vida que habían logrado; en el perímetro, las que todavía no; y, afuera del círculo, aquellas que habían decidido dejar. Permítanme citar algunas de las metas con las cuales están comprometidos estos estudiantes que viven en el avivamiento: «Predicarle el evangelio a mi padre biológico... Abrir un orfanato... Emprender un negocio para apoyar a los misioneros... Escribir un libro... Componer un coro de alabanza... Trabajar con un coro de adolescentes... Fundar y edificar compañías transnacionales para ayudar a plantar iglesias y apoyar a pastores y misioneros... Predicar el evangelio alrededor del mundo... Predicar en estadios llenos de gente». Ellos, sin duda, tienen algunos sueños y visiones dados por el Señor.

Durante estas últimas semanas, Dios ha dado a jóvenes del Instituto Bíblico y a algunos visitantes, varias visiones que concuerdan entre sí. Una joven vio un torbellino que comenzó a girar y girar y alcanzar al mundo en poder. Otro vio al corazón de Dios sobre el instituto, que comenzaba a girar y girar hasta que alcanzaba al mundo. Otro, un fuego arremolinado que se esparcía. Dios les mostró a los estudiantes, con firmeza y ternura, que son parte de su actividad, de su mano que se extiende para tocar el mundo.

Profecía

Otra demostración del derramamiento del Espíritu Santo es: «Profetizarán vuestros hijos y vuestras hijas» (Joel 2:28). Nos alegramos en situaciones similares a aquellas que ocurrieron con el ministerio de Smith Wigglesworth: anunciarle a una persona parada sobre una roca, en el fondo de la iglesia, que estaba siendo sanada de problemas en la espalda. «No menospreciéis las profecías» es una buena regla para seguir cuando el Espíritu Santo está levantando jóvenes llamados a ministerios proféticos.

Héctor Ferreyra estuvo a la vanguardia de las palabras proféticas desde el comienzo de su ministerio. Antes de que cualquiera de estos milagros y manifestaciones formaran parte de nuestras vidas cotidianas, Dios le habló para que cuando fuera a predicar llevara consigo un despertador donde predicara y declarara: «Llegará el momento. Dios hará obras poderosas. Muchos serán salvos». La gente lo consideraba un tanto peculiar por presentarse con su despertador, pero Dios cumplió con la promesa que le había dado.

La palabra que Dios le dio a Carlos Annacondia, sin duda, era profética: «Pronto, pronto, la Argentina será mía». Ninguno de nosotros imaginó en ese momento que más de cien mil personas avanzarían en tropel, en una noche, para aceptar a Cristo «como ganado sediento corriendo hacia el agua», dijo un observador.

Recuerdo claramente un momento en el altar, en la capilla del

IBRP, cuando una oración en lenguas fue comprendida e interpretada por Patricia Casas, una alumna de tercer año. La persona estaba repitiendo: «Si no van a los pueblos, ¿quién irá? Si no van a los pueblos, ¿quién irá?».

A fines del 2001, la Argentina experimentó su peor crisis política, económica y social de los últimos setenta años. Dos años antes, en la conferencia nacional de pastores, el predicador especial, Edwin Álvarez trajo esta palabra: «Vienen grandes cambios. No se atemoricen a causa de lo que debe atravesar la nación. Habrá convulsiones y movimientos. Las aguas políticas serán agitadas en la Argentina, pero no teman. Cuando haya levantamientos populares, cuando la economía de la nación se esté tambaleando, no teman... sólo recuerden que Dios les avisó antes de que sucediera. Dios está preparando a su iglesia para pasar por cualquier circunstancia, política o económica, y para salir en victoria. Levanten su voz para confirmar y afirmar su fe y para darle confianza a la gente. Habrá figuras que caerán, y hay hombres que en la actualidad están en las alturas que no serán más. No permitan que nada dañe o afecte su corazón».

En 1999, se consideraba a la Argentina como un milagro económico y un ejemplo. ¿Quién hubiese imaginado que dos años más tarde habría un colapso económico, manifestaciones populares, cortes de ruta y varios cambios de gobierno en sólo dos semanas? Pero a través de esta crisis extremadamente difícil que comenzó en diciembre de 2001, la iglesia ha abierto muchos comedores y brindado asistencia social a miles de personas desempleadas. La iglesia de Dios ha ministrado confianza a la gente.

PALABRA DE CIENCIA

Hace poco escuché a una ministra que estaba predicando en una iglesia de Lanús, un suburbio de Buenos Aires. En la fila de oración, llegó a un joven fornido con cabello largo, recogido. La predicadora sintió que había estado llevando un estilo de vida oscuro, con drogas y otras adicciones. El Señor le mostró algunas cosas de la vida de este joven, y ella le dijo tiernamente: «Estás pensando: "¿Cómo Dios podría perdonarme a mí? He hecho tantas cosas malas, y Él nunca me aceptaría". Pero el Señor quiere que sepas que Él sí te acepta. Él murió por tus pecados y te ama mucho». Mientras continuaba, lágrimas caían por las mejillas del joven. Dios le prometió que esa noche lo libraría inmediatamente de todas las adicciones con las que luchó por tanto tiempo. Las lágrimas siguieron cayendo, mientras la palabra de ciencia era proclamada. Luego, ella dijo: «Recibe el Espíritu», y cuando lo tocó suavemente en la frente, él cayó bajo el poder del Señor.

↓

El pastor y profeta Oscar Ferreira había sido invitado una noche al IBRP para predicar. Llamó para pedir indicaciones. Sucedió que la persona que atendió el teléfono en portería era una estudiante casada, que esperaba una llamada de su marido. Mientras le daba indicaciones, él la interrumpió, diciendo: «Tienes carga para alcanzar a los niños de África». Luego de su respuesta inicial de asombro, él dijo: «Tu marido está en la cárcel y saldrá cuando Dios diga. Luego, irás a ministrar a los niños, en el África». La llamada que ella estaba esperando vendría de la cárcel, y su marido era, en realidad, uno de los internos. Se habían enamorado cuando ella visitó la cárcel con un equipo ministerial. Hace poco se había casado con él, a pesar de estar encarcelado.

Esa noche, cuando el hermano Ferreira comenzó a ministrar en la capilla, dijo: «Te vi hoy. Tres de ustedes estaban en su dormitorio preguntándose qué estaban haciendo aquí y si Dios tiene algo para ustedes en el ministerio. Ven al frente, si esto te describe». Tres de nuestros graduados recientes que habían estado trabajando en el instituto como pintores, pasaron al frente llorando desde lo más profundo de sus corazones.

Luego continuó, señalando a otra joven en la audiencia. «Te vi hoy, parada con tu taza, preguntándote si en realidad tienes un llamado para alcanzar a los niños de otro continente». Inmediatamente, esta alumna de tercer año corrió hacia el frente, clamando a Dios.

Me estaba yendo de la capilla, luego del devocional de la mañana, y vi a una joven sentada sola en medio del santuario. Me le acerqué, tomé su mano, y dije: «Dios te envía un abrazo». Comenzó a sollozar. Unos días después, me dijo que, inmediatamente antes de ese momento, ella le había dicho al Señor: «Me siento sola. Si sólo pudiera recibir un abrazo tuyo». Fue en ese momento que uno de los carteros de Dios llegó con un mensaje para una de sus hijas.

↓

En ocasiones, Dios nos muestra asuntos prácticos. Sherry y yo estábamos enseñando en un retiro de matrimonios en Córdoba, una ciudad que queda a setecientos kilómetros de Buenos Aires. El centro de retiros era bastante rústico, con caminos de tierra entre todos los edificios. Mientras esperaba en una de las mesas del comedor, mi esposa tardaba más y más en llegar para la cena. Finalmente, entró con una expresión preocupada. «Perdí un lente de contacto», dijo. En ese tiempo, usaba los duros, y ese era su único par. Le pregunté por dónde se le había caído, y me respondió con un firme: «¡Olvídalo! Está en algún lugar de estas dos cuadras de camino de tierra». A pesar de su insistencia de que no serviría de nada buscarlo, pedí una linterna y salí, pidiéndole a Dios que me guiara. La primera vez que bajé la luz para mirar el suelo, estaba apuntando directamente al lente de contacto.

SANIDADES

Hace un tiempo invitamos al pastor Horacio Baena a predicar en una reunión, en el IBRP. Él y su esposa habían estado pastoreando una pequeña congregación fielmente, por años, después de haberse graduado del Instituto Bíblico. Durante diez años de pastorado, él le había pedido al Señor un ministerio de sanidad. Se preguntaba si era una idea loca o un capricho personal. Luego visitó la iglesia Catedral de la Fe, donde le dieron una palabra profética: que Dios contestaba su oración. De repente, Él comenzó a abrirle puertas de oportunidad y a usarlo con el don de sanidad.

Ministró en una campaña tras otra, mientras se manifestaba el poder de Dios.

La misma noche que estuvo con nosotros en el IBRP, veintiún individuos fueron sanados. La mayoría eran estudiantes. Para festejar este momento trascendental, sacamos una foto de los veintiún individuos con el pastor Baena. Muchas eran sanidades de escoliosis, problemas en la espalda y dolor de cintura que, a menudo, se debe a que una pierna es más corta que la otra. Sin hacer alarde, Horacio sentaba a la persona en una silla y le decía que extendiera sus piernas. Luego, calladamente, decía: «¡Crece, crece, en el nombre de Jesús!». Y lo hacían, hasta 2,50 cm, delante de nuestros ojos. Un alumno de tercer año que tuvo dolor de cintura y de espalda por varios años fue sanado esa noche, y el dolor desapareció de manera permanente. Colocamos la foto de los veintiún individuos sanados en nuestro anuario.

El pastor Osvaldo Carnival comentó recientemente el caso de una mujer que subió a la plataforma, en su iglesia —con su hija de tres años que le tomaba la falda— para dar un testimonio: «Mi hija tenía un tumor cerebral —dijo—. Había dejado de comer y de moverse. Mientras estaba en la sala de espera, esperando lo peor, algunas mujeres de la iglesia compartieron la Palabra de Dios conmigo y oraron». Cuando el médico salió para hablar con ella después de eso, pensaba que diría: «Falleció». En lugar de esto, él dijo: «Está comenzando a responder y ha pedido comida». Una semana después, los exámenes mostraron que el tumor había desaparecido. Mientras la congregación aplaudía con alegría, la mujer continuó: «Pastor, el testimonio no termina acá. Las mujeres me regalaron una Biblia, y la abrí en Isaías donde dice que Dios nos dará la victoria. En ese momento, decidí ir al registro de las personas, y cambié el nombre de mi hija por el de Victoria. ¡Dios nos dio la victoria!».

Elena Díaz estaba enseñando sobre los dones del Espíritu Santo en un instituto bíblico nocturno. No sintiéndose capacitada por su falta de experiencia, esta alumna de cuarto año temblaba mientras enseñaba. De repente, un alumno la interrumpió de manera forzosa: «¡Gloria a Dios por la hermana!». El hombre repetía esta misma frase, dejando a Elena perpleja. Luego le informaron que había sido mudo, hasta la clase sobre sanidad. Elena siguió temblando, pero esta vez, sobrecogida por un Dios maravilloso.

↓

Recuerdo específicamente un testimonio de la congregación de Rey de Reyes. Gente laica de la iglesia había ido a orar por un pequeño con un tumor cerebral, en el hospital de niños. La habitación olía a cerebro en descomposición. Después de que oró esta gente de fe, Dios obró una sanidad completa.

↓

Las campañas evangelísticas entre iglesias pentecostales incluyen oración por los enfermos. Las sanidades actúan en el alivio de parálisis, la cicatrización de heridas abiertas que no habían sido sanadas apropiadamente y la sanidad de muchas enfermedades como el astigmatismo. Una de las sanidades creativas se da cuando se dice a una mujer que agarre su falda porque Dios está por quitar su exceso de peso. Las damas que no creyeron que sucedería estaban agradecidas de que ese día usaron enagua, ya que, repentinamente, sus faldas se les bajaban hasta los tobillos por la tremenda e instantánea pérdida de peso.

En una campaña reciente con Fernando Nielsen, un pastor bautista de la iglesia Bridge of Life Church (Iglesia Puente de Vida), Alberto Romay cuenta que se emplomaron muelas milagrosamente: cinco o seis con oro y el resto con un material desconocido. Los dentistas estaban asombrados.

El cáncer de huesos y de pulmones desapareció, en un pueblo de San Fernando. Una mujer tenía cáncer de mama y fue al baño para fijarse si se había sanado, y hasta la piel áspera sobre el tumor se había cicatrizado instantáneamente. Gente también dejó sus bastones y sillas de ruedas ya que había sido sanada de escoliosis. También fueron sanadas las adicciones.

Este evangelista es usado frecuentemente para sanar pie plano, y yo observé, mientras los arcos se formaban en los pies de un pastor de jóvenes, de Florida. Ya no necesitaba plantillas plásticas para sus zapatos. En otra ocasión, una de las jóvenes de un equipo visitante de Minnesota también fue sanada de pie plano. Cuando cubrieron sus pies con aceite, y se paró sobre un papel, era evidente que se le habían formado los arcos. Comentó que de bebé había tenido pies deformados, y había sido operada varias veces de niña. Durante ese tiempo, formaba parte del equipo de atletismo de la universidad, y sus problemas le estaban causando dolor intenso cuando corría. Las lágrimas caían por sus mejillas, cuando se dio cuenta de que el Señor la había tocado.

↓

Nuestros alumnos, a menudo llevan la camioneta *combi* del instituto a varios lados, y este día se encontraban en Ramallo, un pueblo del interior. Compartieron el evangelio a través de obras de teatro, mimos, y testimonios. Mientras uno de nuestros estudiantes de tercer año caminaba por la calle, notó a una familia que había llevado a su hijo de diez años, totalmente paralizado, a tomar un poco de sol. De pronto, nuestro alumno sintió al Espíritu Santo que le decía: «¡Abrázalo!». Otra voz insinuó lo ridículo que se sentiría haciéndolo, pero decidió firmemente obedecer a Dios. El cuerpo sin vida del niño era como una gelatina. El jovencito recibió el abrazo. Hace poco recibimos noticias de que el niño está completamente sano.

Sanidad interior

Un evangelista dijo: «Cuando la gente está en angustia o deprimida viene a la campaña. Muchas veces, a través del discernimiento que Dios nos da, podemos ver que han intentado suicidarse. En ese momento, declaramos la palabra que Dios nos dice, y la gente es liberada. Eso nos impacta porque vemos los cambios profundos mientras el Espíritu comienza a fluir».

A menudo, la gente ha sido tan lastimada que lleva heridas internas. Aunque han tratado de superar estas cosas, a veces, son tan profundas que todavía hay dolor. Mientras el Señor comienza a ministrarles, uno puede observar a las personas siendo tocada por el Espíritu, quien las ayuda a soltar el dolor de su pasado (muchas veces a través del llanto). A veces, esto es seguido por un tiempo de risa y gozo que le sobreviene a la persona, mientras deja salir el dolor.

Otras veces, el Espíritu del Señor inunda a la gente, y ésta cae bajo el poder de Dios. Durante el tiempo en la presencia de Dios, les muestra algo que le trae sanidad y liberación. Es como si, estando anestesiados, las heridas fueran operadas por el Maestro cirujano. El Espíritu es tan cuidadoso que utiliza el instrumento correcto y, tiernamente, quita la dolencia.

Uno de nuestros estudiantes dio un testimonio: su madre había sufrido depresión por diez años, cuando alguien la invitó a su iglesia, donde Dios la sanó por completo.

Otra compartió que ella personalmente había entrado en una depresión tan grande que no salió de su habitación por seis meses. Luego alguien llegó a su casa con las Buenas Noticias.

Un conocido mío le ministró una vez a una de nuestras alumnas, teniendo una visión de su corazón dolorido. Era rocoso, estaba magullado y endurecido por algunas experiencias difíciles del pasado. La visión continuó, mientras la mano del Señor tomó ese corazón, lo suavizó, y luego lo decoró tiernamente con encaje, moños, y belleza. La estudiante lloró en la presencia del Señor, experimentó una liberación, y Dios le trajo sanidad.

LIBERACIÓN DE POSESIÓN DEMONÍACA

«Este fin de semana de Pascua vimos decenas de personas liberadas de posesión demoníaca y, por lo menos, doscientas aceptaron al Señor», testificó un alumno del IBRP. Este no es un testimonio inusual en la Argentina. Presenciar cómo la gente es liberada del poder del enemigo es un acontecimiento normal.

La iglesia El Buen Pastor, de Lomas de Zamora, donde pastorea José Vena, evangeliza enviando equipos de tres personas que van puerta por puerta para preguntarle a la gente si pueden orar por sus necesidades. Un brusco «soy de otra religión» es la respuesta. «¿Por qué no oras de acuerdo con tu religión, y luego oraremos juntos?», dicen los creyentes. «Ora tú —dicen, generalmente—, yo no sé cómo orar». Se visita a esta gente todas las semanas hasta que haya una decisión, y luego son invitados a un grupo celular en su barrio. Si la familia no está abierta para recibir, se anota la dirección y se la envía al grupo de intercesores.

Un equipo de oración llegó a un hogar donde se encontraba una joven adolescente, en una habitación del fondo, que tenía apariencia desaliñada y salvaje. Nadie en el barrio sabía que existía. Los creyentes oraron en el nombre de Jesús y esta persona, que había estado atada por años, fue liberada. Ahora se congrega en la iglesia, con ropa limpia y en su sano juicio, exactamente como el endemoniado gadareno (véase Marcos 5:1-20).

↓

El equipo de evangelismo del IBRP comentó acerca de su ministración reciente. Un alumno de tercer año le pidió a Martín, de primer año, que orara por la gente. Mientras lo hacía, comenzaron a caer bajo el poder de Dios. Una mujer había pasado al frente con problemas de espalda, escoliosis y dolor en todo el cuerpo. Martín oró, y la mujer comenzó a gemir mientras sus vértebras se ajustaban una tras otra. Fue sanada y también liberada del poder demoníaco. ¡Qué salida evangelística interesante, para un alumno de primer año!

↓

Corina, una estudiante del IBRP, había sido educada como bruja por su madre y su abuela. Su familia estuvo involucrada en el ocultismo por años, y había sido atada por demonios. Artistas y políticos venían a su casa para que se les predijera el futuro.

«Tuve contacto con esto desde pequeña —dijo Corina— pasaba meses en la casa de mi abuela, yo era como su discípula. Mientras crecía, era un estilo de vida normal para mí el practicar brujería y leer las cartas (tarot). A los veinte años, cuando acepté al Señor y dejé todo esto, mi familia me echó de la casa. Esto produjo un choque espiritual en mí».

«Le bajaba la presión, se desmayaba o se manifestaba, hablando con voz de hombre, explicaba Marcelo, su marido. Luego de que se convirtió, oramos por ella durante ocho o nueve días».

«El mundo espiritual no era nada nuevo para mí —dijo Corina. Tenía conocimiento de las prácticas espirituales, y Marcelo cuenta cómo me transformaba y levitaba. Esto era normal para mi vida. El ver demonios y estar involucrada en el mundo espiritual no era algo inusual».

Sin embargo, Corina experimentó algo espiritualmente diferente cuando se convirtió al cristianismo. «Por primera vez en mi vida comencé a sentir libertad y paz. El odio era parte de la vida de mi familia, y ahora me encontré amando a aquellos que me habían rechazado. Ese odio constante se me había ido».

↓

Carlos Annacondia y su equipo evangelístico ofrecen un ministerio creativo a iglesias individuales. Durante un mes, este grupo predica en la iglesia y ayuda a todos a desarrollar su fe y nivel de expectativa con respecto al evento evangelístico. También preparan a los obreros de la iglesia para ministrar liberación y aconsejar a aquellos que aceptarán a Cristo. El evangelista Annacondia predica una noche, pero el trabajo preliminar ha sido realizado para que Dios obre de manera poderosa, y luego queda un equipo capacitado para seguir con la obra comenzada.

Cuando el equipo estuvo en la iglesia Avance Cristiano, de Temperley, donde pastorea Edgardo Muñoz, uno de los obreros que prepararon para el ministerio de liberación era nuestro hijo, Nathan. La noche que predicó el hermano Carlos, había cuatrocientas visitas, un incremento de 40 por ciento de la concurrencia normal. Cuando llegó el llamado al altar para aceptar a Cristo, todos pasaron al frente, en masa. Diez personas manifestaron demonios, y fueron llevadas a las aulas. Nathan tuvo la oportunidad de orar con un hombre, y cuando hizo lo que le habían enseñado, preguntándole si albergaba amargura contra alguien, la respuesta fue «sí». Y añadió: «Mi padre abusó sexualmente de mí durante diez años». Cuando la gente está desesperada, tiende a enfrentarse con la realidad. Nathan oró y el hombre fue librado completamente.

Durante años, muchas iglesias han tenido un equipo de intercesión, que ora durante las reuniones, y otro de liberación. He visto la cocina de la iglesia o una pequeña carpa, detrás de ella, usada como un cuarto de liberación. Ésta es una parte cotidiana de nuestras vidas.

Señales y maravillas

Las señales y maravillas se han convertido en lo normal entre nosotros. En junio de 2003, un equipo de evangelismo de jóvenes de los Estados Unidos llegaba al IBRP, luego de haber viajado toda la noche. Mientras almorzaban, noté que un evangelista visitante estaba charlando con un pastor de la iglesia congregacional. Como frecuentemente invitamos a la gente a compartir su testimonio cuando hay algún grupo aquí, le pedí a Alberto que contara acerca de sus campañas recientes.

Luego de diez minutos de testimonio traducido, comenzó a orar por aquellos del equipo que estaban enfermos. Entre ellos, había un joven con una hernia de disco. Dios lo sanó instantáneamente. El evangelista le pidió que levantara a otro joven. Lo hizo, cargándolo por tres metros. Luego salió corriendo de allí. Todas estas actividades que lo hubiesen hecho gemir de dolor unos minutos antes.

¿Por qué vemos milagros hoy en día? Muchas de estas manifestaciones asombrosas del poder de Dios se deben al amor de Dios atrayendo a los pecadores a sí mismo. Aun una o dos sanidades pueden abrir una comunidad entera para que la Palabra de salvación sea predicada. Es evidente que la disposición del Señor para sanar tiene una proporción directa con su disposición para impactar las vidas de pecadores.

El propósito de las señales y maravillas es confirmar la declaración audaz de su Palabra. Parte de la autoridad que Él nos da es para hacer discípulos y traerlos a una restauración completa.

La increíble provisión de Dios

Entre las tantas obras de Dios que vemos aquí, están aquellas que tienen que ver con la provisión de Dios. Recuerdo vívidamente una conversación con Damián González, cuando todavía estudiaba en el IBRP.

A los alumnos del instituto casi nunca les sobran recursos económicos, y Damián era uno de aquellos que confiaban en que Dios cubriría la cuota de cada mes. Él contó que había hecho una lista detallada de necesidades y deseos; me comentó que ya estaba orando por estas cosas. Incluía un traje nuevo, tres camisas de vestir, un maletín, un cinturón, una billetera y otros artículos.

Algunos días después que trajo esta lista ante el Señor, recibió una llamada telefónica de una mujer que había escuchado su testimonio y predicación en la radio: «Mi marido hace poco falleció —declaró— y aprecié tanto tu mensaje y testimonio. ¿Te molestaría si te doy los artículos casi nuevos de su ropero?» Damián no dejó pasar esta oportunidad de provisión divina. La mujer le envió dos trajes nuevos, varias camisas de vestir elegantes, un maletín nuevo, dos cinturones, y una billetera nueva. Dios estaba edificando su fe y confianza, y ver este testimonio nos ayudó al resto de nosotros también.

Sherry, mi esposa, estaba en una convención de mujeres en Mar del Plata, cuando una hermana compartió que había traído cuarenta pesos para alimentarse durante los tres días siguientes. Dios le pidió que pusiera todo el dinero en la ofrenda. Ella obedeció y luego encontró más dinero, vez tras vez, en su cartera: más de sesenta pesos, ¡y la provisión todavía no se había agotado!

Un joven compartió en la capilla acerca de su deseo de comer golosinas. No tenía absolutamente nada de dinero. De repente, un colectivo pasó a toda velocidad al lado suyo, ¡y un billete de diez pesos salió flotando de la puerta! Dinero para golosinas y más.

Otro de nuestros estudiantes siempre regalaba el dinero que recibía, comprando suministros como shampoo para sus amigos, sin guardarse nada para sí mismo. Hace poco había regalado sus zapatos negros. Una visita vino al Instituto Bíblico y sintió de parte del Señor que debía comprarle un traje negro a este joven. El estudiante no tenía un traje, pero la visita (sin conocer la historia completa) también añadió dos camisas de vestir y corbatas, un cinturón de vestir, y zapatos negros.

Durante los últimos años, hemos vivido muchas crisis económicas en la Argentina. Hubo veces que la inflación llegaba al 1,5 por ciento en solo doce horas. Durante mucho tiempo, cuando queríamos recordar el precio del pan o la leche del año anterior, sólo sacábamos un cero del precio actual. En medio de algunas de esas crisis profundas, muchas veces los integrantes de familias de las iglesias tenían que turnarse para ir, ya que no podían cubrir los gastos del colectivo para que todos fueran juntos.

Fue durante uno de esos momentos críticos que lo invitaron al pastor y evangelista Fernando Junco a predicar en una iglesia de un barrio muy pobre. Silvia, su esposa, empalideció mientras escuchó a su marido decir a la congregación: «En el camino de regreso, esta noche y mañana durante el día, mantengan sus ojos abiertos mientras caminen. Dios me dijo que está enviando ángeles para colocar billetes de efectivo en las canaletas para que los encuentren». Muchos miembros pobres de esa iglesia encontraron hasta doscientos pesos en la calle, en esos días.

Guía

En el año 1999, en el sur de Francia, la hija de un pastor joven estaba compartiendo con sus amigas su sentir de prepararse para el ministerio en la Argentina. Parecía totalmente ridículo decirles esto a sus padres. De pronto, mientras hablaba, una moneda argentina de cinco centavos cayó sobre el suelo de madera de su habitación.

Asombrados al ver la evidente confirmación de Dios, sus padres aceptaron que viajara a otro continente para su preparación ministerial. En una reunión reciente, Marie Eve González comentó que todavía tenía esa monedita en su alhajero.

↓

Cuando Alejandro Savenko tenía seis años, fue tirado a un río por sus vecinos sólo por ser un cristiano evangélico. Un año más tarde, sucedió lo mismo; solamente que esta vez las aguas remolinantes lo llevaron a las profundidades. Sus pulmones habían sido privados de oxígeno por mucho tiempo, cuando Dios, milagrosamente, lo ayudó a salir a la orilla. Aquellos tiempos de la cortina de hierro eran peligrosos para los cristianos ucranianos. En la iglesia a la cual asistía no había hombres. Habían sido sacados y asesinados a tiros por su fe. La mayoría de las Biblias en uso eran versiones copiadas en cuadernos para evitar que la policía secreta las detectara. Durante esa época de servicio militar, Alejandro fue golpeado repetidas veces por su falta de voluntad para entonar cantos violentos de guerra. Debido a todas las golpizas, sus riñones descendieron 7,5 cm., causándole dolor constante.

Cuando salió del servicio militar, Alejandro había trabajado duro para comprar un pequeño terreno y había adquirido todos los materiales para construir una casa, cuando Dios lo guió a venderlo todo e ir a la Argentina. Su madre estaba horrorizada y trató de disuadirlo. En un momento de inspiración, le presentó la siguiente propuesta: «Si tú tomas la responsabilidad de mi desobediencia a Dios, me quedo con mucho gusto». Su madre cedió y decidió bendecirlo antes de su viaje.

Sin más que una dirección en su bolsillo, zarpó para Buenos Aires. Se preguntaba adonde iría en la Argentina y cómo se ganaría la vida. Alejandro no sabía una palabra de español, pero Dios intervino. A la media hora de descender del barco, fue guiado a un pastor ucraniano que lo envió al hogar de unos creyentes de su iglesia. Cuando el pastor lo presentó a la mujer que lo hospedaría, ella le preguntó si compartir la habitación con sus niños sería una molestia.

—Para nada —respondió, asombrado por su hospitalidad.
—¿Cómo te llamas? —preguntó la mujer de la iglesia.
—Alejandro Savenko —respondió.
—¿De los Savenko de Zhitomir? —preguntó la señora.

Cuando él confirmó la ubicación de su ciudad natal, ella estaba pasmada. El Espíritu Santo habló al corazón de Alejandro: «Ella vivió en tu hogar por tres años cuando eras bebé». Desde su nacimiento, hasta que tenía tres años de edad, los padres de Alejandro le habían ofrecido hospitalidad a esta mujer. Sin conocer su identidad, ella y su esposo estaban haciendo lo mismo en la tierra argentina, diecinueve años después.

Esta familia puso a Alejandro en contacto con el pastor Carlos Kucharenko, de la ciudad de Paraná, Entre Ríos, al noreste de la Argentina. Cuando se conocieron, el pastor Carlos le informó que lo habían invitado a predicar a Ucrania y que necesitaba un traductor.

—¡Pero no sé el español! —objetó Alejandro.
—Tienes tres meses para prepararte —le informó el pastor.

Dios obró milagro tras milagro, y pudo aprender el idioma y tomar exámenes de equivalencia en español en la escuela secundaria, durante ese tiempo. El viaje a Ucrania fue una gran bendición y, cuando regresaron, el pastor Kucharenko lo puso en contacto con el IBRP. Alejandro se graduó recientemente del IBRP y regresó a Ucrania. Dios le dijo que deje su trabajo allí, y una semana después, recibió una llamada telefónica del pastor evangelista Héctor Ferreyra pidiéndole que coordinara sus campañas en Ucrania. Luego de unos meses, hasta nueve mil personas estaban escuchando el evangelio, y hubo muchas sanidades. En un evento de tres días, cuatrocientas personas aceptaron a Cristo. La meta actual de Alejandro es coordinar una campaña para el evangelista Carlos Annacondia. El Señor, sin duda, guía nuestros pasos.

↓

En una ocasión, mientras estaba corrigiendo unos trabajos prácticos en mi oficina, la misionera y maestra Cynthia Nicholson entró con una mirada desolada.
—¿Qué sucedió? —le pregunté.

—¡Me olvidé la cartera en el colectivo! —respondió muy preocupada.
El reemplazar los documentos perdidos no es tarea sencilla, así que ambos nos dimos cuenta de la importancia de la situación.
—Oremos —le dije, y lo hicimos en el momento.
Ella fue a enseñar su clase de música, y yo continué corrigiendo los trabajos por unos cuarenta y cinco minutos. De repente, sentí que sería bueno detener uno de los colectivos de esa línea para que corrieran la voz de que ella se había olvidado su cartera.
Mientras esperaba de un lado de la calle, un colectivo de esa línea venía desde la otra dirección. Crucé y le hice señas al conductor para que se detuviera.
—Una amiga dejó su cartera en uno de sus colectivos... —comencé a decir.
—¿Cómo es la mujer? —preguntó el chofer.
Mientras se la describía, levantó un artículo que estaba a su lado.
—¿Es ésta? —preguntó el colectivero, mostrándome la cartera.
Todo estaba intacto, y la sincronización de Dios fue perfecta en cada detalle.

↓

Claudio Freidzon comenta cómo conoció a su esposa, Betty. Ambos eran adolescentes y habían ido a un campamento de jóvenes, en el IBRP. Una tarde, escuchó un hermoso coro practicando en la capilla y fue a pispear. Una joven de dieciséis años estaba dirigiéndolo; y, mientras la observaba, no sólo le atrajo su belleza, sino también su conducta. Como era demasiado tímido para acercarse a ella, la observaba desde lejos y averiguó que su nombre era Betty y que vivía en la calle Bucarelli.
Mientras pasaban los días, no podía sacarla de su cabeza. Por eso fue y le preguntó a su pastor cómo proceder. «Ve a buscarla y pregúntale a su padre si puedes ser amigo de Betty», fue su respuesta. Pero sería casi imposible encontrar su casa, sabiendo sólo el nombre de la calle en una ciudad de millones. Claudio comenzó a caminar por ella, que tenía más de ciento veintisiete cuadras. En cada una, preguntaba a la gente si conocía a una joven en su

barrio con el nombre de Betty. Se sentía un poco tonto, hasta que le preguntó a una mujer que dijo que podía ser la hija del almacenero. Cuando Claudio le preguntó al dueño del almacén si conocía a una joven llamada Betty que era cristiana evangélica, su futuro suegro respondió: «Es mi hija».

Hace poco le pedí al decano del IBRP, Ernesto Nanni, que me cuente una vez más una experiencia que a menudo comparte cuando enseña Hechos de los Apóstoles. En sus propias palabras:

> «Claudio Freidzon me había pedido que enseñara unas clases informales a los obreros voluntarios de su iglesia. Fue al comienzo del mover de Dios que llamamos "la unción". Cada martes yo enseñaba y pasaba tiempo con cientos de obreros.
>
> En una ocasión, estaba por comenzar la clase cuando apareció Claudio. Como estábamos por orar, lo invité a hacerlo por la clase.
>
> "¿Estás seguro de que quieres que ore?", preguntó él (por todas las cosas explosivas que estaban sucediendo en ese momento). Asentí.
>
> Oramos por todos los líderes, y observé cómo recibían, junto con diversas manifestaciones. Unos lloraban, otros reían y otros se caían.
>
> Cuando terminó de orar por todos los demás, lo hizo por mí. Fue en ese momento que experimenté algo especial y nuevo para mí. Me caí al suelo y estuve allí, por lo menos, treinta minutos bajo la unción. Sentí un gozo especial y algo diferente. Luego intenté comenzar la clase, pero no podía. Hice varios intentos pero me venían diferentes sensaciones. Reía, lloraba... Al principio, pensé que era una experiencia más, pero no era consciente del efecto de ella, a largo plazo.
>
> Esa misma semana estaba enseñando acerca del Espíritu Santo en la iglesia del pastor Adrián Juniors. Era la última de cuatro clases. Las primeras tres habían sido muy sistemáticas, muy teológicas, muy profundas. Siempre digo que el Espíritu Santo ni se había acercado

a ellas. Esa semana, cuando empecé a dar clase, el Espíritu cayó sobre todos nosotros, y más de doscientas personas recibieron el bautismo en el Espíritu Santo. Yo mismo estaba asombrado ya que eso no era habitual en mi ministerio. Luego medité sobre esto y me di cuenta de que había recibido algo especial ese martes y que nunca más juzgaría las manifestaciones externas del Espíritu Santo, pues nunca sabría qué estaba haciendo Él en el interior de la gente».[23]

Conclusión

¡Qué bueno es estar en un lugar donde Dios está obrando continuamente! Sabemos que Él está vivo y, por ende, está activo. Su cuerpo, la Iglesia, está abierta a obrar con los dones del Espíritu. Sabe que está sirviendo a un Dios poderoso para quien nada es imposible. Esta creencia y fe permite al Señor revelarse en una multitud de situaciones.

Los programas y sistemas de la iglesia no son suficientes. ¡Necesitamos el poder del Espíritu Santo, fluyendo a través de ellos! Como dijo el pastor Carnival una vez:

«No es suficiente tener sólo las palabras o la música. Necesitamos ambas como para obtener la canción». Esta canción consiste en el obrar de Dios entre su pueblo que, a su vez, puede cantarle a un mundo moribundo: «¡ÉL ESTÁ VIVO!».

Considerando esto, necesitamos tomar conciencia de que podemos vivir en un avivamiento constante. Un Dios vivo y activo espera que nosotros seamos como Él.

---

23. Ernesto Nanni, entrevistado por el autor, 3 de julio de 2006.

9

Un avivamiento continuo

El poder de Dios todavía se está viendo en esta tierra bendita. Hace poco tiempo, Dios sanó a varios alumnos con escoliosis, en una reunión.

Escuché el testimonio de un joven de catorce años que, mientras visitaba a su familia en el IBRP, fue sanado. «¡Tengo pies nuevos!», dijo con asombro.

Un pastor, cuyos ojos se habían secado por una disfunción en su conducto lacrimal, comenzó a llorar en un devocional del Instituto y luego comentó en clase, con lágrimas de gratitud: «He cargado cada día con un frasco de lágrimas artificiales para lubricar mis ojos. ¡Por primera vez, en ocho años, tengo nuevamente mis propias lágrimas!».

Hace un tiempo, la Dra. Carolyn Tennant predicó en nuestra iglesia, Avance Cristiano. Durante el llamado al altar, el Espíritu Santo descendió sobre la congregación, y muchos estaban llorando. Mientras los músicos tomaban su lugar al final de la reunión, se sentaron en silencio y también lloraban.

Los hijos del pastor, Fernando y Leandro Muñoz, estaban tocando el saxo y el teclado. Uno de los del ministerio de alabanza los miró y vio fuego que salía de ellos y los envolvía. Este músico también dejó de tocar, y todos permanecimos en silencio por un rato largo, en la presencia de Dios.

Tres días después, una mujer de la iglesia le decía a uno de los líderes: «El domingo vi fuego que rodeaba a los músicos».

Sin embargo, no hubo contacto entre estos testigos oculares del fuego fresco y continuo de Dios, para la siguiente generación.

Otra mujer de nuestra iglesia testificó que durante una reunión de oración, varias semanas antes, había sido exhortada a orar por las naciones, en vez de hacerlo por sus propias necesidades. «Cuando pensamos en otros, en lugar de en nosotros mismos, a menudo recibimos lo que necesitamos», les dijo a todos esta líder de oración. La mujer había tenido mucho dolor de estómago y otros problemas, durante cinco años. Y mientras oraba, fue sanada, y su cuerpo largó numerosos cálculos renales grandes y pequeños, en ese momento y durante los días siguientes. El dolor se le fue por completo, después de tantos meses.

Tiempo atrás, una alumna contó acerca de su experiencia, cuando un invitado especial, en una reunión nocturna, la señaló de entre la multitud y declaró que Dios le estaba quitando el dolor del corazón. «Sentí que alguien había extendido la mano y extraído un gran pedazo de oscuridad de mi corazón, y ahora cuando lo miro, está lleno de luz».

Veinte años han pasado desde esa primera campaña poderosa con Carlos Annacondia, en la ciudad de La Plata. Hace poco tiempo, lo invitamos a predicar en nuestro devocional en capilla, en el IBRP, y esa pasión sigue tan fuerte y tan fresca como siempre.

Últimamente, hemos estado experimentando palabras proféticas, sanidades, poder electrizante y presencia de Dios, bautismos en el Espíritu Santo, jóvenes en los altares que lloran por una hora mientras aceptan el llamado, gente que recibe al Señor cuando nuestros alumnos van al centro a evangelizar, y una reunión que duró cinco horas.

Claudio Freidzon pensó que el mover de Dios duraría un tiempo y le preguntó al Señor por cuánto más continuaría. Él le respondió que perduraría mientras estuviésemos dispuestos a buscarlo. En otras palabras, es un compromiso ilimitado de parte de Dios, sujeto a nuestra disponibilidad.

¿Cómo podemos vivir individual y corporalmente en un avivamiento continuo? Una vez más, no hay ninguna fórmula; pero, sí, existen principios que aumentarán la libertad para que el Espíritu Santo continúe obrando.

Aprendimos que hay ciertas cosas que debemos hacer para mantenernos en el avivamiento. También, otras que debemos evitar. El Espíritu Santo puede contristarse y alejarse. Es fácil caer en ciertos escollos, a causa de nuestros deseos humanos y de nuestra carne. Los peligros siempre están merodeando, y es necesario que se nos advierta acerca de ellos.

El orgullo

Uno de los peligros durante el avivamiento es el orgullo. El líder se acostumbra a la obra sobrenatural, pierde el asombro al ser usado por Dios y, en última instancia, deja de depender de Dios. Los dones del Espíritu Santo continúan obrando a través de la vida de la persona, pero al fin y al cabo, Dios debe encontrar a otro para llevar adelante el avivamiento.

Esto sucedió con un joven que en su tiempo de preparación se subía a un ascensor y los endemoniados caían al piso retorciéndose. En una campaña de tres semanas, en el interior del país, vio a mil trescientas personas aceptar a Cristo. Pero se le subieron los humos a la cabeza. En vez de estar a la disposición de la gente, asumió la actitud de «si necesitan algo, que vayan a la campaña». Durante años, el poder de Dios se apartó de él.

Otro joven ministro que había sido usado por Dios poderosamente, dijo una vez: «El Espíritu Santo es como una moto. Uno simplemente se sube y la maneja». Dios lo llevó a una temprana recompensa.

Los ministros que juzgaron, se compararon con otros o criticaron severamente a aquellos a quienes Dios usaba, no siguen en la tierra. La santidad y el poder de Dios deben inspirar asombro en nosotros. ¡La gloria es para Cristo, solamente para Él!

El proteccionismo

Una actitud de proteccionismo es similar al espíritu de Ananías y Safira (véase Hechos 5:1-11). Es algo así: «No podemos confiarle todo a Dios. Es demasiado para Él. Nos encargaremos de una porción y la reservaremos para nosotros mismos. Tomaremos nuestras propias decisiones con respecto a esta fracción».

Muchos pastores han tenido esta actitud, con respecto al compromiso de la totalidad de sus vidas o de la entrega de su congregación a Dios. «¿Qué pasaría si la gente ve algo inusual y no vuelve más?» es una pregunta que implica muerte.

No es nuestra responsabilidad «proteger» a la gente de lo que Dios mismo quiere hacer en sus vidas. Él debe tener el control completo de todo.

Un espíritu de competencia

Otro indicio de peligro es un espíritu de competencia. Con la tremenda proliferación de células, los números pueden tornarse en factores motivadores o en una fuente de orgullo. ¿Cuántas células tienes? ¿Cuán grande es tu célula? ¿A cuántas personas estás bautizando cada mes? No hay problema si uno quiere hacer estas preguntas, con tal de que esté realmente interesado en el cuidado de la gente.

Una vez le pregunté al evangelista Carlos Annacondia cuántas personas habían aceptado al Señor a través de su ministerio. «Dejé de contar —respondió— ¡Tantas personas diferentes participan para que alguien llegue a los pies de Cristo! Lo que sí sé es que, en un año, alrededor de quinientos mil alzaron sus manos y llenaron los formularios, reflejando que habían tomado una decisión para Cristo. Pero después de eso, dejé de contar. En realidad, Dios me dijo que dejara de contar. Me preguntó cuál era mi propósito al hacerlo». Aunque hay un libro de la Biblia titulado Números, a Dios, sin duda, le agrada este espíritu humilde.

La corrupción

Uno de los aspectos de la vida y religión que trajo la ira de Dios sobre los cananeos era la adoración de Baal y, también, de su propio rey. Lo que éste decía no podía ser cuestionado, ya que era un dios.

Líderes sin escrúpulos intercambian la frase «no toques a mi ungido», pero para vanagloriarse. Dios no continuará permitiendo que su río fluya, si el liderazgo de la iglesia consiste en individuos que buscan una posición o riquezas. Aun si está sutilmente encubierto, Dios lo sabe.

El aburrimiento espiritual

Isaías 43:22 dice: «Y no me invocaste a mí, oh Jacob, sino que de mí te cansaste, oh Israel». Otro peligro que puede detener la continuación del avivamiento es el cansancio. El hacer que el evangelismo, la adoración y el discipulado sean el centro de la vida de uno (horas y horas, cada día) puede comenzar a cansar al liderazgo, a menos que se viva una renovación continua y personal, en las aguas arremolinadas y las corrientes del río de Dios. Uno de nuestros líderes dijo una vez que estaba cansado de escuchar acerca de milagros. Eso ciertamente es el umbral del desgaste. ¿Qué podría ser más emocionante que escuchar acerca de la manifestación del poder de Dios? Un evangelista usado en sanidades menciona que hay pocos que lloran quebrantados o de gratitud cuando Dios, por su misericordia, los sana. Han perdido el asombro. Puede convertirse en una actitud de «tener el derecho» a esta gracia. Si no nos cuidamos, podemos acostumbrarnos a las obras poderosas de nuestro Rey divino.

La distracción

Perder el enfoque es otro peligro crítico, con respecto al avivamiento. Si no ganamos a la gente para el reino a través del amor, el avivamiento no es para nosotros. Muchas iglesias determinan organizar su propia conferencia y correr a la próxima asamblea internacional. Una parte de esto era, indudablemente, de Dios; pero estas cosas también se pueden convertir en meras distracciones sin sustancia que dispersan nuestros pensamientos y nuestros espíritus.

Varios líderes creen que el avivamiento debe impregnar la sociedad, incluidos los políticos. Sueñan con un presidente cristiano, reflejando una mentalidad un tanto simplista: para ellos, el reino de Dios tiene sólo cumplimiento presente. La idea es que si sólo consiguiéramos que «el caudillo» (el hombre fuerte) se pase a nuestro campo, la nación se salvaría. Algunos pastores se postulan para puestos políticos; gracias a Dios, han perdido por número de votos.

«Id; he aquí yo os envío como corderos en medio de lobos» (Lucas 10:3). Esto no denota una presencia política fuerte de la iglesia. Tampoco lo hace la frase: «Sed, pues, prudentes como serpientes, y sencillos como palomas» (Mateo 10:16). No debemos formar parte de la incitación del poder del mundo.

Las estructuras inflexibles

Aunque la estructura celular de la iglesia local es crítica para la multiplicación y el crecimiento que estamos viendo, no se puede quitar la oportunidad de reunir a la congregación entera para una campaña evangelística o de cooperar con los varios grupos, en ese tipo de tarea. Desafortunadamente, algunas de nuestras iglesias están comenzando a convertirse en islas, pues su organización no permite esfuerzos cooperativos entre iglesias.

No hay ninguna estructura que pueda reemplazar la confianza en Dios. Al Señor le gusta la organización y el orden. Esto se evidencia cuando uno ve nuestro mundo organizado, pero la estructura no puede tomar el lugar de la vida del Espíritu. Uno debe permanecer abierto a las cosas nuevas que Dios quiere hacer y permitir que el Espíritu de Dios lo guíe.

«Mucha de la gente que nos visita aquí —dice el pastor Guillermo Prein— quiere saber qué hago para obtener este crecimiento. Quieren conocer métodos y que se les diga el sistema. Piden papeles y un programa, pero no hay ningún atajo para el encuentro con Dios».

En los Estados Unidos, tendemos a buscar un método. Leemos, compramos materiales, probamos lo que le ha funcionado a otro. «¿Por qué no? —decimos—. ¿Por qué reinventar lo que ya existe?»

Sin embargo, puede que estemos circunvalando justo lo que Dios más quiere que hagamos: buscar su rostro. No hay ningún sustituto de esto. Dios quiere que nos acerquemos a Él para todo. Esto es lo que nuestras iglesias necesitan, más que cualquier otra cosa; ningún método, sistema, idea o programa nos satisfará. Guillermo Prein finalizó con otro comentario: «No se trata de un método simple. Me costó la vida entera».

El especializarnos en lo espectacular, mientras abandonamos la práctica apostólica

T.J. Jones, un profesor de *North Central University*, solía decir: «No me importa cuán alto saltes, mientras que siempre camines derecho cuando vuelvas a tocar el piso». La apertura al Espíritu Santo y la flexibilidad necesaria para permitirle hacer sus obras no son sinónimos del olvido de nuestras raíces. Todavía debemos discipular y bautizar a los nuevos creyentes. Debemos enseñarles acerca de la administración y orar con ellos para que reciban el bautismo en el Espíritu Santo.

Hace poco, escuché a Carlos Annacondia decir que el poder y la transformación no están en la caída, la risa o el temblequeo —los cuales no tienen nada de malo—, sino que «El poder viene con el bautismo en el Espíritu Santo, acompañado por el hablar en lenguas; y debemos continuar enfatizándolo», exhortó fuertemente.

Aunque la adoración corporativa es maravillosa y placentera, no debemos perder de vista el bautismo individual con poder en el Espíritu Santo. La presencia de Dios es tan evidente en las diversas manifestaciones, pero debemos seguir enseñando con énfasis que cada uno necesita permanecer hasta ser investido de poder desde lo alto (Lucas 24:49).

Rigidez, en lugar de flexibilidad

Aquellos que han estudiado la historia de los avivamientos saben que siempre hay un contragolpe durante el mover de Dios. Resistencia, crítica, rumores, chismes, y aun insultos son parte de la búsqueda de la gloria de Dios. Algunos se endurecen.

El hombre natural, afianzado y cómodo, a menudo se siente juzgado o desacreditado cuando otro comenta los milagros que Dios está haciendo. Por eso, algunos se preguntan: «¿Por qué no puedo ser usado por Dios de esa manera?». Comienzan a ridiculizar la obra, en lugar de enfrentar estos sentimientos de inferioridad. Muchas veces, sucede que los líderes permanecen lejos de las reuniones de avivamiento porque no quieren que los suyos piensen que valora lo que está sucediendo o porque no se sienten capaces de «duplicar» estas cosas para su gente. Aunque el hombre no puede hacerlo, Dios hará aún más, si estamos dispuestos a tomar el riesgo de salir de nuestra zona de confort cuando Él nos lo pida.

Debemos ser flexibles y no rígidos. Debemos estar dispuestos a permitir que el nuevo vino del Espíritu Santo burbujee y que haga las cosas a su manera. Odres secos y rígidos no pueden contener el nuevo vino. Se rajarán y quebrarán, permitiendo que el vino se derrame, y ambos se perderán (véase Mateo 9:17). Debemos estar abiertos a lo que Dios tiene para nosotros. Si estamos deseosos de todo lo que Él quiere, no nos podemos permitir endurecernos en nuestras antiguas tradiciones o ponernos tiesos con respecto a sus nuevos planes. Para permitir que entre el nuevo vino, debe haber un deseo continuo de Él. Debemos tener fe en que Él actuará, junto con una expectación y anticipación, como para estar preparados cuando Él se mueva. Debemos creer que Dios aun nos usará a nosotros.

No estar en sintonía con la adoración

La persona de Cristo es preeminente. Es importante que lo levantemos a Él con un énfasis en su persona. No se trata de la cualidad profesional del equipo de adoración o de su vestimenta. Si la adoración se convierte en algo superficial, estamos en problemas. Si se convierte en un show, eso es grave. La adoración no consiste en entretenimiento. No estamos allí para ver cuán buena es la banda de música o lo bien que algún individuo pueda cantar. No estamos allí para juzgar el sistema de sonido ni para distraernos con la coreografía.

A menudo, vemos lágrimas corriendo por las mejillas de la gente, durante la adoración. Son reales y salen del corazón. Dios se agrada al ver estas expresiones genuinas de compromiso y amor, y Él nos honra con su presencia. Cuando estas expresiones son artificiales, el Espíritu Santo no se evidenciará.

El equipo de adoración debe estar más preocupado por los aspectos espirituales de la adoración que por cualquier otra cosa. El grupo puede haber practicado mucho, haber hecho muchos controles de sonido, y todo puede estar en perfectas condiciones; pero si no está en sintonía con Dios, obstaculiza la obra que Él desea hacer.

En 2 Crónicas 20:20-25, vemos que, sorprendentemente, el coro fue enviado a la batalla antes que los soldados. En realidad, ellos eran los verdaderos guerreros. Las Escrituras nos dicen que mientras este coro comenzó a cantar y alabar al Señor, Él tendió emboscadas entre las tropas del enemigo, y se eliminaron entre ellos. La guerra espiritual se realiza a través del equipo de adoración. Ellos pueden derrotar al enemigo con la verdadera alabanza y preparar el camino para que Dios se mueva en la proclamación del mensaje profético. Se crea una apertura para la liberación, la sanidad y otros milagros. ¡Cuán crítico es que los músicos hayan orado antes, sean espiritualmente astutos y estén preparados para guiar a la gente a la verdadera adoración!

Desatender nuestro tiempo con Dios

Vivir en el avivamiento lleva tiempo. El buscar a Dios por sobre todo lo demás es una actividad que no encaja con una agenda repleta y estructurada, en la cual no hay tiempo para meditar, interceder o hasta bromear un poco con el cajero del banco o del supermercado. Muchos de nosotros nos frustramos si no logramos entrar en la primera sección de una puerta giratoria. Nuestras vidas están tan presionadas por el reino equivocado que no podemos ver que el reino de Dios está en nuestro medio.

El prestarle atención a Dios y darle nuestro tiempo es crucial. Después de todo, si el presidente de la nación entrara a nuestra habitación, de seguro nos detendríamos y le prestaríamos atención. ¡¿Cuánto más, cuando se trata de Dios?!

Recuerdo un momento, en los años noventa, en el que el Espíritu de Dios comenzó una obra soberana en nuestro campus. En esa época, casi nadie caía bajo el poder de Dios. Un día, en clase, los estudiantes comenzaron a caerse de las sillas. Nadie sabía qué estaba sucediendo, pero entendimos que era algo santo. Un profesor sabio permitió que los estudiantes se quedaran en el suelo, y oraron con la clase entera durante un tiempo. Otro pidió que levantaran a los alumnos del suelo para que pudiera comenzar la clase. Ese fue el año en el que ocho de nuestros estudiantes fueron «tocados» con lenguas. Durante días no podían hablar en castellano.

Una chica quedó con un acento que parecía centroamericano, durante meses. Cuando se subía al colectivo, en su propia ciudad, y pronunciaba algunas palabras, el chofer le preguntaba:

—¿De dónde eres?

—De aquí mismo, de San Nicolás —respondía.

—¿Por qué hablas así? —preguntaba el hombre inquisitivamente.

—Es una señal de Dios de que Él ama esta comunidad.

Muy seguido, eso abría puertas para compartir su testimonio y el evangelio. Si no hubiésemos tomado algo de tiempo en nuestros horarios para orar, nos hubiéramos perdido todo lo que Dios tenía para nosotros.

Cada cristiano debe saber lo que es estar perdido en la presencia de Dios. El ir más allá del agua que le llega a los tobillos o a las rodillas implica vadear deliberadamente. Si vas a entrar a las aguas profundas donde podrás abandonarte para flotar o nadar en ellas, te llevara tiempo.

A menudo, seguimos de largo al ver el pequeño arroyo con agua tentadora y fría, que nos refrescaría si sólo lo fuéramos «a cruzar».

Pero podemos pensar tengo promesas para cumplir, y se deben llenar las expectativas. El pensamiento de *qué dirán si...* nos mantiene alejados del hermoso río. Debemos seguir adelante apresuradamente. No hay tiempo para sacarnos los zapatos y las medias. Estaríamos muy sorprendidos al ver ese arroyo convertirse en una pileta suficientemente grande como para poder nadar y, de ese modo, ser transformados. El vadear hacia las profundidades implica un movimiento deliberado hacia la corriente.

Si vas a ser tocado emocionalmente, lleva tiempo. Si vas a meditar profundamente, lleva tiempo. Si vas a saborear la presencia de Dios y recibir visiones y sueños de parte de Él, lleva tiempo. Si te rehúsas a tomar el tiempo, nada de esto puede ocurrir.

Hemos aprendido a dejar un poco de margen en el calendario del IBRP. A veces, uno se debe tomar más que un poco de tiempo. Nuestra reunión de oración de todo el cuerpo estudiantil ocurre jueves por medio, alternando con cultos nocturnos. La reunión de oración comienza a las nueve y media, justo después de la cena, y, normalmente, oramos por alrededor de una hora. hace poco, los alumnos siguieron hasta después de la medianoche. Muchos fueron renovados en el Espíritu o recibieron palabras específicas del Señor. Cuando hay un tiempo programado en el que nos reunimos todos para orar, es más probable que el Señor obre. Cuando Dios se está moviendo, nos gusta darle ese espacio y tiempo extra.

También, planificamos un día de ayuno y oración, cada trimestre.

Dios ha hecho cosas tremendas en las vidas de los alumnos en esos días, cuando nos tomamos el tiempo de manera regular para buscarlo juntos. Contrariamente, la predictibilidad monótona, sin momentos especiales de búsqueda de Dios, termina siendo un aburrimiento.

En tres de las megaiglesias en Buenos Aires, programan una semana o dos por año que se llaman «Semanas de Consagración». Se trata de momentos impactantes en la presencia de Dios, en los que la gente toma tiempo, sin prisa alguna, para que el Señor le muestre dónde debe hacer cambios. Esto implica que Dios guía a las iglesias hacia cosas frescas, las toca, las renueva y las mantiene en un avivamiento continuo.

El hacer del avivamiento un evento singular

Algunos han durado un tiempo corto porque el liderazgo canceló todo muy abruptamente, y el avivamiento se transformó en un evento «supremo» que acaparó a la vida. Había gente aquí en Buenos Aires que perdió sus trabajos, pues no iban a trabajar, después de haber estado en reunión tras reunión. Un avivamiento como éste no puede durar. Simplemente, se convierte en un recuerdo agridulce y deja de ser.

En el IBRP, hemos intentado modificar las estructuras para darle lugar al mover de Dios; pero de tal manera que el avivamiento sea parte de nuestras vidas. Nos acompaña, en vez de cancelar nuestras vidas cotidianas. De esta manera, podemos vivir en el fluir durante años.

Cuando vemos el mover de Dios en medio nuestro como una gran excepción, tendemos a relegarlo a la historia. Cuando permitimos a Dios enseñarnos acerca de los odres flexibles, Él puede obrar, vez tras vez, y sorprendernos regularmente.

Nuestra relación con Dios, con frecuencia, se compara con la relación matrimonial en la Palabra. Él es el Novio; la Iglesia es la novia (véase Apocalipsis 19:7; Isaías 54:5). A veces, Sherry y yo observamos matrimonios en los cafés, allí sentados, sin decir una palabra. Él está leyendo el diario, y ella ha caído en el olvido de la negligencia de su marido. Están casados, pero no hay ninguna conexión, ningún romance, ni tampoco brillo en sus ojos. Es el mismo caso, si el cristiano simplemente depende de su contrato de salvación, pero no disfruta el estar en la presencia de Dios. Deben desarrollar una relación creciente, seguir conversando, y mantener las sorpresas y el romance.

De la misma manera, es muy difícil vivir en una luna de miel constante por más de un par de días, y tendería a transformarse en algo aburrido. Cuando el romance lo es todo, pierde su magia. Cuando es una parte intermitente de todo, tiene un encanto continuo, se renueva cuando se necesita, refresca y sorprende.

Si un par de manifestaciones nos hubiesen llevado a la decisión de cancelar las clases por dos semanas, hubiésemos tenido sólo un par de situaciones como esa en los últimos veinte años. Pero con oración regular unida, oración individual en las mañanas y las noches, un día de ayuno y oración cada trimestre, reuniones con mucho tiempo en el altar cada dos semanas, y devocionales en capilla que a veces se extienden un poco (sin cancelar las clases del día), tendemos a vivir en el resplandor del fuego del Pentecostés de manera continua. Dios nos habla constantemente, nos sorprende con milagros y nos muestra su amor. También sucede en las iglesias, tanto como en el IBRP. Esa es la razón por la que el avivamiento se mantuvo por tantos años aquí, en la Argentina.

La falta de santidad

El verdadero avivamiento afecta nuestra conversación, nuestros pensamientos, los chistes que contamos, nuestras bromas, nuestras reacciones y la cantidad de televisión que miramos.

Carlos Annacondia, hace años, decidió deshacerse de su televisión. Sabe que lo afecta y decide mantenerse alejado. No es una nueva especie de legalismo o una manera de evitar la tentación. Ésta es una tenacidad práctica y real como para mantenerse cerca de Dios.

Una frase de Claudio Freidzon que citan con frecuencia sus amigos es: «Se escapará la palomita» (si dices eso o haces lo otro). El contristar al Espíritu debe ser objeto de estudio y meditación para nosotros, si estamos interesados en vivir en un avivamiento continuo.

Desatender el ayuno

No estamos hechos como para desatender la disciplina del ayuno. Necesita ser un tema recurrente para nosotros. No podemos mirar hacia atrás, a una época en la que lo hicimos, y estar satisfechos con esto.

Hoy hablé con Ricardo Cacabelos, un pastor que trabajó con Esteban Hill en la plantación de una iglesia, años atrás. Él y su esposa eran recién convertidos, pero fueron nombrados pastores de esta obra, mientras todavía estaban en el instituto bíblico. En este momento, tienen nueve obreros en el IBRP y apoyan muchísimo a las misiones.

En la conversación, le recomendé que continuara con sus estudios en ISUM (Instituto de Superación Ministerial). «Creo que ahora no», respondió de una manera natural y despreocupada, sin un gramo de autosatisfacción. «Desde 1999, me entregué al ayuno. Durante los últimos cuatro años ayuné, de diez a cuarenta días, y estoy preparado para hacerlo por treinta días, ahora. Nuestra congregación entera ayuna. Muchos de nuestros jóvenes lo han hecho por siete días, sin comida».

Estamos hablando de algo real. Cada viernes, durante los últimos dos meses, el pastor Cacabelos y los intercesores de su iglesia han caminado alrededor del Congreso. Mientras oran, muchas veces les sobreviene un espíritu de llanto.[24]

El hijo de Héctor Ferreyra, Nicolás, un estudiante en el IBRP, nos contó lo que le había sucedido cuando tenía seis años. Eso fue cuando los Ferreyra recién habían llegado a Neuquén con Esteban Hill para plantar la iglesia. Quedé conmocionado al enterarme de que su familia entera ayunaba un día sí y otro no; en parte, para pasar tiempo en oración y, en parte, porque no había comida. El sacrificio es parte de cualquier avivamiento. ¡Con razón, esa iglesia creció de cero a mil cien miembros, en un año!

---

24. Ricardo Cacabelos, entrevista con el autor.

Olvidarse de declarar sus obras

«Publicad entre los pueblos sus obras» (Salmos 9:11). Mucho de retener el poder del avivamiento tiene que ver con el dar testimonio de lo que Dios está haciendo. Nuestra conversación, muchas veces, consiste en hablar acerca de robos y milagros, pero no debería ser en ese orden.

Regularmente, en el IBRP reservamos tiempo para testimonios, y siempre escuchamos cosas frescas y asombrosas de lo que Dios hace en las vidas de los estudiantes, a través de sus ministerios. Después de años de recibir estos testimonios, sólo recuerdo un par fuera de lugar, desprovistos de material digno de verdadera glorificación.

Mientras subíamos las escaleras hacia las aulas, vi a Leo Campbell, de Honduras. «¿Puedo ver las muelas que Dios te emplomó la semana pasada?», le pregunté. Ahí mismo, abrió su boca y me mostró dos hermosas emplomaduras nuevas. Podía ver con claridad, ya que estaba en un escalón más arriba del suyo. Creo que nunca me voy a cansar de cosas como ésta.

Si no declaramos lo que Dios hace, Él pronto va a dejar de hacerlo. Parte del vivir en el avivamiento es continuar asombrándonos con la obra de Dios y las demostraciones de amor. El testificar de su gracia y poder siempre debe ser una alegría.

Quedarse atrás en las misiones

La Argentina experimentó la peor crisis económica de toda la historia. Concuerdo de corazón con Carlos Annacondia, cuando dice que tuvimos una ventana de oportunidad por diez años, con un peso tan fuerte como el dólar, y despilfarramos ese poder adquisitivo en muchos otros artículos, fuera de las misiones. Muchos sienten que el país hubiera experimentando una bendición económica como nación, si la iglesia cristiana hubiese tomado la iniciativa y la responsabilidad de enviar más misioneros.

Los avivamientos más duraderos siempre han estado en tándem con un corazón por las misiones, y viceversa. El historiador jesuita, Johann Baegert, escribió, en los primeros años de la Reforma (la década de 1790): «Sabemos por qué los protestantes son heréticos: porque no hacen misiones».[25] La iglesia católica ganó a más convertidos, a través de movimientos misioneros, de los que perdió a causa de la Reforma. Desafortunadamente, muchos de los ministros y teólogos de la Reforma que habían visto con tanta claridad los conceptos de «sólo por fe» y «sólo por gracia» no tenían tanta claridad en cuanto a la gracia de Dios alcanzando a un mundo perdido. Teorizaban sobre que cada generación era responsable de su propia salvación y que no era la responsabilidad de la Iglesia.

Con frecuencia, cuando enseño misiones en Buenos Aires, declaro que «si uno no paga la cuenta de luz, le cortan la electricidad. Si no damos generosamente a misiones, Dios también cortará su poder. No se trata de nuestra persona, sino de alcanzar al mundo a través de nosotros».

Dios ha dado muchísimo a la Iglesia de la Argentina; pero el fuego está diseñado para ser esparcido, no, para mantenerse en un lugar y, eventualmente, apagarse. El avivamiento que ha bendecido a la Argentina implica que este país tiene la vida para extenderse a otras naciones y llevar esta llama consigo. Tengo la certeza de que Dios está llamándola a un trabajo misionero más fuerte. Sin esto, en última instancia, es posible que las cosas se apaguen.

BEBER EL AGUA

Mientras algunos pastores son un tanto mezquinos con respecto a las misiones, otros también lo son en relación a sus obreros. A veces, no permiten que éstos reciban preparación ministerial porque temen perderlos, si llegaran a tener un llamado misionero o a fundar una iglesia.

Fue refrescante escuchar a uno decir: «Yo sé que si envío cinco a prepararse, Dios me dará cincuenta más».

El misionero argentino Carlos Guerra ahora está trabajando en Honduras, y Dios le dijo, audiblemente, desde el asiento de atrás de su auto: «La obra es mía y los obreros son míos». Si no podemos

---

25. Johann Baegert, *Observation in Lower California* (Observación en Baja California) Berkeley, CA: University of California, reimpreso 1952).

renunciar al control, estamos enseñoreándonos del rebaño (véase 1 Pedro 5) y, por ende, estamos en peligro de afectar negativamente el avivamiento de Dios.

¡Tantas iglesias han desarrollado hombres fuertes! Son como los valientes de David que hicieron tremendas hazañas (véase 2 Samuel 23:8-17). Él fue sabio, en cuanto a la administración de este regalo. Sus hombres amaban tanto a su líder que un día, cuando David pronunció un deseo de beber agua de cierto pozo, cerca de Belén, los tres hombres valientes decidieron atravesar las líneas enemigas para cumplirlo. Cuando regresaron con el agua, David la derramó en el suelo.

¡Qué sorprendente! ¿Por qué hizo eso? Habían arriesgado su vida por él. El agua estaba allí, y se la presentaron orgullosamente. ¿Por qué la derramó?

Su respuesta fue reveladora. Dijo básicamente: «Lejos sea de mí, oh Jehová, que yo haga esto. ¿He de beber yo la sangre de los varones que fueron con peligro de su vida?»

David sintió cargo de conciencia por haber usado sus hombres para un antojo personal o para edificar su propio reino. Líderes que dominan a otros y toman de ellos egoístamente, buscan el provecho personal. Están acaparando y tomando el agua para sí mismos.

Al contrario, el propósito del agua es que sea compartida, derramada para la obra del reino de Dios. La gente debe ser enviada a las misiones, a plantar iglesias, para el cumplimiento de los sueños que Dios les ha dado. No somos dueños de otras personas. No nos atrevemos a tocar el agua ni, mucho menos, a beberla.

Olvidarnos de las almas

El propósito principal de las señales y maravillas es atraer a los pecadores a Cristo. Son el espectáculo de luces que la gente ve primero para luego escuchar el mensaje. Si las manifestaciones se convierten en el enfoque principal, Dios pronto dejará de obrar así. Lo que Él desea, por sobre todo, son almas. Él quiere que toquemos la vida de gente nueva. Él espera que vecinos que oyen de la sanidad o de la transformación de su amigo aparezcan en la iglesia y averigüen cómo sucedió.

El bautismo en el Espíritu Santo nos transforma en portadores de buenas nuevas, que avanzan desde Jerusalén a Samaria y hasta lo último de la tierra. Nos interesa lo que sucede en Kosovo o Bangladesh y estamos dispuestos a involucrarnos.

«Dios nos dio diez años de gozo y adoración, y no entendíamos que el propósito era el evangelismo. Desatendimos las calles, por eso las pandillas y narcotraficantes las volvieron a tomar». Esta fue una advertencia solemne del evangelista Carlos Annacondia.

Cuidar el fortín tomándose de las manos y cantando juntos, retener los obreros clave que deben ser enviados a cosechar y no tener carga para las misiones son sonajeros de muerte para un avivamiento.

El propósito del avivamiento es soplar vida a un cuerpo muerto para hacerlo revivir y ser productivo. No es pasar tiempo solamente con los santos y mirar hacia adentro. Cualquier cosa egoísta no trae un avivamiento a largo plazo. Cuando el avivamiento es egocéntrico, se disipa. Cuando el enfoque es hacia afuera y produce nuevos creyentes, crece con fuerza. El evangelismo es siempre el fruto del verdadero avivamiento.

Falta de oración

Cuando la oración comienza a disminuir, es señal certera de que el avivamiento está menguando. Aquí, en la Argentina, la oración sigue siendo gran parte de lo que Dios hace. Los pastores son muy conscientes de la necesidad de buscar al Señor continuamente y de permanecer fervientes en su amor por Él. Llevan a su iglesia a orar de diferentes formas y en momentos variados. Las reuniones, generalmente, están impregnadas de oración. Muchas veces la gente busca a Dios, aun reunida debajo de la plataforma donde el pastor predica o se dirige la adoración.

Muchos de nosotros esperamos que otra fuerte ola de avivamiento llegue pronto. La atmósfera en centros de preparación ministerial, refleja lo que Dios está por hacer. Aunque enfatizamos la oración en el IBRP, solo un hambre personal puede producir lo que vivimos este año. Escuchamos a los alumnos orar casi en todo momento, temprano a la mañana y a la noche. Cuando no están en clase, alguien está orando en la capilla, en el pequeño cuarto de oración o en una de las aulas. El campus está lleno, y uno de los desafíos más grandes que mencionan los alumnos es encontrar un lugar para orar a solas. Es una buena señal cuando la gente está frustrada por no poder encontrar un lugar para buscar la presencia del Señor, dado que cada rincón y recoveco está ocupado.

Perder la centralidad de Cristo

El corazón del evangelio es la encarnación de Cristo, su obra redentora de gracia en la cruz y su resurrección. El mensaje debe permanecer igual, validado por el poder del Espíritu Santo y realzado por los dones y manifestaciones, pero todavía «predicamos a Cristo crucificado» (1 Co 1:23).

El observar la predicación de personalidades clave de este avivamiento demostrará que el evangelio no ha sido cambiado ni diluido. El costo del discipulado todavía es proclamado claramente, tal como lo fue siempre: muerte al yo y estar crucificado con Cristo (véase Gálatas 6:14).

Los subproductos manipuladores o intentos de aprovecharse de la energía del avivamiento siempre proclaman su lema: «Pare de sufrir». Pero la corriente dominante del río de Dios ha continuado siendo bíblica y, doctrinalmente, ortodoxa.

Hay que buscar el equilibrio

En medio del avivamiento, parece que Dios obra de ciertas maneras, para volver a equilibrar algunas áreas. Durante la década de los noventa, cuando el Espíritu de Dios nos sorprendió de ese modo, hubo pastores que no podían predicar. Intentaban hablarle a la congregación o hasta ajustar el micrófono y no podían. Una inhabilitación santa se había apoderado de ellos, lo cual nos hizo tomar conciencia de por qué la gente decía que los discípulos estaban ebrios, el día de Pentecostés. Las reuniones de adoración duraban cinco o seis horas, a veces toda la noche. Muchas veces, el liderazgo y la congregación estaban tan perdidos en la adoración que la predicación se relegaba a la siguiente reunión.

Yo creo que esto, inicialmente, sucedió como medida correctiva permitida por el Espíritu Santo con respecto a la importancia, el valor y la gloria de Dios. El púlpito se había convertido en algo sumamente importante. La mayoría de las veces, se presentaba al predicador de esta manera: «Ahora ha llegado el momento importante de la reunión». Era como si la preparación y personalidad del predicador fueran más importantes que adorar a Dios.

Sin embargo, todo puede llegar al extremo. Durante ese tiempo de encontrarnos perdidos en la presencia de Dios, el pastor de una iglesia grande donde prediqué, preguntó si podía acompañarme al auto. Su iglesia había recibido mucho de Dios y estaba creciendo rápidamente. En el camino, dijo: «Rocky, debo volver a la predicación de la Palabra». Un simple sermón expositivo que llevaba a la congregación a meditar por un tiempo sobre una porción de la Biblia se había convertido en la excepción, y ahora el Señor estaba guiando al pastor a enfocarse nuevamente en la Palabra.

Otro peligro relacionado con la búsqueda de equilibrio es la nueva estructura celular, que deja de lado la enseñanza sistemática de la Biblia para toda la iglesia en general, y, especialmente, la de los niños. Algunos medios y métodos de crecimiento funcionan bien con aquellos que no tienen grandes responsabilidades en el hogar; pero, sí, restringen el tiempo en familia y, con los niños. No podemos olvidarnos de la formación de nuestros propios hijos, principalmente, con respecto a la Palabra de Dios.

El avivamiento es un deleite en la presencia de Dios, pero también hay que escuchar su Palabra y obedecer sus principios. Ambos deben permanecer en equilibrio, lo mismo que aquello que corresponde a lo nuevo y lo viejo: «Todo escriba docto en el reino de los cielos es semejante a un padre de familia, que saca de su tesoro cosas nuevas y cosas viejas» (Mateo 13:52).

¡Cuán importante es saber quiénes somos en Dios, de dónde vinimos y adónde nos está llevando! Debemos tener noción de nuestros fundamentos, pero también, extendernos y esforzarnos por encontrar lo que Dios tiene para nosotros en el futuro.

Si la nueva generación no sabe acerca de Tommy Hicks, Kathryn Kuhlman y Carlos Annacondia, se perderá mucha profundidad y entendimiento, y será forzada a experimentar, de cero, sus propias lecciones difíciles de fe y compromiso. Finalmente, debemos mantener el equilibrio entre la ley y la gracia. Le ha llevado décadas a la iglesia argentina sobrepasar el fuerte legalismo y el énfasis sobre las obras, enseñadas al principio. La comprensión de la gracia es crítica y fue una de las claves para el continuo crecer en el avivamiento. Las congregaciones que se concentran tanto en las minucias, en última instancia, lo pierden. Si una mujer usa pantalones o maquillaje ya no es un problema. Esta comprensión fue clave para el crecimiento.

CONCLUSIÓN

Dios quiere que vivamos en un avivamiento continuo.

El pequeño libro *Old Testament Revivals* (Avivamientos del Antiguo Testamento), escrito por John Shearer, declara, con respecto a R. A. Torrey: «En cada iglesia en la que ministró, disfrutó de un avivamiento continuo. Enseñó a su gente que esta gran bendición es simplemente la restauración de sanidad a la Iglesia, y que es la voluntad del Señor que su cuerpo disfrute este vigor robusto y constante, renovando continuamente su juventud e incrementando sus fuerzas a través de las pruebas».[26]

La voluntad de Dios para su Iglesia es vida vibrante todo el tiempo. Él no está interesado en refrescarnos, nada más Él quiere capacitarnos. Su presencia debe ser más que un rocío matutino que se disipa rápidamente debe ser un río que nos inunda. No nos satisfagamos con un par de efímeras gotas de misericordia. Pidámosle que nos envíe todo lo que Él tiene para nosotros.

Es posible vivir en un avivamiento continuo, pero uno debe eludir los peligros potenciales y los escollos que vienen de la carne y de Satanás. Mientras buscamos evitar las tentaciones y la inercia, seguimos adelante con lo que Dios tiene para nosotros. De esta manera, seguiremos siendo bendecidos por su presencia.

Necesitamos seguir escuchándolo. Debemos considerar lo que Él está haciendo y escuchar lo que Él nos está diciendo.

---

26. John Shearer, *Old Time Revivals* (Philadelphia, PA: The Million Testaments Campaign, 1932).

10

¿Qué nos está diciendo Dios?

Vivimos en un período único de la historia. Estos son momentos de potencial en comunicaciones y establecimiento de contactos sin precedente. Zonas del mundo que han estado cerradas al evangelio durante siglos ahora participan de la luz. Nunca antes tantas naciones han estado involucradas en las misiones. Pero, al mismo tiempo, hay un número sin precedente de teorías sobre la identidad y las metodologías con respecto a la iglesia, que distraen.

Durante la época del primer advenimiento de Cristo, los grandes proyectos del Imperio romano se desarrollaron en un ambiente de pesimismo y desaliento, con respecto al poder del hombre para planificar su propio futuro. En medio de todo esto, Jesús vino a la tierra. De la misma manera, esta edad de cacofonía de voces caóticas y estrés será el entorno de la segunda venida. Nos queda poco tiempo y debemos usarlo de la mejor manera posible. Un elemento crítico para «redimir el tiempo» es seguir las indicaciones de Dios y correr hacia la meta correcta.

Concluimos nuestro asunto del avivamiento en la Argentina, considerando el avivamiento en general. ¿Qué nos está diciendo Dios? ¿Hacia dónde vamos desde aquí?

¿QUÉ ES EL AVIVAMIENTO?

Algunos pasan más tiempo discutiendo y diseccionando el avivamiento, que buscando a Dios por lo que Él desea dar a sus corazones dolientes. Por eso, una de las motivaciones de este libro es inspirar a todos a ir más allá del habla y encontrar las claves que tantas personas han usado en su camino de fe viva.

El avivamiento se ha convertido en «lo normal», en parte de

nuestra vida. Es un cristianismo bíblico. Es la actualización del libro de los Hechos de los Apóstoles, con cada desafío y problema que sobreviene. Es verdad que mucho de lo que ha vivido la Argentina durante estas últimas cinco décadas se podría denominar como un «despertar», ya que aquellos que fueron bendecidos y tocados todavía no habían recibido la vida y, por tanto, no necesitaban ser reavivados. Pero por el bien de una comunicación fluida, usemos el término como lo hace la mayoría de los cristianos: el avivamiento implica un mover de Dios de formas sorpresivas en nuestras vidas e iglesias, a través del cual Dios toca a los perdidos, continuamente, mediante la iglesia.

La semántica puede impedir que recibamos todo lo que Dios tiene. ¿Qué es la unción? ¿Cuándo un mover de Dios es un verdadero avivamiento? ¿Qué es un avivador? ¿Qué es un evangelista? Podríamos seguir con una miríada de preguntas que eluden la cuestión crítica: ¿Qué quiere Dios para nosotros? ¿Estamos dispuestos a buscarlo y renunciar a todo por Él?

Dios está mucho más interesado en que seamos verdaderos adoradores, en lugar de expertos en cuestiones de avivamientos. Quiere que nos abandonemos a sus propósitos, que nos perdamos en su voluntad.

En medio del avivamiento, lo ponemos a Dios en el centro de todo. «Si tu ojo es bueno, todo tu cuerpo estará lleno de luz» (Mateo 6:22), dijo Jesús. ¿Qué quiere decir? Que le prestemos toda la atención, que no tengamos un corazón dividido, que tomemos conciencia de que todo lo que necesitamos es Él.

¿POR QUÉ ESTUDIAR LOS AVIVAMIENTOS?

¿Por qué estudiar los avivamientos? ¿Es una mera curiosidad causada por el deseo de ganar un juego de preguntas sobre despertares espirituales? ¡Por supuesto que no! Queremos estar preparados para lo que Dios hará. Si nos perdemos las indicaciones obvias, vamos a estar tocando un solo de flauta traversa luego de que termine el concierto.

«Para mí, no es nada nuevo» es la actitud de algunos. Se aburren y no prestan atención a lo que Dios está por hacer. Esta perspectiva no permitirá que digamos «no me iré de este lugar hasta que Dios me bendiga. Quiero aún más de Él».

Aparte de mirar hacia adelante, Dios quiere que estemos atentos a la manera en que Él ha hecho las cosas en el pasado. Podemos cavar cisternas antiguas y encontrar agua fresca (véase Génesis 26:12-33). Hay una hermosa consistencia en sus caminos. Si tenemos la actitud de Moisés, miraremos más allá de sus obras y buscaremos conocerlo a Él y servirlo sobre la base de su gracia (véase Salmo 103:7). Moisés conoció más a Dios por sus caminos, no por sus obras. Se convirtió en un amigo de Dios.

Todos debemos ser estudiantes del avivamiento. Mientras miramos lo que Dios ha hecho en el pasado, ganamos entendimiento de sus caminos. Aprendemos de los errores de los líderes como de las cosas positivas que han hecho. También, somos alentados por tanta actividad de Dios que ha ocurrido en el pasado. Este no es simplemente un ejercicio intelectual, sino que hace crecer nuestra fe y nos lleva al lugar donde decimos: «Señor, estoy desesperado por tu mover en mi vida».

R. Edward Miller una vez me dijo algo acerca de aquellos primeros años en la Argentina, cuando Dios comenzó a darle profecía tras profecía del obrar poderoso que Él había preparado para la nación. Frecuentemente, Dios le decía: «Todo o nada. Todo o nada». ¡Qué búsqueda apasionada del Señor!

El clamor de Evan Roberts: «Señor, quiébrame», también debe ser el nuestro. El lema del avivamiento de Gales era: «Doblega a la iglesia y salva al mundo».[27] Asimismo, la exclamación apasionada de John Knox era: «Oh, Dios, dame Escocia o me muero».

Cuando estudiamos el avivamiento, vemos el hambre profunda de tantos hombres y mujeres de Dios. Nos fuerza a salir de nuestra complacencia y a correr a Él con nuestros brazos abiertos de par en par.

---

27. Elmer Towns y Douglas Porter, *The Ten Greatest Revivals Ever: From Pentecost to the Present* (Ann Arbor, MI: Servant Publications, 2000).

Promesas del avivamiento

Luego de un compromiso tan fuerte, Dios comienza a dar visiones y promesas. Es importante que valoricemos aquellas cosas que el Espíritu Santo nos dice que sucederán. Sin esta fe, es probable que no veamos un avivamiento.

El pastor Scataglini menciona una estrategia y una promesa que le dio el Espíritu Santo, en 1967, cuando él y su esposa, Isabel, fueron a pastorear a La Plata. Comenzaron con un plan. «La idea era consolidar los hogares de creyentes, para que no hubiese una dualidad —dice Scataglini—, pensé: aquí en la iglesia hay mucha gloria de Dios, pero en los hogares, la gente lleva otro estilo de vida. La idea era llevar la iglesia al hogar».

Fue así que comenzaron con refrescos o almuerzos, y los dueños de la casa invitaban a sus vecinos. «Vimos que se estaban convirtiendo —continuó— y nos dimos cuenta de que era un buen método de evangelismo, más que solamente consolidar cada hogar. Así que se nos ocurrió un eslogan: "En el templo y en cada casa" (una referencia a Hechos 5:42). Las casas aumentaban, y empezamos a llamarlas "iglesias de hogar u hogares iglesias" —dijo Scataglini—. Ahí es donde comenzaron los milagros, también».

Dentro de los diez años en los que aplicó este enfoque que Dios le había dado a nuevos convertidos, la iglesia había crecido a quinientas personas. «Hoy, cuando uno dice ese número —sonrió Scataglini—, casi parece trivial. Pero en ese momento, si uno solo aceptaba al Señor, se sentía como si estuviese borracho de alegría».

El pastor Scataglini declaró que, después de esto, Dios le habló y le dijo que tendrían una avalancha de gente. «¡Era tan fuerte! —dijo Alberto—. Yo se lo repetía una y otra vez a la iglesia: "¡Vamos a tener una inundación! ¡Habrá una avalancha de gente!". Y me reía de cómo se reían de mí. Me miraban con ojos bien abiertos, y probablemente estaban pensando: ´¡Pobre hombre, quiere empezar un avivamiento aquí!´.

Yo le decía repetidas veces al Señor: ´¿Por qué me pides que le diga esto a la congregación, si es casi imposible que venga una avalancha de gente?´ Para lo que era la iglesia en general en aquella época, teníamos un buen número. Pero Dios me repetía: "vendrá una avalancha"».

El pastor Scataglini no se percató de lo gigante que ella sería; tampoco sabía cómo vendría. Pero Dios cumplió con lo dicho. Había muchos más que también tenían promesas insólitas, que parecían imposibles en ese tiempo. Annacondia escuchó al Señor decir: «Pronto, pronto, la Argentina será mía». Claudio Freidzon lo escuchó decir: «Los países del mundo». Héctor Ferreyra: «¡Éste es el tiempo, prepárense!».

Gracias a Dios, por aquellos que escucharon sus promesas, que las tomaron seriamente, le creyeron y actuaron en fe. Sin esto, puede que la Argentina nunca hubiera vivido el avivamiento.

El avivamiento demanda una casa limpia

Uno de nuestros estudiantes declaró esta semana que no sabe cómo lo recibirán cuando regrese a su propio país, a sus amigos y familiares. Dice que vivir en este mover de Dios lo ha cambiado tanto que se da cuenta de que no puede seguir viviendo como antes. «Pocas cosas me molestaban anteriormente —dice él—. Pensé que estaba bien. Pero ahora soy mucho más consciente de quién es Dios, y muchas cosas me molestan. Me angustio cuando hago algo que Él desaprueba». Esa es la expresión de una persona, cuya conciencia fue sensibilizada por el Espíritu Santo.

Hay cuestiones de santidad, de aquellos «pequeños» pecados y grandes pecados que necesitan ser limpiados. También hay una limpieza espiritual que debe ocurrir: «cada sábado estábamos continuamente en oración». El pastor Alberto Scataglini nos contó cómo el Espíritu hizo una limpieza profunda en su iglesia. «Orábamos en el sótano de este edificio —dice él—; no permitimos que ningún adulto viniera, a menos que haya sido invitado, sólo los jóvenes. Nadie entendía eso. Pero yo sabía que Dios quería sanar y consolidar a la gente joven. Muchos vinieron y confesaron sus pecados. Hubo un tiempo en el que colocábamos una almohada en el suelo y pedíamos que pasaran aquellos que necesitaban ser fortalecidos, si estaban debilitados en algún área en particular. Todos nos identificábamos con la necesidad, con el dolor de la persona, y orábamos por ella. Muchos recibían el bautismo en el Espíritu Santo».

El pastor Scataglini continuó con una historia interesante. «Hemos visto cómo el Señor ha obrado con respecto a espíritus inmundos. Lo que voy a decir ahora es increíble, sucedió dos veces —dijo él. En una ocasión, los jóvenes bajaron a orar. Yo todavía estaba en el departamento, y ellos ya estaban cantando en el sótano. Cuando llegué, sentí una fuerte presencia maligna en ese lugar. Les dije: "Dejen de cantar. Necesitamos orar". Comenzamos a interceder, y los jóvenes tenían gran entusiasmo. Fue ahí mismo donde comprendí la frase de los Hechos de los Apóstoles: eran de un corazón. En un momento de fuerte énfasis y oración intensa, de pronto, algo vino de la esfera espiritual y se manifestó allí mismo. Tenemos una puerta corrediza de vidrio en el sótano, que explotó cuando dijimos a la presencia maligna: "¡debes partir!". También sucedió con un ventanal enorme aquí, en el departamento. En ese estilo jovial, decíamos: "Esos demonios no tuvieron tiempo para abrir la puerta".

El pastor Scataglini concluyó su narración: «Probablemente, lo más importante es que el vidrio de esa puerta cayó a los pies de una chica que había venido por primera vez. Era la sobrina de una bruja reconocida aquí en la ciudad. Todos estábamos orando por la conquista, que Dios nos diera el poder».

En medio del avivamiento, Dios limpia a la gente. El arrepentimiento es necesario y abre el camino para guerra espiritual efectiva, para que el poder de Dios pueda avanzar y entrar en el campo enemigo. Satanás debe huir, y Dios toma el control.

Encuentra tu lugar en el avivamiento

Había muchos contemporáneos de Evan Roberts que salieron perdiendo, al no participar en uno de los avivamientos más poderosos de todos los tiempos. Estaban haciendo otras cosas; cosas personales, importantes, que no podían esperar.

En su libro *Ví el avivamiento galés* (*I Saw the Welsh Revival*), David Matthews cuenta su primera experiencia con el gran mover de Dios. Él y su profesor de canto determinaron ir al teatro una noche, pero cambiaron de opinión y se dirigieron al avivamiento. «Mientras caminábamos, hablamos del avivamiento y nuestra conversación quizás no era sabia, ya que ninguno de nosotros había sido testigo de uno. Nuestras opiniones, por tanto, no tenían valor. Como muchos otros que vivieron antes que nosotros, ventilábamos libremente nuestros pensamientos vanos. Luego sucedió algo. Mi amigo decidió que no procedería más. Mis poderes persuasivos no sirvieron de nada. Después de un largo debate, decidió regresar a su estudio. Igualmente obstinado, determiné que nada impediría que yo fuera.

Aunque "el avivamiento" trajo bendición a miles de sus compatriotas, el Espíritu de Dios, hasta lo que uno pudiera discernir imparcialmente, dejó a mi amigo severamente solo. No había evidencia de que "los poderes del mundo venidero" lo hayan afectado de alguna manera. Si yo hubiese dado la media vuelta con él, ¿estaría escribiendo estas remembranzas?».[28]

Cada persona debe decidir cuál es su posición con respecto al avivamiento. ¿Estará la crítica a la orden del día? ¿Dar un paso hacia atrás, esperar y ver? ¿Interesarse ligeramente y probar las aguas? ¿Entrar con un salto? ¿Liderar? Cualquiera sea la decisión, cosecharemos de ella.

Todos tenemos que dejar de lado esas opiniones del pasado y permitir que Dios haga su nueva obra. Me da gozo decir que muchos líderes denominacionales han dejado sus prejuicios de lado y se han unido al avivamiento. La mayoría de los pastores de estas asociaciones cristianas están llenos del Espíritu, adoran con libertad y fluyen en los dones del Espíritu. Hubo un tiempo en el que muchos de ellos tuvieron que enviar los endemoniados a sus pastores pentecostales amigos, pidiéndoles ayuda. Ya no sucede más. Ahora están completamente capacitados por Dios para manejar todas las situaciones. Han buscado y recibido el bautismo en el Espíritu Santo.

El pastor Alberto Aranda había sido invitado a enseñar teología pastoral en un instituto bíblico nocturno de una iglesia no pentecostal. El pastor de la iglesia le había pedido que transcribiera todos sus apuntes de antemano, palabra por palabra, para que

---

28. David P. Matthews, *I Saw the Welsh Revival* (Pensacola, FL: Christian Life Books, edición revisada, 2002).

pudiera evitar cualquier influencia pentecostal y problemas que esto acarrearía. Alberto consintió sin problema. Sin embargo, para sorpresa de muchos, mientras cuidadosamente leía sus apuntes, muchos de los estudiantes comenzaban a recibir el bautismo en el Espíritu Santo y a orar en lenguas, y esto ¡durante la clase!

El pastor decidió que quería conocer mejor la iglesia de Aranda y fijaron una fecha para que fuera a predicar. Todo salió bien, y el otro pastor también invitó a Alberto a predicar a su iglesia. Mientras estaban parados en la puerta, hablando, unas jóvenes salieron de ella, despidiéndose desde una cuadra. «¡Buenas noches, pastor!», dijeron alegremente. Aranda levantó su mano para saludarlas, y las muchachas se cayeron al suelo. El pastor denominacional dijo inmediatamente, un poco turbado: «Cuando vengas a mi iglesia, no hagas eso. Tenemos mucho tráfico en esa zona, y podría ser peligroso».

Cuando Aranda fue a la iglesia de este pastor, el ministro le dijo: «Dinos si hay algo que podamos hacer por ti». Alberto les pidió que quitaran las plantas de la plataforma para que la congregación lo pudiera ver.

Cuando se paró detrás del púlpito, el Señor le habló:

—Hay cinco ladrones presentes. Llámalos al frente.

—Pero Señor —argumentó—, soy un invitado. ¡Es la primera vez que predico en esta iglesia!

—Llámalos al frente —fue la insistencia del Espíritu Santo.

Obedientemente, antes de hacer comentarios introductorios, Aranda declaró: «Hay cinco personas presentes que están involucradas en robos. Dios quiere que pasen al frente y que se arrepientan». Luego esperó un rato.

Después de poco tiempo, cinco personas pasaron corriendo al altar, llorando intensamente, y se arrepintieron de sus pecados.

Al ver tantas demostraciones del poder de Dios, el pastor amigo buscó el bautismo en el Espíritu Santo y comenzó a moverse en los dones. El tomar su lugar en el avivamiento le salió caro. Fue expulsado de su denominación y perdió su posición como evangelista nacional. Pero su iglesia se multiplicó por diez, y Dios está contento con Él por haber arriesgado todo.

El avivamiento trae disfrute

El avivamiento trae muchas cosas que podemos apreciar. Una es el gran placer de estar con el pueblo de Dios: una iglesia reunida en profunda *koinonía*, que encuentra los propósitos de Dios, en conjunto. El centro de la vida durante el avivamiento es la iglesia. El *shopping* puede esperar. Los pasatiempos y deportes toman su lugar al final de la lista de prioridades. El pueblo de Dios hace que la agenda se adapte a la iglesia y no, viceversa.

Otro goce que trae el avivamiento es el fruto: nuevas vidas nacidas para el reino del Señor, el cual transforma las personalidades y trae más ternura, sensibilidad y cuidado mutuo. El fruto del avivamiento es «paz y gozo en el Espíritu Santo» (Romanos 14:17). La gente es más dulce, más paciente, más amorosa.

El avivamiento trae un disfrute del poder de Dios. ¿Qué podría ser más emocionante que ver a Dios sanar los pies de alguien o hacer que sus várices desaparezcan? El ver cómo crecen las piernas instantáneamente es más impactante que cualquier otra cosa que se me pueda ocurrir. Dolores de cabeza desaparecen, hernias son sanadas, y dientes reciben emplomaduras divinas. Estas manifestaciones de la gracia de Dios han sido normales aquí, en los últimos veinte años. Una iglesia en avivamiento espera milagros, espera en las obras de Dios y lo ve hacer lo imposible. No se trata de orgullo. Es cuestión de unirnos a Él y participar con fe en lo que Él quiera hacer. Las palabras del Señor todavía siguen en vigencia: «Las obras que yo hago, él las hará también; y aun mayores hará, porque yo voy al Padre» (Juan 14:12). ¿Cómo podemos hacer mayores obras? A través del poder del Espíritu Santo en conjunción con nuestra fe.

Adicionalmente, en un avivamiento Dios trae deleite de su propia presencia y personalidad. El avivamiento no se trata de manifestaciones, sino de Dios. No se trata de demostraciones de poder; sino, en realidad, del Creador y de su amor. El Señor anhela que su iglesia lo conozca mejor, lo ame más, lo adore con abandono, lo desee de todo corazón y se relaje en su presencia, sin una agenda repleta de actividades.

El avivamiento demanda riesgo y fe

El pastor Mraida, teólogo, líder denominacional, y pastor de la Iglesia del Centro (de Buenos Aires), tiene un comentario interesante en su libro *Socorro, Señor, mi iglesia se renovó y no la entiendo*.

«¿Qué son la caída, la risa, el llanto, el cosquilleo? —pregunta Mraida—. Simplemente, son señales externas de parte de Dios para despertar y afirmar nuestra fe. ¿Por qué? Porque en su infinita sabiduría y en su enorme respeto por nuestra libertad, ha dispuesto que su intervención requiera, en líneas generales, de nuestra fe».[29]

Efectivamente, es importante que vayamos más allá de nuestra vergüenza y complejos, y lo miremos a Dios. Lleva fe ejercitar los dones del Espíritu de la manera que Dios lo desea. Sin embargo, ellos se nos encomendaron simplemente para que los brindemos a los demás. Si no los entregamos, la gente nunca recibirá ni podrá abrir su regalo.

En su libro, el pastor Mraida menciona a una mujer que le pidió que orara por su amiga: «Pastor... ore por ella porque está paralizada, prácticamente no puede moverse por el dolor».

Mraida cuenta: «Yo levanté la mano para imponerla sobre la mujer enferma, pero el Espíritu me mostró que estaba así porque albergaba odios y resentimientos. Entonces le dije a la hermana de mi iglesia: "La causa de su enfermedad es el odio y el resentimiento que hay en su corazón. Ayúdala a perdonar y a sacar de su corazón los sentimientos negativos". Al rato, mientras yo todavía estaba saludando a los hermanos, vi salir a las dos mujeres. La mujer tullida e imposibilitada ahora se movía perfectamente, y caminaba con una sonrisa en los labios. No fue necesario orar por su sanidad física».[30]

Dar una palabra profética demanda una fe que toma riesgos. Sé de alguien que, mientras predicaba, contó una historia acerca de un hombre a quien había testificado durante un vuelo de avión. Este hombre parecía tenerlo todo, era un profesional, pero mientras

---

29. Carlos Mraida, *Socorro, Señor. Mi iglesia se renovó y no la entiendo* (Ann Arbor, MI: Servant Publications, 2000), 47.

30. Carlos Mraida, *Socorro, Señor*, 98.

conversaban, ella le habló acerca de Jesús. Él estaba muy abierto ya que recientemente había atravesado un divorcio doloroso y ahora estaba extrañando muchísimo a sus hijos.

Cuando esta mujer terminó el mensaje, en el cual relataba esta historia, estaba ministrando en el altar y sintió que el Espíritu la guiaba a decirle a otro hombre: «¡En tantos aspectos eres igual al hombre que conocí en el avión!». Ella no sabía nada acerca de él y necesitó fe para decir esto.

El hombre comenzó a llorar, dándose cuenta de que Dios le estaba hablando de manera directa. Cuando se detuvo, dijo: «Tienes razón. Yo parezco tenerlo todo representado en mi traje, pero por dentro soy un desastre». Luego ella descubrió que él era psicólogo, divorciado, con un hijo. Dios extendió su mano y tocó la vida de ese hombre. Él sabía que Dios lo amaba, y la palabra del Señor lo animó mucho.

Para hacer este tipo de cosas, no obstante, debemos dejar de estar pendientes de si seremos avergonzados y, sencillamente, hacer lo mejor posible para escuchar la voz de Dios, creer y obedecer. No se trata de nosotros. Se trata de Él.

El avivamiento fomenta el uso de los dones del Espíritu Santo, pero debemos elegir operar en ellos. En 1 Timoteo 4:14, hay una palabra fuerte de Pablo a Timoteo acerca de este tema, demostrándonos que es responsabilidad nuestra. El poder y la capacitación del Espíritu Santo están a disposición. Depende de nosotros el avivar lo que Él ha plantado en la profundidad de nuestro ser.

En 2 Timoteo 1:6, dice: «Te recomiendo que avives la llama del don de Dios que recibiste» (NVI). Pablo había orado por Timoteo anteriormente, y él sabía que había dones dentro de él. Dios también quiere usarnos en los dones del Espíritu. La llama está allí. Sólo debemos avivarla para que se extienda en todo su resplandor.

Dios usa niños y jóvenes en el avivamiento

Cuando estamos en vacaciones de invierno, como nos encontramos en el hemisferio sur, esas dos semanas de descanso estudiantil ocurren en el mes de julio. La mayoría de las iglesias tienen retiros de jóvenes durante estos días. Esta semana me invitaron a predicar en un retiro en el que se anotaron sólo ochenta jóvenes. ¡Aparecieron cuatrocientos! Los organizadores se quedaron sin colchones; sin embargo, buscaron la forma para arreglar la situación. Prefirieron que todos sufrieran un poco, en vez de excluir a los jóvenes que no se anotaron a tiempo. La primera noche se quedaron orando hasta las cuatro de la mañana.

Nos estamos enfrentando con un desafío: esta nueva generación necesita su propia experiencia personal con el Pentecostés y el avivamiento. No es suficiente simplemente escuchar acerca de Él. Necesitan experimentarlo ellos mismos.

Martha Lesperance, misionera a los adolescentes de la Argentina, ha visto crecer a dos mil el ministerio Castillo del Rey, en sólo tres años. Los estudiantes están constantemente en las calles y plazas evangelizando a través de la música y de obras de teatro. Muchos de ellos se mueven en los dones del Espíritu Santo. ¡Un joven que antes era muy tímido fue a su iglesia y profetizó por una hora!

Martha mencionó que en un retiro los jóvenes se sentaron en el fogón y oraron toda la noche, con temperaturas extremadamente bajas. Estaban tan involucrados en lo que el Espíritu estaba haciendo que ni tomaron conciencia de que hacía frío.

Freddy Argüello, alumno del IBRP, de la provincia de Misiones (cerca de Brasil), compartió unos eventos asombrosos en una carta reciente. «Una niña tenía leucemia y estaba en una condición muy seria, a punto de morir en el hospital. Fuimos a orar por ella y dos días después, le dieron el alta. Estaba completamente sana para la gloria del Señor. También desaparecieron hernias. Una mujer con una úlcera en el estómago vino a una de nuestras reuniones, en el hogar de un miembro de la congregación. Después de haber orado, se fue a hacer los análisis, y los médicos no encontraron nada. Otra mujer tenía cáncer en el útero y se había extendido a todo su cuerpo. Aparte tenía un problema en la sangre. Fuimos al hospital para verla. Le relaté el episodio en el que Jesús sanó a la mujer que estaba sufriendo de la misma dolencia. Mientras le hablaba, ella creyó y luego de orar intensamente, se detuvo la hemorragia. Cuando le hicieron exámenes médicos, el gran tumor en el útero y todo el cáncer había desaparecido. Lo único que encontraron fue un pequeño tumor en el útero, que era benigno».

«Tenemos un cuaderno lleno de testimonios que hemos anotado —continuó Freddy. Cada persona que ora hace comentarios. La realidad es que las células han superado grandemente nuestras expectativas».

Gracias a Dios, por el pastor que permitió que este joven esté involucrado en el avivamiento.

DIOS ES PARTICULARMENTE CREATIVO EN EL AVIVAMIENTO

Debemos estar dispuestos a adaptar nuestras estructuras al mover de Dios y a las necesidades de la gente. La iglesia de Guillermo Prein se dio cuenta de que muchos de los ancianos mayores tenían dificultades en asistir a las reuniones de la noche, por la falta de seguridad de estos días. También se dio cuenta de que había mujeres con esposos inconversos que estaban todo el día en el trabajo. A otros miembros les tocaba trabajar de noche y no podían ir a la iglesia durante esas horas. Como resultado, el liderazgo de la iglesia decidió realizar una reunión todos los días a las 14, para satisfacer estas necesidades.

Una de las nuevas estructuras usadas en muchas de las iglesias es la de los «encuentros de fin de semana», donde un grupo se va de retiro durante tres días y pasan toda la jornada, desde la mañana hasta la medianoche, en oración, alabanza, adoración, y enseñanza. Muchos pastores se dan cuenta de que nuevos convertidos crecen en un fin de semana lo que crecerían en un año de simplemente asistir a una iglesia grande.

Dios también es creativo con respecto a la música y las artes. El avivamiento parece inspirar nuevas canciones de adoración, ritmos y compases frescos, enfoques novedosos, y expresión. Los artistas tienen libertad para pintar, escribir, esculpir, diseñar, componer coreografía y expresarse a través de obras de teatro.

Parece que en el avivamiento Dios le pide a la gente que observe con cuidado, que discierna, que esté preparada y pronta para hacer o decir lo que sea necesario en ese momento. Les pide que no se estanquen con los cuidados del mundo y la rutina, sino que escuchen y sean abiertos.

A menudo, hemos visto al liderazgo sólo «ir con la corriente» del obrar de Dios. En vez de detenerse para escribir un tratado teológico, sencillamente observaron lo que estaba sucediendo y se unieron. Por supuesto, discernían el elemento humano, se protegían contra la decepción y guardaban la Palabra, pero no había tiempo para ser teólogos de enfoque netamente teórico. Todos estaban demasiado ocupados manteniéndose al día con la siguiente gran obra de Dios.

El pastor Alberto Scataglini habla del milagro fantástico que el Señor obró creativamente. «Una mujer que vino a la cruzada evangelística —recuerda— puso algunas prendas en la mesa, que se proveyó durante la campaña. Eran para su marido con parálisis, que estaba en su casa en una silla de ruedas. Ella había dejado la ventana abierta para que pudiera escuchar lo que estaba sucediendo en la campaña. Carlos Annacondia siempre quería que el volumen estuviese lo más alto posible; todo al máximo. Algunos se sanaron a seis cuadras porque podían escuchar lo que estaba ocurriendo. Este hombre paralítico también estaba escuchando. Cuando su esposa regresó, le dijo: "Bueno, ponte estas medias. Póntelas". Él lo hizo, y comenzó a gritar: "¡Me estoy quemando!, ¡me estoy quemando!". Lo sintió de una manera tan fuerte que comenzó a patear. Se levantó de la silla de ruedas, y comenzó a zapatear por todos lados. ¡Dios lo había sanado!

El avivamiento unifica y se extiende a la comunidad

Una pieza crítica del rompecabezas del avivamiento es la unidad.

El pastor Alberto Scataglini habla de los riesgos que tuvo, al principio de la campaña en La Plata, que marcó las pautas para lo que vendría después. Él cree que primero hubo un despertar, y luego se convirtió en un avivamiento. Ve un despertar cuando una congregación está abierta a la obra de Dios. Luego se convierte en un avivamiento cuando todas las congregaciones de la ciudad están involucradas y asociadas con ese propósito y se propaga. Cuando toda la República Argentina se transformó en la plataforma para este ministerio, se convirtió en un avivamiento.

«Fue muy desafiante y difícil durante seis u ocho meses —recuerda Scataglini. Dije: "¡Señor, esta ciudad es tan dura! El evangelista ha estado aquí por mucho tiempo». Y la respuesta que recibí del Señor fue: "No es la gente. Son los pastores". ¿Qué te dice esto?».

«Cuando vivimos ese entusiasmo y esa fe, escribí en un papel una lista de todas las iglesias —continúa Scataglini— y la coloqué en el diario de la ciudad, e imprimí muchos panfletos con ella y los repartí por todos lados. La lista incluía la dirección de todas las iglesias e invitaba a la gente a la campaña».

Algunos pastores fueron a ella, para insultarlo. «Me preguntaron quién era yo para colocar el nombre de su iglesia allí sin permiso —dijo Scataglini—. Respondí: "Tienen razón. Lo siento, pero no quería que se perdieran la bendición"».

Hubo un total de seis campañas, y para la sexta, todas las congregaciones participaron. Dios, al final, trajo unidad.

El avivamiento en La Plata fue algo totalmente fuera de lo común. En las escuelas cantaban coros de la campaña. Fue un tiempo de mucho trabajo. «Cuando se nos llamaba para hacer visitas a los hospitales —declaró Scataglini— todos estábamos viendo muchísimos milagros de sanidad de cáncer y enfermedades en los pulmones, sucesivamente. Veíamos a las enfermeras y a la gente que cuidaba el lugar cantando coros de la campaña».

Aun en las escuelas, los niños salían al patio de recreo y sus juegos estaban relacionados con las campañas, simulaban estar en la iglesia.

Una directora de colegio llamó al padre de un alumno y dijo:
—Algo extraño le está sucediendo a su hijo.
El padre le preguntó:
—¿Qué pasó? ¿Se portó mal?
—La verdad, no, pero en el recreo, pone a todos los estudiantes en una fila y coloca su mano sobre ellos y se caen al suelo. ¿Qué le está sucediendo a su hijo?

El niño no estaba simulando; estaba demostrando el poder de Dios.

El avivamiento resulta en el alcance de los perdidos

El avivamiento no está diseñado para que la gente se quede dentro de la iglesia. Jesús les dijo a sus discípulos que «fueran a todo el mundo y predicaran el evangelio». *Ir* es lo contrario de *venir*. El avivamiento causa un revuelo en la iglesia, la refresca y la revive por una razón: para que cumpla eficazmente su propósito original. Es casi imposible que exista una iglesia «avivada» que no resulte en el alcance de los perdidos. Cuando Dios se mueve, la gente se entusiasma, y les cuenta a sus amigos. En su libro *El rey describe su reino* (The King Describes His Kingdom), Rick Howard menciona un momento penetrante, mientras predicaba en una iglesia grande en Buenos Aires. Estaba hablando sobre Mateo 13 y dijo que la buena semilla son los hijos del reino; que el fruto no puede ser producido, a menos que esas vidas sean plantadas en el mundo. Carlos Annacondia estaba sentado en la plataforma y fue impactado por la Palabra. Declaró: «Aquí estamos edificando graneros más y más grandes para almacenar la cosecha, cuando, en realidad, Dios quiere que el grano sea plantado en el mundo».

¡Dios nos está diciendo que debemos esparcir la semilla para que veamos aún más gente llegar al reino! Muchos en la Argentina sienten que es tiempo para cosechar y que el Señor aumentará todavía más el reino. Esperamos que otros miles vean al Salvador con otros ojos, y las iglesias se están preparando para que esto suceda. No queremos perder la cosecha, luego de haber sembrado. Además, Dios está llevando a la Argentina a mirar más allá de sí misma, a otros países que necesitan desesperadamente el fuego del avivamiento.

Hace poco, el evangelista brasilero Jaco Torres predicó a nuestros estudiantes. Al final de un mensaje muy colorido, comentó una visión que Dios le había dado. Al principio, vio una mujer parada con sus hijos, y todos estaban llorando. Luego los vio sonriendo y felices, y él fue elevado hacia una enorme bandera extendida encima de él. De pronto, una ventana se abrió en la bandera y pasó por ella. Miró detenidamente los campos de trigo hasta donde alcanzaba ver, todos listos para la cosecha. «¡Ojalá esa bandera que vi fuera la bandera brasilera —dijo él—, pero era celeste y blanca: la bandera argentina. Creo que después de todo el sufrimiento del 2001, Dios va a bendecir a la Argentina y a usar este país poderosamente, como una ventana para la cosecha».

Conclusión

Dios quiere que su río inunde todo el mundo.

¡Que Él nos encuentre fieles participantes, de acuerdo con los parámetros de su voluntad! Él está dando sueños y visiones ahora mismo, y quiere que cada uno de nosotros esté involucrado.

Necesitamos estar atentos, expectantes, preparados, y ser puros y flexibles. Ahora debemos abrirnos a lo que Él quiera hacer para mantener el paso y escucharlo atentamente.

Cuando Jesús vino a la tierra por primera vez, muchos se lo perdieron, aunque habían estado esperando un Mesías. Esto caracterizaba, principalmente, a la gente religiosa. ¡Que Dios nos ayude, mientras se asoma su Segunda Venida, para que podamos estar en sintonía y no perdernos lo que Él quiere hacer ahora! Es un tiempo poderoso de preparación.

El avivamiento se ha manifestado en la Argentina durante décadas. Dios nos ha salvado, transformado, sanado, y se ha revelado como el Rey de Reyes. Estamos expectantes para más. Algo nuevo y fresco; otra fuerte ola que pueda fluir por dentro y luego salir, tocando a muchos más. Oro para que esta crónica de lo que el Señor hizo también toque tu vida, querido lector. Servimos a un Dios poderoso que merece toda nuestra alabanza por sus obras asombrosas. Su presencia lo es todo.

Epílogo

Fue increíble ver el proceso de corrección y traducción de este manuscrito. Dios usó los testimonios de maneras sorprendentes. Pedí a cinco estudiantes del IBRP que leyeran dos capítulos cada uno. Uno de ellos, David Albert, leyó el libro entero en tres días. El poder de Dios cayó sobre él, y terminó en el suelo varias veces, mientras leía acerca de las tremendas obras de nuestro Señor.

Cynthia Herrera estaba buscando los nombres que aparecían en todo el libro para pedir permiso para publicar los diferentes testimonios. Fuego comenzó a envolverla. Había decidido terminar en un plazo determinado. Tomando sólo diez minutos para el almuerzo, continuaba leyendo. Una amiga la fue a buscar a las 17, pero ella le pidió que esperara hasta las 20.

«Luego, algo que había anhelado por mucho tiempo me sucedió», cuenta Cynthia. Con su amiga, se animó a preparar folletos evangelísticos y pegó un caramelo con cinta adhesiva en cada uno. Después, las dos, bien vestidas, salieron y comenzaron a detener colectivos, pidiéndole permiso al conductor para hablar con los pasajeros y distribuir la literatura. El primer chofer dijo: «No, estarán perdiendo el tiempo. No hay casi nadie en el colectivo». Pero persistieron y terminaron compartiendo su testimonio y distribuyendo literatura en varios colectivos llenos de gente.

Ronald Barba estaba traduciendo el manuscrito del inglés al español y declara que Dios habló a su corazón. «Su voz hizo grandes cambios en mi vida a través de estas enseñanzas, y como consecuencia, en la vida de mi familia».

A veces, la presencia de Dios era tan fuerte que tenía que dejar de escribir. Ronald está comunicando estos principios en varias iglesias, cuando participa en seminarios de música y adoración.

Estudiantes y pastores en Albania han sido bendecidos por los testimonios, según los misioneros Rob y Diana Nelson. *North Central University* (Minnesota), usó el manuscrito en

« EPÍLOGO

una de sus clases sobre avivamientos como también *Southwestern Assemblies of God University* (Tejas).

Estoy profundamente agradecido a *Publicaciones Casa*, por aceptar publicar este libro. ¡Un sueño de muchos años se ha hecho realidad! Su equipo de producción ha sido muy servicial y me ha dado mucho ánimo.

¡Están surgiendo tantos testimonios frescos de pastores y de nuestros alumnos del IBRP que ya estoy con esperanzas de escribir la continuación de este libro!

—Rocky Grams
Buenos Aires, Argentina
28 de julio de 2006

Bibliografía

Abregú, Sergio, Entrevista realizada por el autor, 2004.

Abregú, Sergio, Entrevista con la clase sobre Avivamientos de *North Central University* (Doctora Carolyn Tennant y Doctor David Nichols), 1999.

Annacondia, Carlos, Entrevista con la clase sobre Avivamientos de *North Central University* (Doctora Carolyn Tennant), 2004.

Annacondia, Carlos, *¡Oíme bien, Satanás!*, Colombia: Bethany/ Caribe, 1997.

Annacondia, Carlos, Entrevista con la clase sobre Avivamientos de *North Central University* (Doctora Carolyn Tennant), 2004.

Annacondia, Carlos, *Campaña San Martín Mensaje de Salvación No. 2*. Buenos Aires: El Verbo, 1985.

Annacondia, Carlos, Campañas Moreno, Becar, Buenos Aires: Mensaje de Salvación, 1985.

Aranda, Alberto, Entrevista realizada por el autor, 2003.

Aranda, Alberto, Entrevista realizada por el autor, 2005.

Arevalo, Andrés, Ed., Campaña 84 Mar del Plata Jesús te Ama. *Hoy en el Mundo Mar del Plata*: Buenos Aires, 1984.

Assemblies of God Field Focus, Argentina, 1985.

Barbieri, Esteban, Entrevista por internet, 2004.

Barbieri, Esteban, Entrevista telefónica realizada por el autor, 2005.

Bartleman, Frank, *Azusa Street*, New Kensington, Whitaker House, 1982.

Beckham, William A., *The Second Reformation: Reshaping the Church for the 21st Century*. Houston, TX: Touch Publications, 1995.

Benítez, Carlos, Devocional en Capilla, Instituto Bíblico Río de la Plata, 2005.

Carnival, Osvaldo, Entrevista con la clase sobre Avivamientos de *North Central University* (Doctora Carolyn Tennant y Doctor David Nichols), 1999.

Carnival, Osvaldo. (2000) Entrevista con la clase sobre Avivamientos de *North Central University* (Doctora Carolyn Tennant), 2000.

Carnival, Osvaldo, Entrevista con la clase sobre Avivamientos de *North Central University* (Doctora Carolyn Tennant), 2004.

Carnival, Osvaldo, Entrevista con la Doctora Carolyn Tennant y Rocky Grams, julio de 2004.

Churruarín, Juan José, *El precio de la unción: Pasos en la dimensión del poder de Dios*, Editorial Vida, Miami, 1999.

Coppin, Ezra, *Guns, guts and God*, Production House Publishers, San Diego, 1976.

Testimonios por correo electrónico, *Crónicas del Fuego*, Iglesia Puerta del Cielo, La Plata.

Deiros, Pablo A. & Mraida, Carlos, *Latinoamérica en llamas: Historia y creencias del movimiento religioso más impresionante de todos los tiempos*, Editorial Caribe, Nashville, 1994.

Una multitud en el Obelisco, por el tango y por una cruzada... ¿Quién es Gebel?, *Clarín*, 13 de diciembre de 1998.

Di Crescencio, Juan, Entrevista realizada por el autor 2005.

Di Trolio, Rocco, Entrevista realizada por el autor 1992.

Dempster, Murray W., Klaus, Byron D., Peterson, Douglas, *The Globalization of Pentecostalism, A Religion Made to Travel*, Regnum Books, Irvine, California, 1999.

Horn, Ken, conversación con Claudio Freidzon, Derramamiento en la Argentina. *Pentecostal Evangel* (Evangelio Pentecostal), 8 de febrero de 1998.

Avivamiento, Revista *Edifiquemos*, Misiones, 2004.

Exley, Don, *Victories in the Southern Cone, Pentecostal Evangel*, 9 de noviembre de 1997.

Exley, Don, *Pentecostal Evange, Revival Produces Passion for the Lost*, noviembre de 1997.

Ferreyra, Héctor, Devocionales en Capilla, Instituto Bíblico Río de la Plata
(1998-2005).

Forni, Floreal, Mallimaci, Fortunato, Cárdenas, Luis A., *Guía de la diversidad religiosa de Buenos Aires*, Editorial Biblos, Buenos Aires, 2003.

Freidzon, Betty, *Sorprendida por Dios,* Casa Creación, Lake Mary, Florida, 2005.

Freidzon, Claudio, Entrevista con la clase sobre Avivamientos de *North Central University,* (Doctora Carolyn Tennant y Doctor David Nichols), 1999.

Freidzon, Claudio, Entrevista con la clase sobre Avivamientos de *North Central University y Assemblies of God Theological Seminary,* (Doctora Carolyn Tennant), 2000.

Freidzon, Claudio, Entrevista con la clase sobre Avivamientos de *North Central University* (Doctora Carolyn Tennant), 2004.

Freidzon, Claudio, Entrevista con la Doctora Carolyn Tennant y Rocky Grams, julio de 2004.

Freidzon, Claudio, *Espíritu Santo, tengo hambre de ti,* TN, Betania, Nashville, 1996.

Freidzon, Claudio, *Tesoros en Vasos de Barro,* Caribe/ Betania, Miami, 1999.

Gardiner, Allen, (Undated) «El Mártir de Tierra del Fuego», del libro *The Story of Commander Allen Gardiner,* Alianza, Temuco.

Garduño Silva, Pablo, *Pasión Que Consume: Vida y Ministerio de Alberto Mottesi,* Editorial Unilit, Miami, 1993.

Gebel, Dante, Mensaje en la capilla del Instituto Bíblico Río de la Plata, 1999.

Gebel, Dante, Entrevista con la clase sobre Avivamientos de *North Central University,* (Doctora Carolyn Tennant y Doctor David Nichols), 1999.

Gebel, Dante, Entrevista por Internet 2005.

Gebel, Dante, *Pasión de multitudes: La pasión genuina de miles de jóvenes por la santidad,* Caribe/Betania, Miami, 1999.

Geddert, Ron, «Revial stirs Argentine Mennonites», *Charisma Magazine,* abril de 1994.

Gee, Donald, *The fruit of the Spirit,* (New revised edition), Gospel Publishing House, Springfield, Missouri, 1975.

Ghioni, Andrés, Entrevista realizada por el autor, 2005.

González, Damián, Entrevista realizada por el autor 1998.

González, Damián, Entrevista con la clase sobre Avivamientos de *North Central University,* (Doctora Carolyn Tennant y Doctor David Nichols), 1999.

González, Damián, Entrevista con la clase sobre Avivamientos de North Central University y Assemblies of God Theological Seminary (Doctora Carolyn Tennant y Doctor David Nichols), 2000.

González, Damián, Entrevista con la clase sobre Avivamientos de North Central y el autor, 2002.

González, Norma, Entrevista con la Clase de Evangelismo, Instituto Bíblico Río de la Plata y el autor, 2005.

González, Nino, *Manteniendo Pentecostés pentecostal: Hacia un avivamiento permanente*, Editorial Vida, Miami, 1998.

Grams, Nathan, Mensaje en la Iglesia Rey de Reyes, 1994.

Grams, Nathan, Entrevista realizada por el autor 1994.

Grams, Rocky & Sherry, *Circulares Misioneras de las Asambleas de Dios*, (1979- 2004).

Grams, Rocky, *In Awe In Argentina, Testimonios por correo electrónico* (21 de marzo de 2001- 25 de marzo de 2005).

Grams, Rocky, libreta diaria.

Grams, Rocky, diario personal.

Grams, Herman, *Country boy meets world*.

Hill, Esteban, Entrevista realizada por el autor, 1998.

Hiatt, Ralph, Entrevista realizada por el autor 2005.

Howard, Rick, *The King Describes His Kingdom: A revolutionary look at Matthew 13 in light of contemporary times*, Naioth, Woodside, California, 2003.

Instituto Bíblico Río de la Plata, casetes de testimonios de estudiantes en la capilla (1995-2005).

Kolihuinka, Mensaje en la Capilla, Instituto Bíblico Río de la Plata, 2000.

Jenkins, Philip, *The Next Christendom The Coming of Global Christianity*, Oxford University Press, New York, 2002.

Joy Magazine, *Argentina: Heaven comes down as churches experience the presence of God*, Ed. Wreford, Peter, Nottingham, Ward, Robert.

Junco, Fernando, Entrevista realizada por el autor, 2004.

Lampman, J. Conrad, *The Second Call: Argentine Revival* Circular por Correo Electrónico, 2004.

Lesperance, Martha, Entrevista realizada por el autor, 2003.

Maccio, Esteban, Entrevista realizada por el autor, 2003.

Maccio, Esteban, Mensaje en la Capilla, Instituto Bíblico Río de la Plata 2003.

Matthews, David, *I saw the Welsh revival* (new, revised edition) Christian Life Books, Pensacola, 2002.

Miller, Edward, Entrevista con la clase sobre Avivamientos de North Central University y Assemblies of God Theological Seminary (Doctora Carolyn Tennant and Doctor David Nichols), 2000.

Miller, Edward, Message in IBRP chapel, 2000.

Miller, Edward, *Thy God Reigneth: The Story of Revival in Argentina*. Peniel Outreach Ministries, Inc., Fairburn, GA, 1964.

Molina, Marcelo y Corina, Entrevista realizada por el autor 2000.

Mraida, Carlos, *Socorro, Señor, mi iglesia se renovó y no la entiendo,*, Ediciones Certeza, Buenos Aires, Argentina, 2004.

Muñoz, Edgardo, Entrevista con la clase sobre Avivamientos de *North Central University*, (Doctora Carolyn Tennant y Doctor David Nichols), 1999.

Munoz, Edgardo, Entrevista con la clase sobre Avivamientos de North Central University y Assemblies of God Theological Seminary (Doctora Carolyn Tennant y Doctor David Nichols), 2000.

Munoz, Edgardo, Entrevista con la clase sobre Avivamientos de *North Central University* (Doctora Carolyn Tennant), 2004.

Murillo, Mario, *Fresh fire: When you are finally serious about power in the end times*, Anthony Douglas Publishing, Danville, California, 1991.

Nicholson, Richard, Entrevista realizada por el autor, 2003.

Nervegna, Eliana, Entrevista con la clase sobre Avivamientos de North Central University y Assemblies of God Theological Seminary (Doctora Carolyn Tennant y Doctor David Nichols), 2000.

Nostas, Silvina, Testimonio, 2001.

Ogden, Greg, *The New Reformation*, Zondervan, Grand Rapids, 1990.

Petersen, Douglas, *Not By Might Nor By Power A Pentecostal Theology of Social Concern in Latin America*, Oxford Regnum, Irvine, California, 1996.

Prein, Guillermo, Entrevista con la clase sobre Avivamientos de *North Central University* (Doctora Carolyn Tennant y Doctor David Nichols), 1999.

Prein, Guillermo, Entrevista con la clase sobre Avivamientos de

North Central University (Doctora Carolyn Tennant y Doctor David Nichols), 2000.

Prein, Guillermo, Entrevista con la clase sobre Avivamientos de *North Central University* (Doctora Carolyn Tennant y Doctor David Nichols), 2004.

Prein, Guillermo, Mensaje a la Conferencia General, Unión de las Asambleas de Dios, 2003.

Pedrozo, Antonio, Mensaje en la Capilla, Instituto Bíblico Río de la Plata, 2003.

Pratney, Winkie, *Revival: Principles to change the world*, Whitaker House, Springdale,1983.

Rey, Alberto, Entrevista realizada por el autor, 2000.

Rey, Alberto, Entrevista con la clase sobre Avivamientos de *North Central University* (Doctora Carolyn Tennant), 2004.

Rey de Reyes, «El fuego del avivamiento se encendió en Ecuador», *Enfoque*, septiembre de 1997.

Romay, Alberto, Entrevista realizada por el autor 2000.

Romay, Alberto, Entrevista realizada por el autor 2004.

Romay, Milena, Entrevista realizada por el autor, 2004.

Romay, Alberto, Entrevista con la clase sobre Avivamientos de *North Central University* (Doctora Carolyn Tennant), 2004.

Salazar, Horacio, Mensaje en la Capilla, Instituto Bíblico Río de la Plata, 1999.

Savenko, Alejandro, *Mi Testimonio*, 2001.

Savenko, Alejandro, Entrevista realizada por el autor, 2004.

Scataglini, Alberto, Entrevista con la clase sobre Avivamientos de *North Central University* (Doctora Carolyn Tennant y Doctor David Nichols), 1999.

Scataglini, Alberto, Entrevista con la clase sobre Avivamientos de *North Central University* (Doctora Carolyn Tennant), 2004.

Scataglini, Alberto, Entrevista realizada por el autor 2005.

Scataglini, Sergio, Mensaje en la Capilla, Instituto Bíblico Río de la Plata.

Scataglini, Sergio, Mensaje en la Conferencia *Breakthrough*, en la Iglesia Rey de Reyes, 2004.

Scataglini, Sergio, *The Fire of His Holiness*, Renew/Gospel Light, Venura, California, 1999.

Seselovsky, Alejandro, *Cristo llame ya: Crónicas de la avanzada evangélica en la Argentina*, Grupo Editorial Norma, Buenos Aires, 2005.

Shearer, John, *Old time revivals, The Million Testaments Campaign*, Philadelphia, 1932.

Silberbeib, Pablo, Mensaje en la Capilla, Instituto Bíblico Río de la Plata, 2001.

Silberbeib, Pablo, Entrevista realizada por el autor, 2001.

Skidmore, Thomas E. and Smith, Peter H., *Modern Latin America*, Oxford University Press, New York, 2001.

Sosa, Eduardo & Edith, Entrevista en una clase del Instituto de Superación Ministerial (ISUM), 1999.

Sosa, Eduardo, Entrevista con una Clase de Misiones, Instituto Bíblico Río de la Plata, 2000.

Stamateas, Bernardo, Entrevista realizada por el autor 2002.

Stokes, Louis, *Historia del movimiento pentecostal en la Argentina*. Buenos Aires: Grancharoff, 1968.

Stormont, George, *Wigglesworth, A Man Who Walked with God*, Harrison House, Tulsa, 1989.

Strang, Stephen, «Revival Surges in Argentina», *Charisma Magazine*, abril de 1989.

Tennant, Carolyn, Entrevista realizada por el autor, 2004.

Tennant, Carolyn, Clase de Avivamientos Realizada en el Instituto Bíblico Río de la Plata, que incluye la Asistencia a la Conferencia *Breakthrough*, en la Iglesia Rey de Reyes, 2000.

Tennant, Carolyn, Mensaje al Distrito de Minnesota District, 2000.

Tennant, Carolyn, Mensaje en la Capilla, North Central University, 2004.

Towns, Elmer & Porter, Douglas, *The ten greatest revivals ever: from Pentecost to the present*, Ann Arbor: Servant Publications, Vine Books, 2000.

Unión de las Asambleas de Dios, *Memoria Anual*, 1984.

Unión de las Asambleas de Dios, *Circular Número 263*, 1985.

Wagner, C. Peter, *On the crest of the wave: Becoming a world Christian*, Regal Books, ventura, California, 1983.

Wagner, C. Peter, *Spiritual power and church growth: Lessons from* the amazing growth of Pentecostal churches in Latin America, Strang Communications Company, Altamonte Springs,1986.

Wagner, C. Peter & Deiros, Pablo, *The rising revival: Firsthand accounts of the incredible Argentina Revival*, Renew Books, Gospel Light, Ventura, California, 1998.

Walker, Luisa Meter, *Siembra y cosecha: reseña histórica de las Asambleas de Dios en Argentina, Bolivia, Chile, Paraguay, Perú y Uruguay*, Editorial Vida, Miami, 1992.

Walz, Brad, *Lessons from a Strange South American Revival*, artículo inédito, 1993.

Walz, Brad and Rhonda, Entrevista con la clase sobre Avivamientos de *North Central University* (Doctora Carolyn Tennant), 2004.

Warner, Wayne E., Editor, (1978) *Revival! Touched by Pentecostal Fire, Eyewitnesses to the early twentieth-century Pentecostal revival*, Tulsa, OK, Harrison House,

Wells, H.G., *The Outline of History: The Whole Story of Man*, Garden City Books, New York, 1961.